Alfred Bellebaum · Klaus Barheier (Hrsg.)

Lebensqualität

AF151751

Alfred Bellebaum · Klaus Barheier (Hrsg.)

Lebensqualität

Ein Konzept für Praxis und Forschung

Westdeutscher Verlag

Alle Rechte vorbehalten
© 1994 Westdeutscher Verlag GmbH, Opladen

Der Westdeutsche Verlag ist ein Unternehmen der Verlagsgruppe Bertelsmann International.

Das Werk einschließlich aller seiner Teile ist urheberrechtlich geschützt. Jede Verwertung außerhalb der engen Grenzen des Urheber-
rechtsgesetzes ist ohne Zustimmung des Verlags unzulässig und
strafbar. Das gilt insbesondere für Vervielfältigungen, Übersetzun-
gen, Mikroverfilmungen und die Einspeicherung und Verarbeitung
in elektronischen Systemen.

Umschlaggestaltung: Horst Dieter Bürkle, Darmstadt
Umschlagbild: Lucas Cranach d.Ä.: Der Jungbrunnen, 1546

Gedruckt auf säurefreiem Papier
ISBN 978-3-531-12658-6   ISBN 978-3-322-94219-7 (eBook)
DOI 10.1007/978-3-322-94219-7

Inhalt

Alfred Bellebaum

Lebensqualität.
Ein Konzept für Praxis und Forschung[1]

1.

Als Soziologe kann man leicht in Verlegenheit geraten, wenn einem die Frage gestellt wird, was Soziologie sei. Eine der vielen möglichen Antworten lautet: Soziologie ist das, was Soziologen tun. Manche Soziologen betreiben Wissenssoziologie, und einige von ihnen verstehen unter Wissen ganz einfach das, "was in einer Gesellschaft als 'Wissen' gilt, ohne Ansehen seiner absoluten Gültigkeit oder Ungültigkeit".[2]

Damit eröffnet sich ein weites Forschungsgebiet. Hier interessiert nur: 1. Wer, mit welcher Begründung, was, worüber zu wissen vorgibt; 2. Welches Wissen sich in welcher Weise auf menschliches Leben und Zusammenleben auswirkt. Glaubenswissenschaftler beispielsweise wissen unter anderem, daß es einen Gott gibt und daß dieser Gott von den Menschen ein ihm gefälliges Leben erwartet. Wem dieses religiöse Wissen nachhaltig vermittelt worden ist, der wird sich haltungs- und handlungsmäßig daran orientieren. Ob dieses Wissen 'stimmt' oder nicht - es wirkt sich in vielfältiger Weise aus, so etwa in Form von kirchlichen Hochschulen, Theologien, Heiligen Schriften, Katechismen, Beichten, religiöser Kunst, Mission, Glaubenskriegen, Heiligen, Engeln...

Der Gläubige ist sich seiner Sache gewiß, der Grundschulpädagoge berücksichtigt die Entwicklungspsychologie, der Landwirt ist ökologisch orientiert, der Bildungspolitiker schwört auf die marxistische Gesellschaftslehre, die Anonymen Alkoholiker nutzen ihr eigenes Rezeptwissen zur Suchtbekämpfung, der Statiker berechnet die Haltbarkeit einer geplanten

Brücke, der Misanthrop erfährt ohne Überraschung anhaltend nur Widrigkeiten, der Sozialisationsforscher kennt nichts anderes als Autopoiesis, der Ethiker berät unter Hinweis auf die Einsichten eines Epikur, dem Soziologen ist aufgrund seiner Kenntnisse von der Komplexität der modernen Gesellschaft so ziemlich alles verständlich... Kurzum: wir alle wissen irgendetwas, und wir nutzen unser Wissen in dieser oder jener Weise. Es gibt freilich auch vielfältiges Unwissen, das dem einen gar nicht bewußt ist, das der andere ungeniert zugibt, und das noch einen anderen nicht ruhen und rasten läßt, um sachkundig/er zu werden.

2.

Und was wissen wir über Lebensqualität? Dieses Wort ist stark in Mode gekommen, obwohl es kein bloß modisches Phänomen bezeichnet. Es ist nämlich seit jeher im vielfältigen sprachlichen Gewand der Wert des menschlichen Lebens bedacht worden. Eine Kultur- und Geistesgeschichte der zahlreichen Antworten wäre ein Thema für sich. Hier genügt der Hinweis, daß Lebensqualität und angrenzende Bezeichnungen wie Glück, Zufriedenheit, Wohlbefinden, Lebensstandard, Wohlfahrt u.ä.m. bei uns schon seit einiger Zeit besondere Aufmerksamkeit erfahren.

Das kommt auch nicht von ungefähr, denn - so eine These - im "Begriff Lebensqualität drücken sich Zielvorstellungen einer Gesellschaft aus, die historisch gesehen ein hohes Wohlstandsniveau erreicht hat und an die 'Grenzen des Wachstums' angekommen ist".[3] Die Literatur über das komplexe Thema ist für einen Menschen allein kaum noch zu übersehen. Es bemühen sich viele Soziologen, Sozialpsychologen, Politologen, Psychologen, Philosophen, Theologen, Wirtschaftswissenschaftler, Freizeitforscher, Mediziner, Ernährungswissenschaftler, Ethiker, Friedensforscher, Felicitologen... darum,

Lebensqualität begrifflich genauer zu bestimmen, Defizite in der Lebensqualität herauszuarbeiten und gegebenenfalls Vorschläge für eine verbesserte Lebensqualität zu unterbreiten.[4]

3.

Der in Deutschland heftig ausgefochtene Positivismusstreit ist weithin vergessen. Fernab aller doktrinären Haltung hat ein Soziologe damals zu einem Aspekt des Themas notiert: "Von den Aussagen der Sozialwissenschaften geht ein unmittelbarer Handlungszwang aus, d.h. sie haben die Kraft, die Wirklichkeit zu verändern, bloß schon deshalb, weil sie aufgestellt werden". Soziologie "(kann) sich nicht auf die reine Dienststellung zurückziehen, bei der der Gesellschaft die eindeutige Wahl der Zwecke überlassen bleibt. Tatsache ist vielmehr, daß die Sozialwissenschaften im Maße ihrer Diffusion in die Gesellschaft schon durch ihre bloße Erkenntnis unser Handlungsfeld definieren. Und das heißt, daß wir bloß deshalb, weil wir Sozialwissenschaften haben, unsere gesellschaftliche Wirklichkeit betrachtend verändern".[5]

Dies ist keine bloß wertfreie Feststellung, sondern im Kontext der weiteren Ausführungen zugleich eine Warnung, die der Autor später mit dem Hinweis auf Gefahren präzisiert hat, welche aus der Orientierung an einer seines Erachtens dem Menschen nicht gerecht werdenden sozialwissenschaftlichen Betrachtung entstehen könnten.[6] Davon abgesehen ist der große Einfluß wissenschaftlichen bzw. als wissenschaftlich geltenden Wissens auf Denken und Handeln unbestritten. Und das gilt in vielfältiger Weise auch für sozialwissenschaftliches Wissen. Schon die bloße, leider häufig undifferenzierte und deshalb oft folgenreiche, Rede von 'der' Gesellschaft als Ursache von allem und allem bleibt bekanntlich nicht ohne weiterreichende Auswirkungen.

4.

Ein Sozialmediziner hat neulich dafür plädiert, das Wort Lebensqualität aus der wissenschaftlichen Diskussion zu streichen. Seine Begründung: "Besonders prekär ist der implizierte
und unreflektierte Wertaspekt: Alles, was vom Ideal einer
schmerzlosen, potenten und vitalen Existenz abweicht, wird
mit Last und Unwert identifiziert." Das kann - vor allem bei
knapper werdenden finanziellen Mitteln - für medizinische Behandlungen, wie in dem Bericht unter Hinweis auf die 'Rosser-
Matrix zur Bewertung von Lebensqualität' dargelegt, folgen-
reich sein.[7] Das problemträchtige Thema der Euthanasie ist direkt oder indirekt angesprochen, und man liest in einem anderen Bericht, daß in Holland bei ca. 49.ooo von 13o.ooo jähr-
lich sterbenden Menschen der Arzt während der Behandlung
die Entscheidung trifft, die Sterbephase zu verkürzen, etwa
durch hohe Gaben von Schmerzmitteln. Also: "Lebensqualität
steht hier höher als Lebensquantität."[8]

Mit diesen Hinweisen ist das Thema Lebensqualität in der
Medizin natürlich nicht rundum erfaßt, wie eine neuere Studie
zeigt.[9] Es geht hier aber gar nicht nur und nicht einmal vorwiegend um Medizin, sondern um Lebensqualitätsforschung
auch in - aus tagungsbedingten Zeitgründen ausgewählten - anderen Lebens-/Gesellschaftsbereichen, wie sie bei uns insbesondere von Soziologen, Sozialpsychologen und Psychologen
betrieben wird.[10] Wichtiger als die vielen Forschungsergebnisse im Detail sind:

a)   die verschiedenen Definitionen von Lebensqualität ein-
     schließlich der ihnen zugrunde liegenden Annahmen;

b)   die Verfahren und Probleme der Messung von Lebensqua-
     lität;

c)   die möglichen/vorstellbaren/denkbaren Konsequenzen des
     wissenschaftlichen Wissens über Lebensqualität;

d) die unterschiedlichen Bewertungen solcher Handlungsmöglichkeiten unter Berücksichtigung von ethisch-mora-
lisch-weltanschaulich-politisch verwurzelten Grundpositio-
nen.

Bei dieser Ausrichtung des Themas versteht sich ein interdisziplinäres Denken von selbst, weil nicht nur das Wissen empirischer bzw. als empirisch geltender Wissenschaften gefragt
ist, sondern auch jene Disziplinen gehört zu werden verdienen,
die in normativ-wertender Weise wissen, was ethisch-mora-
lisch-weltanschaulich geboten ist. Damit kommen zusätzlich
anthropologische Sichtweisen, Hintergrundannahmen, gesell-
schaftstheoretische Orientierungen und Sinnvorstellungen ins
Spiel. Die mit diesen Begriffen[11] gemeinten Wissensbestände
sind in wissenssoziologischer Perspektive selbstverständlich
nicht zu bewerten, sondern nur auf ihre erkenntnis- und pra-
xisleitende Bedeutung bezüglich Lebensqualität hin zu untersuchen.

Anmerkungen

[1] Die folgenden Hinweise waren Bestandteil des Antrags an die Deutsche
Forschungsgemeinschaft, welche auch die zweite wissenschaftliche Tagung
des gemeinnützigen Instituts für Glücksforschung e.V./Vallendar vom 24.-
26.2.1994 dankenswerterweise finanziell unterstützt hat. Das Symposion
durfte in der Wissenschaftlichen Hochschule für Unternehmensführung /
Otto-Beisheim-Hochschule in Vallendar stattfinden, wofür dem Herrn
Rektor Prof. Dr. Adolph-Friedrich Jacob, der zur Eröffnung die Tagungs-
teilnehmer begrüßt hat, gedankt wird. Für Hilfen vielfältiger Art ist zu
danken: Margret Bellebaum und Petra Burgard-Kaiphas; dem wissenschaftlichen Mitarbeiter Klaus Barheier und den studentischen Mitarbeitern Boris
Gareise und Achim Meis; sodann der Universität Koblenz-Landau/Abtlg.
Koblenz, wo ich einen Forschungsschwerpunkt "Glück und Zufriedenheit"
habe. Dank gebührt auch Frau Marlis Werner, Herrn Boris Gareise und
Herrn Achim Meis für die Erstellung der Laserdruckvorlage sowie Herrn
Manfred Müller, Lektor im Westdeutschen Verlag/Opladen.
[2] P.L. Berger/Th. Luckmann: Die gesellschaftliche Konstruktion der
Wirklichkeit. Eine Theorie der Wissenssoziologie, dt. Frankfurt 1969:3.
[3] W. Glatzer: Lebensqualität, in: Brockhaus Enzyclopädie, 13. Bd., Mannheim 199o: 112 f.

4 Vgl. unter anderem A. Abele/P. Becker, Hrsg., Wohlbefinden. Theorie-Empirie-Diagnostik, Weinheim 1991; M. Argyle: The Psychology of Happiness, London 1988; W. Glatzer/W. Zapf, Hrsg., Lebensqualität in der Bundesrepublik Deutschland..., Frankfurt 1984; B. Grom: Positiverfahrungen - Ein Forschungsgegenstand der Sozial- und Persönlichkeitspsychologie, in: Ders. u.a.: Glück. Auf der Suche nach dem guten Leben, Frankfurt 1987; Ph. Mayring: Psychologie des Glücks, Stuttgart 1991; H. Schaaff: Kritik der eindimensionalen Wirtschaftstheorie: Zur Begründung einer ökologischen Glücksökonomie, Frankfurt 1991; R. Spaemann: Glück und Wohlbefinden. Versuch über Ethik, Stuttgart 1989; F. Strack/M. Argyle/N. Schwarz, Eds., Subjective Well-Being, Oxford 1991; R. Veenhoven: Conditions of Happiness, Dordrecht 1989; R. Veenhoven: World Database of Happiness: Happiness in Nations. Subjective apprications of life in 56 nations 1946 - 1992, Rotterdam (Erasmus University) 1993.

5 F.H. Tenbruck: Über Kultur im Zeitalter der Sozialwissenschaften, in: Saeculum, 14/1963:36.

6 F.H. Tenbruck: Die unbewältigten Sozialwissenschaften oder die Abschaffung des Menschen, Graz 1984.

7 D. Kurbjuweit: Tödliche Grenzen, in: Die Zeit, 9.1o.1992. Vgl. auch R. Flöhl: Leben - wirklich um jeden Preis? Das Erlanger Kind, die Intensivmedizin und die Organtransplantation. Zuviel an Diagnostik und Therapie, in: FAZ 3o. 12.1992.

8 G. Dahl: Darf ich sterben, wann ich will?, in: Die Zeit, 4.12.1992.

9 R. Schwarz u.a., Hrsg., Lebensqualität in der Onkologie, Bern usw. 1991.

10 Vgl. Literaturhinweise in (4). Neuer Überblick von W. Glatzer: Lebensqualität und subjektives Wohlbefinden. Ergebnisse sozialwissenschaftlicher Untersuchungen, in: A. Bellebaum, Hrsg., Glück und Zufriedenheit. Ein Symposion, Opladen 1992: 49 ff.

11 A. Bellebaum: Handlungswert der Soziologie. Vermittlungs- und Verwertungsprobleme, Meisenheim 1977: 43 ff.

A

Gerhard Schulze

Das Projekt des schönen Lebens.
Zur soziologischen Diagnose der modernen Gesellschaft*

1. Wie weit reicht die Selbstverantwortung für das Glück?

Was meint der Satz "Jeder ist seines Glückes Schmied"? Seine Kernaussage ist sicherlich, daß jeder selbst dafür verantwortlich ist, wie es ihm geht. Die Frage ist nur, wie weit diese Selbstverantwortung reicht. Wenn man vom Erlangen, Ergreifen, Erhaschen des Glücks redet, so schwingt dabei meist die ontologische Unterstellung mit, das Glück sei etwas Gegebenes, dessen "Wesen" sich unserem Einfluß entziehe. Man könne lediglich versuchen, sich an dieses Wesen heranzupirschen, es aber nicht selbst erschaffen.

Ist dies eine angemessene Vorstellung? Im Zeitalter des Konstruktivismus beschränkt sich solche Nachdenklichkeit nicht mehr auf esoterische philosophische Zirkel. Die Gegenvorstellung läßt sich in einem Satz zusammenfassen: Finden kann man sein Glück nur dann, wenn man es zuvor *erfindet*. Gemeint ist, daß der Ausruf "Ich bin glücklich" eine bereits *vor* dem Ausruf verfügbare Semantik des Glücks voraussetzt, die uns nicht einfach in die Wiege gelegt ist. Damit erscheint der Satz "Jeder ist seines Glückes Schmied" in einem neuen Licht: Unsere Verantwortung erstreckt sich bis zum Begriff des Glücks selbst.

Die Grenzen der Leistungskraft auch dieses konstruktivistischen Modells will ich hier nicht erkunden, sondern nur den Hinweis auf die Bedeutung der *Semantik* des Glücks aufgreifen. Die Selbstreflexion als glücklich oder unglücklich voll-

zieht sich in einem Rahmen von Alltagsphilosophien. Populäre
Glücksmodelle steuern zahllose Handlungen, die Menschen
unternehmen, um glücklich zu werden. Und hier wird es so-
ziologisch interessant. Ganze Gesellschaften sind von der Art
und Weise geprägt, wie sich die Menschen das Glück vorstellen. Damit möchte ich mich im folgenden beschäftigen: mit
der Operationalisierung von Glücksmodellen in Handlungsmu-
stern, mit dem Projekt des schönen Lebens.

2. Das Projekt des schönen Lebens. Eine Typologie

Worin besteht die Besonderheit des Projekts des schönen Lebens in unserer Gesellschaft? Man kann daran zweifeln, ob es
auf diese Frage überhaupt eine Antwort gibt - haben wir es
nicht mit einer Pluralisierung von Glücksmodellen zu tun, die
jeden Versuch der Generalisierung scheitern läßt? Die Gegen-
these lautet, daß sich gerade hinter dieser Pluralisierung ein
einheitliches Prinzip verbirgt.

Entdecken läßt sich dieses Prinzip allerdings nur mit einer
bestimmten Optik. Man kann Kulturen auf ihre innere Differenzierung hin untersuchen oder man kann sie als Ganzes ins
Auge fassen. Ich wähle im folgenden die zweite Perspektive,
stoße dabei aber sogleich auf ein erkenntnistheoretisches Problem: Es ist nicht möglich, über einen Gegenstand *an sich* zu
reden, ohne implizit auch über andere Gegenstände zu reden.
Wir begreifen die Dinge nur in ihrer Differenz zu anderen
Dingen. Auch kulturelle Muster kann man nur vergleichend
charakterisieren. Im folgenden will ich deshalb zunächst eine
Typologie von Glücksmodellen einführen.

Stellen Sie sich vor, Sie hätten die Absicht, ein Buch über
die Beziehung von Glücksmodellen und Sozialstruktur zu
schreiben. Wie würden Sie das Buch gliedern? Was wäre der
Inhalt der Hauptkapitel? Gesucht ist eine Unterteilung von
Glücksmodellen nach *handlungslogischen* Gesichtspunkten.

Mein Buch hätte wahrscheinlich vier Kapitel, und damit komme ich zur angekündigten Typologie. Entscheidend scheint mir die Stellung zu sein, die sich das Subjekt selbst in seiner eigenen Glückssemantik zuweist.

Am kleinsten und unwichtigsten wirkt der Mensch in *theozentrischen* Glücksmodellen (Typ 1), wo er sich als Teil einer Ordnung sieht, die nicht von dieser Welt ist. Anders verhält es sich in *soziozentrischen* Glücksmodellen (Typ 2), etwa im Projekt des Sozialismus. Hier liegt der Bezugsrahmen des Denkens im Diesseits; allerdings erscheint das Subjekt immer noch unbedeutend genug, denn es geht nicht um den einzelnen, sondern um das Kollektiv. Erst in *egozentrischen* Glücksmodellen rückt das Subjekt selbst in den Mittelpunkt. Es gibt jedoch, wie ich im folgenden zeigen möchte, keine einheitliche Handlungslogik der Egozentrizität. Wir benötigen eine weitere Differenzierung, je nachdem, ob der Fokus der Zieldefinition außerhalb oder innerhalb des Subjekts angesiedelt ist. Im einen Fall geht es um das *Haben* (Typ 3), im anderen um das *Sein* (Typ 4), um die bekannte Unterscheidung von Erich Fromm zu zitieren.

		egozentrische Glücksmodelle	
theozentrische Glücksmodelle	soziozentrische Glücksmodelle	außen-orientiert: Denkwelt des Habens	innen-orientiert: Denkwelt des Seins
Typ 1	Typ 2	Typ 3	Typ 4

Dies also wären die Überschriften meiner vier Kapitel in einem Buch über die Beziehung von Glücksmodellen und Sozialstruktur. Ich würde die Kapitel auch in der angegebenen Reihenfolge schreiben, weil diese Ordnung eine kulturhistorische Tendenz wiedergibt, gewiß kein ehernes Entwicklungsgesetz, aber doch eine empirische Häufung von Übergängen. Allerdings gibt es im Lauf der Gesellschaftsgeschichte keine Reinkulturen, sondern immer nur Mischungsverhältnisse der verschiedenen Glücksmodelle. Die These der chronologischen Sequenz meint also den typischen Wandel von Mischungsverhältnissen: In einzelnen Phasen dominieren nacheinander die vier Typen.

3. Der weitere Gedankengang im Überblick

Meine folgenden Überlegungen können nur einige Passagen aus dem gedachten Buch wiedergeben. Gänzlich verzichten werde ich auf eine Auseinandersetzung mit theozentrischen und soziozentrischen Glücksmodellen; sie seien hier nur angeführt, um den eigentlichen Gegenstand der Erörterung wenigstens durch die Ahnung einer Abgrenzung deutlicher zu markieren. Im Mittelpunkt werden die egozentrischen Glücksmodelle stehen: die Denkwelten des Habens und des Seins und der Übergang vom einen zum anderen Universum.

Zunächst will ich den Gedankengang vorab skizzieren: Gerade wenn die Menschen die Philosophie des Habens besonders erfolgreich in die Tat umsetzen, verliert sie ihre Orientierungskraft. Die Steigerung der Möglichkeiten führt dazu, daß die zentralen Kriterien außenorientierten Denkens - Nutzen, Qualität, Reichtum - undeutlich werden. Gleichzeitig ist die Steigerung der Möglichkeiten ein machtvoller Impuls, das Projekt des schönen Lebens *innenorientiert* zu konzipieren. Allmählich entwickelt sich ein eigener, subjektbezogener Rationalitätstypus: Erlebnisrationalität. Damit kommen die Menschen freilich vom Regen in die Traufe; sie stehen vor noch größeren Orientierungsproblemen, die sich in der Sozialwelt der Gegenwart deutlich niederschlagen.

4. Die Denkwelt des Habens: Nutzen, Qualität, Reichtum

Das geistige Klima zur Zeit des Wirtschaftswunders ist ein Paradebeispiel für die Denkwelt des Habens. Glück ist hier in einer situationsbezogenen Terminologie definiert; die Wünsche der Menschen richten sich nach außen, auf die Umstände: Geld, Wohnung, Mobiliar, Autos, Haushaltsgeräte, Urlaub, Prestige. Als Gegenteil des Glücks gilt der objektiv feststellbare Mangel an begehrenswerten Gütern. Während man heute die Frage "Wie geht's?" überwiegend als Erkundigung nach dem Innenleben interpretiert, verstand man sie damals vor allem als Frage nach den objektiven Lebensbedingungen.

Kennzeichnend für die Denkwelt des Habens ist eine große, geradezu überwältigende Orientierungssicherheit in der Anfangsphase. Wie kommt dies zustande? Bei näherem Hinsehen treten drei Hauptdimensionen der Orientierung zutage, die sich am besten durch Gegensatzpaare beschreiben lassen: wichtig und unwichtig, gut und schlecht, viel und wenig. Die hier gewählte polare Darstellungsweise soll auf die ordinale Struktur der drei Dimensionen hinweisen: Es ist möglich, *Rangordnungen* zwischen möglichen Wirklichkeiten herzustellen. Was auch immer eintreten mag, es kann einen zumindest insofern nicht überraschen, als man über Maßstäbe verfügt, es "auf die Reihe zu bekommen", d.h. bisher unbekannte Alternativen nach dem Grade ihrer Erwünschtheit anzuordnen. Man ist im Neuen orientiert, weil man eine ungefähre Vorstellung davon entwickeln kann, was man mehr und was man weniger will.

Die polaren Umschreibungen der drei Grunddimensionen lassen sich durch kulturhistorische Basisbegriffe ersetzen. Die Unterscheidung von wichtig und unwichtig steht für die Kategorie des *Nutzens* (Synonym: Ziel), die Unterscheidung von gut und schlecht für die Kategorie der *Qualität*, die Unterscheidung von viel und wenig für die Kategorie des *Reichtums*.

5. Orientierungsverlust in der Welt des Habens

Nutzen, Qualität, Reichtum: die Menschen wissen, was sie wollen. Damit verfügen sie über eine wichtige Voraussetzung, um erfolgreich zu handeln. Es gibt eine intersubjektive Logik der Lebensverbesserung, die nicht nur das Alltagsleben reguliert, sondern auch die Institutionen. Die gesamte Gesellschaft begibt sich auf einen Entwicklungspfad, dessen Richtung jedermann klar ist.

Und nun geschieht etwas Merkwürdiges: Je weiter die Menschen auf diesem Pfad voranschreiten, desto mehr geht die ursprüngliche Klarheit verloren, ja sie *muß* verlorengehen. Der Erfolg der Organisation des Denkens nach dem Prinzip des Habens führt zu steigender Unbestimmtheit und schließlich zum Scheitern dieses Prinzips. Diese These will ich im folgenden für jedes der drei Orientierungskriterien - Nutzen, Qualität, Reichtum - gesondert begründen, wobei ich exemplarisch einen Aspekt des Alltagslebens besonders hervorheben werde: die zum Konsum angebotenen Produkte. Mit dem Voranschreiten der Geschichte der Produktsphäre nimmt die Unsicherheit der intersubjektiven Kommunikation über Produkte zu. Immer weniger eignen sich die Kategorien von Nutzen, Qualität und Reichtum als Anhaltspunkte, um sich in unserer Warenwelt zurechtzufinden.

6. Unsicherheit der Nutzendefinition

Beginnen wir mit der Kategorie des Nutzens. Die Tendenz zur Instabilität wird erst dann sichtbar, wenn man über den Horizont des einzelnen Produkts hinausgeht und die *Gesamtheit* der Produkte im langfristigen historischen Ablauf ins Auge faßt. Am Anfang der Geschichte der von Menschen für Menschen angefertigten Dinge gilt das weiter oben beschriebene anthropologische Muster der Zielfindung. Die Urprodukte haben etwas mit Ernährung, Bekleidung, Behausung, Verteidigung und ähnlichen Zwecken zu tun, die auf das Überleben bezogen sind. Unabhängig voneinander haben verschiedene Kulturen die Zwecke ihrer Produkte ähnlich definiert und entsprechend ähnliche Gegenstände hergestellt.

In der Ursituation scheint der Nutzen der Gegenstände fast eine Naturgegebenheit zu sein, als gehörte die Haltbarkeit zum Wesen des Schuhwerks oder die Geschwindigkeit zum Wesen des Transportmittels. Daß dies Unsinn ist, zeigt sich in der langfristigen Geschichte der Warenwelt. Die scheinbar naturwüchsige Selbstverständlichkeit von Nutzendefinitionen geht allmählich verloren; mehr und mehr tritt die Konstruiertheit von Zwecken zutage und wird allmählich zum Problem. Immer größer wird die Distanz der Produkte zur Sphäre des Lebensnotwendigen. Allmählich ist es nicht mehr ausreichend, wenn ein Produktentwickler sich als Ingenieur versteht, als Nutzenoptimierer; er muß vor allen Dingen ein guter Nutzenerfinder sein, eine Art Philosoph. Die Schwierigkeit dieser Art von Philosophie hat in den letzten Jahrzehnten sprunghaft zugenommen. Was um Gottes willen könnten die Konsumenten bloß noch brauchen und wie könnte man sie davon überzeugen? Angesichts der fortgeschrittenen Diversifikation des Entbehrlichen hat das sogenannte Bedürfnis als angebliche Bestimmungsgröße von Konsumakten nahezu ausgedient.

7. Krise des Qualitätsfortschritts

Daneben entwickelt sich ein zweites Orientierungsproblem, das selbst dann unvermeidlich ist, wenn alle genau zu wissen glau-

ben, was nützlich ist: Es kommt zu einer Krise der Kategorie
der Qualität.

In der Produktgeschichte etwa des Bügeleisens, des Regen-
mantels, des Pfluges und zahlloser anderer Erzeugnisse gibt es
eine Gemeinsamkeit: den Fortschritt. Im Lauf der Zeit kommen die Produkte immer näher an das Nutzenoptimum heran.
So schwer es nun für den Produktentwickler auch sein mag,
einen weiteren Fortschritt zu erzielen, so einfach ist seine Aufgabe doch in philosophischer Hinsicht: Er weiß, in welcher
Richtung der Fortschritt liegt. Dorthin zu gelangen ist bei ge-
gebener Nutzendefinition nur noch ein technisches Problem,
das freilich immens sein kann, vielleicht sogar unlösbar. Doch
gerade wenn die Entwicklung stagniert, zeigt sich die Orientierungsleistung außenorientierter Nutzendefinitionen: Alle wissen, was noch besser *wäre*, obwohl das Bessere noch gar nicht
existiert und vielleicht nie existieren wird, wie beispielsweise
die perfekte Klangwiedergabe.

Doch der Entwicklungspfad von Produkten ist aus zwei
Gründen limitiert. Zum einen gibt es fast zu jeder Nutzendefinition eine *objektive* Grenze der Steigerungsfähigkeit. Bei
HiFi-Geräten beispielsweise ist die objektive Grenze der Steigerungsfähigkeit erreicht, wenn es keinen Unterschied mehr
zwischen Wirklichkeit und Wiedergabe gibt. Zweitens ist der
Entwicklungsspielraum von Produkten aber oft auch *subjektiv*
beschränkt: Die Konsumenten wollen gar nicht bis zur Grenze
gehen. Etwa haben die japanischen Elektronikkonzerne mit
enormem Aufwand Fernsehgeräte in der neuen HDTV-Technik
entwickelt, die superscharfe Bildqualität bieten, aber nur sehr
zögernd vom Markt angenommen wurden. Viele Produkte
können mehr, als die Konsumenten wollen. Sie schießen über
das subjektive Ziel hinaus: Fotoapparate mit Funktionen, die
niemals in Anspruch genommen werden; Autos, die 250 Stun-
denkilometer fahren können; Softwarepakete, deren Möglichkeiten zu 80 Prozent ungenutzt bleiben.

Wir leben in einer Zeit, in der viele Produkte aus objektiven und subjektiven Gründen in die Endzone ihrer Entwicklungsmöglichkeiten kommen. Mit abnehmendem Grenznutzen der Produktinnovation steigt die Unbestimmtheit; der gute alte Qualitätsunterschied verliert seine Diskriminierungskraft. In welche Richtung soll ein Produkt weiterentwickelt werden, wenn es schon am Ziel ist? Und wonach soll sich der Verbraucher richten, wenn konkurrierende Produkte so ausgereift sind, daß sie sich kaum noch nach ihrem Nutzen unterscheiden lassen? Die Annäherung der Warenwelt an die Nutzenoptima macht sich in zunehmender Desorientierung bemerkbar.

8. Ungreifbarkeit des Reichtums

Brüchig wird schließlich auch das dritte Orientierungskriterium in der Denkwelt des Habens: die Kategorie des Reichtums. Was heißt Reichtum eigentlich? Zunächst denkt man an Geld, aber Geld an sich ist ja wertlos; es kommt auf die Güter an, die man dafür erwerben könnte. Auf diese Formulierung - "könnte" - lege ich hier besonderen Wert, denn sie weist auf ein handlungslogisch relevantes Verständnis von Reichtum hin. Reichtum als Verfügbarkeit von *Möglichkeiten*: dies ist es letztlich, was das Handeln der Menschen steuert. So verstanden, bedeutet Reichtumssteigerung Möglichkeitssteigerung: fortschreitende Entgrenzung der Situation.

Die Reichtumsvermehrung seit den fünfziger Jahren hat viele Schichten. Was beim Gang durch einen Supermarkt sinnlich erfahrbar wird, die tausendfache Auffächerung der Möglichkeiten, denen man mit seiner winzigen psychischen und physischen Verdauungskapazität gegenübertritt, ist kennzeichnend für das Alltagsleben in unserer Gesellschaft schlechthin. Die Selbstverständlichkeit beispielsweise, daß man jederzeit hierhin oder dorthin fahren kann, ist sozialgeschichtlich etwas Neues. Oder: Ledige Frauen, die ein Kind erwarten, haben heute mehr

Möglichkeiten als früher; statt sich gedrängt zu fühlen, den Vater zu ehelichen, können sie beispielsweise auch einfach so mit ihm zusammenziehen, oder auch nicht, oder ihn überhaupt zum Teufel jagen. Und wer hätte sich, um ein drittes Beispiel anzuführen, in den frühen sechziger Jahren den heutigen sexuellen Kontaktmarkt vorstellen können, in dessen Magazinen die wählbaren Alternativen übersichtlich im Inhaltsverzeichnis zusammengestellt sind? Hetero, schwul, lesbisch, bi, Gruppensex, Sadomaso, Gummi, Leder usw. - es liest sich wie eine Speisekarte und ist auch genauso gemeint.

Solche Beispiele machen klar, daß Entgrenzung mehr als nur ein Wohlstandsphänomen ist. Entgrenzung heißt Zunahme der Möglichkeiten; die Erhöhung der Konsumchancen ist nur einer von vielen Aspekten. Gemeint ist nicht bloß ein Wohlstandsphänomen, sondern ein Modernisierungsphänomen, das auch durch Arbeitslosigkeit, Rezession und Stagnation der Realeinkommen nicht vertrieben werden wird. Nirgendwo ist Entgrenzung deutlicher zutage getreten als in den neuen Bundesländern nach 1989, in denen das gesellschaftliche Leben die Spuren eines nur langsam nachlassenden Entgrenzungsschocks zeigt.

Der Schock besteht im Verlust der Orientierungsfunktion des Reichtums. Wie es zu diesem Verlust kommt, will ich kurz am Beispiel des Geldes verdeutlichen. Wer mit seinem Monatsgehalt gerade eben über die Runden kommt, spürt eine fünfprozentige Gehaltserhöhung deutlicher als jemand, der bereits so viel verdient, daß er kaum noch weiß, wie er sein Geld ausgeben soll. Wie ist dies möglich? Je näher man sich auf der Skala der Möglichkeiten am Nullpunkt befindet, desto klarer sind die wenigen Möglichkeiten, die man hat, auf unabweisbare Bedürfnisse bezogen: Ernährung, Kleidung, Wohnung, Hygiene, elementares Wissen, notdürftige Absicherung gegen Risiken u.a. Wenn diese Bedürfnisse nicht oder nur unzureichend erfüllt werden, ist jede Erweiterung des Möglichkeitsraums von existentieller Bedeutung, zum Teil sogar unmittelbar körperlich fühlbar. Mit der Steigerung der Möglichkeiten lassen sich zusätzliche Verbesserungen des Lebensstandards immer weniger konkret erfahren.

Dies gilt allgemein, nicht nur für das Geld. Je mehr die Menschen haben, desto mehr nimmt das Gefühl dafür ab, was man hat. Für die Zunahme des Reichtums muß man mit seiner Entwertung bezahlen: er wird ungreifbar und verblaßt als Leitmotiv. Damit verliert er seine Orientierungsfunktion.

9. Der Übergang vom Einwirken zum Wählen und die Idee des Seinwollens

Was tun, wenn die Kategorien von Nutzen, Qualität und Reichtum als Orientierungshilfe versagen? Man kann die Frage auch anders stellen: Wie sollen wir mit der Welt umgehen, wenn es schwierig wird, Ziele in der Welt zu definieren? Gewiß, die Formulierung ist übertrieben, doch läßt sich nicht übersehen, daß die Herausforderungen, denen sich die Menschen im Alltagsleben gegenübersehen, in den reichen Gesellschaften stark abgenommen haben. Ein Orientierungsvakuum ist entstanden. Unter diesen Umständen liegt eine Art kopernikanische Wende des Alltagsdenkens nahe: Ziele nicht mehr in der Situation zu definieren, sondern in sich selbst. Die Ziele des Handelns verlagern sich von der Situation auf das Subjekt, von den Umständen zu Erlebnissen, von außen nach innen.

Paradigmatische Gestalt der Gegenwart ist der *Wählende*. Die Entgrenzung des Lebens macht uns zu Katalogblätterern, zu Menue-Kompositeuren, zu Möglichkeitsmanagern. Welche Psychodynamik vollzieht sich in einer Phase der Entgrenzung? Grundlegend für das Verständnis ist der Unterschied zwischen *Einwirken* und *Wählen*. Beide Begriffe verwende ich im folgenden, um Modalitäten der Beziehung zwischen Subjekt und Situation zu bezeichnen. Wenn die Grenzen der Situation eng gezogen sind, wird man versuchen, auf die Situation *einzuwir-*

ken. Mit der Expansion der Möglichkeiten geht diese Art des Handelns zurück; an die Stelle des Einwirkens tritt der Handlungstyp des *Wählens*. Man kann sich den Unterschied zwischen beiden Handlungsformen am Beispiel des Essens verdeutlichen. Sich durch Einwirken auf die Umwelt zu ernähren, schließt im Extremfall nicht nur den gesamten Kochvorgang ein, sondern auch das Säen, Jagen und Bevorraten. Wählen dagegen vollzieht sich etwa durch den Griff in eine Tiefkühltruhe mit Fertiggerichten oder durch die Angabe einer Nummer auf der Speisekarte.

Einwirken bedeutet, sich auf die Situation einzulassen und zu versuchen, sie zu seinen Gunsten zu beeinflussen. Worum auch immer es sich dabei handeln mag, sind es doch jeweils dieselben Grundfragen, mit deren Hilfe der Einwirkende sein Handeln organisiert: "Was kann ich überhaupt tun?" und "Wie mache ich es?". Positives Grunderlebnis des Einwirkenden ist der Triumph über die Umstände, negatives Grunderlebnis das Gefühl der Ohnmacht: Entweder kann man nichts tun, oder man versucht etwas und scheitert.

Auch die wählende Existenz läßt sich durch zwei Grundfragen charakterisieren. Vor der Entscheidung fragt man sich: "Was will ich eigentlich?" und danach: "Gefällt es mir wirklich?". An die Stelle der Situations*arbeit*, kennzeichnend für die einwirkende Existenz, tritt in der wählenden Existenz das Situations*management*, das Nehmen und Entsorgen von Lebensumständen. Situationsmanagement geht um ein Vielfaches schneller und bequemer vor sich als Situationsarbeit: Einschalten - Ausschalten, Hinfahren - Wegfahren, etwas anfangen - wieder damit aufhören, zusammenziehen - sich trennen.

10. Außenorientierung, Innenorientierung, Erlebnisrationalität

Der Wandel des Denkens beim Übergang vom Einwirken zum Wählen läßt sich durch den Gegensatz von Außen- und Innenorientierung beschreiben. Unter der Bedingung von Knappheit und Begrenzung richtet sich das Denken auf die Situation; es ist *außenorientiert*. Mit dem Übergang vom Einwirken zum Wählen, ausgelöst durch die Entgrenzung der Situation, wird das Denken *innenorientiert*: Es bezieht sich auf Ziele in uns selbst - Gefühle, psychophysische Prozesse, Erlebnisse. Es genügt uns nicht mehr, begehrte Objekte zu bekommen; erst dann sind wir am Ziel, wenn sie in gewünschter Weise auf uns *wirken*. Innenorientiertes Denken ist begleitet von einem Bewußtseinshintergrund flüsternder Fragen: Was will ich? Gefällt es mir wirklich? Was gefällt mir besser - dieses Fernsehprogramm oder ein anderes, der blaue oder der grüne Pullover, eine Limousine oder ein Geländeauto, zu Hause bleiben oder Ausgehen, Partner A oder Partner B, Kinder haben oder nicht, berufstätig sein oder nicht, diese Arbeit oder jene?

Eine Haltung ist entstanden, die sich als *Erlebnisrationalität* charakterisieren läßt. Was ist damit gemeint? Rationalität bedeutet: Gegebene Ziele mit den dafür optimalen Mitteln zu verfolgen und ständig an der Verbesserung der Ziel-Mittel-Relation zu arbeiten. Erlebnisrationalität heißt nun, die Ziele im Subjekt zu definieren. Man arrangiert die äußeren Umstände mit der Absicht, möglichst gute innere Wirkungen zu erzielen.

Erlebnisrationalität ist die Systematisierung des Handelns unter der Regie der Innenorientierung. Die Kriterien von Nutzen, Qualität und Reichtum werden nach innen projiziert. Im Rahmen eines technisch-instrumentellen Bezugs zu sich selbst versuchen die Menschen, ihr Innenleben durch Situationsmanagement zu manipulieren.

Am besten läßt sich die Besonderheit der Erlebnisrationalität
am Mißerfolg studieren. Denke ich außenorientiert, so bin ich
dann enttäuscht, wenn ich ein erstrebtes Gut nicht bekomme
oder wenn es nicht die zugesicherten Eigenschaften aufweist.
Denke ich dagegen erlebnisorientiert, so ist dies nicht genug;
ich kann bitter enttäuscht sein, auch wenn das Objekt des
Wünschens einwandfrei ist - dann nämlich, wenn das Produkt
nicht die gewünschten Wirkungen in mir selbst auslöst.

11. Denkfehler

Ursprünglich waren die Kategorien von Nutzen, Qualität und
Reichtum nach außen gerichtet. Sie dienten der Orientierung
von Menschen, die etwas *haben* wollten. Lange Zeit ermöglichten sie subjektive Stabilität trotz immer schnelleren Situati-
onswandels. Als die Orientierungsleistung dieser Kategorien
verfiel, änderten die Menschen den Bezugsrahmen: vom Haben
zum *Sein*. Sie begannen, Nutzen, Qualität und Reichtum innenorientiert zu definieren: als Kategorien psychophysischer
Steigerung. Nun kommt es mehr und mehr auf die Entdeckung
und Aktivierung der eigenen inneren Möglichkeiten (Nutzen)
an, auf die Intensivierung innerer Prozesse (Qualität), auf die
Verdichtung von Erlebnisepisoden pro Zeiteinheit (Reichtum).
Ingenieursmäßig rationalisieren die Menschen den Zusammenhang zwischen innen und außen, moderner Denkweise entsprechend, indem sie versuchen, den situativen Input im Verhältnis
zu Erlebniszielen zu optimieren.

Doch dies ist falsch gedacht. Warum? Erlebnisrationalität
bedeutet, sich selbst wie eine Sache zu behandeln. Unberück-
sichtigt bleibt dabei die Komplikation der Selbstbezüglichkeit,
die dazu führt, daß die erhoffte Orientierungssicherheit Illusion
bleibt.

12. Selbstbezüglichkeit

Was will man eigentlich, wenn man nicht nur etwas haben, sondern etwas Bestimmtes *sein* will? Man macht sich selbst zum Ziel des Handelns. Es scheint, daß wir noch gar nicht richtig begriffen haben, was wir dabei tun, und daß unsere Gesellschaft nicht nur von subjektzentrierter Rationalität geprägt ist, sondern auch von einem damit verbundenen erkenntnistheoretischen Selbstmißverständnis.

Etwas sein zu wollen ist ein Projekt der Selbstreflexion. Man besteigt einen Hochsitz und betrachtet durch das Fernglas eine Waldwiese, auf der man sein Selbst zu entdecken hofft wie ein scheues Reh. Aber der Gegenstand der Beobachtung ist nicht unabhängig vom Beobachtenden. Die naive Vorstellung, man könne sein Selbst suchen und finden, als wäre es etwas Gegebenes, verdeckt den komplizierten Sachverhalt der reflexiven Selbstkonstruktion im Moment des "Findens". Nichts ist gegeben, alles ist offen - statt orientiert zu sein, steht man vor unübersehbar vielen Möglichkeiten der Selbst-Erfindung.

Es ist vor allem diese Selbstbezüglichkeit, an der der Versuch scheitert, sich nach innen zu orientieren. "Haben bezieht sich auf Dinge, und Dinge sind konkret und beschreibbar. Sein bezieht sich auf Erlebnisse, und diese sind im Prinzip nicht beschreibbar." (Fromm) Sollte dies zutreffen, so kann das Innenleben keine Basis für stabile Orientierung sein: Nach dem Unbeschreibbaren kann man sich nicht richten. Diese Unbestimmtheit gilt, wie ich nun kurz erläutern möchte, für jedes der altgewohnten Orientierungskriterien: Nutzen, Qualität, Reichtum.

13. Erlebnisnutzen: Wie kann man wissen, was man will?

In der Erlebnisgesellschaft wird die Frage "Was will ich haben?" verdrängt durch die Frage "Wie will ich sein?". Worauf genau zielt diese Frage ab? Die allgemeinste Antwort lautet: Auf psychophysische Prozesse. Als "schön" gilt das Leben dann, wenn man sich geistig und körperlich gut fühlt. Die zentrale Botschaft innenorientierter Werbung lautet deshalb: "Dieses Produkt verschafft dem Konsumenten ein schönes Gefühl." Damit scheint Nutzen hinlänglich definiert: als Erlebnisnutzen.

Doch das schöne Gefühl ist eine Leerformel. Wer nur weiß, daß er ein schönes Gefühl haben möchte, weiß bei weitem nicht genug, um sich orientieren zu können. Hat es einen Sinn, sich selbst zu erforschen, welches *konkrete* Gefühl man haben möchte? Nein, weil das Bedürfnis, sich so oder so zu fühlen, nur durch Selbstbeobachtung zu erkennen ist. Deren Ergebnis kann jedoch - wie das Ergebnis jeder Beobachtung - nicht von den Kategorien getrennt werden, mit denen man beobachtet. Daraus folgt, daß die Beschreibungen unserer "Gefühlsbedürfnisse" die gerade aktuelle Semantik des Fühlens widerspiegeln, wie sie den Menschen im Alltagsleben der Gegenwart täglich von außen nahegebracht wird. Wir meinen, uns selbst zu beobachten und unsere "eigentlichen" Bedürfnisse ans Licht zu fördern, projizieren aber nur sozial gelernte und immer flüchtigere Schemata des Fühlens in jenen dunklen Raum, den wir "Ich" nennen.

Ich bin das, was zu sein ich mir gerade einbilde, aus welchen Gründen auch immer. Sich selbst erkennen heißt für das aufgeklärte Bewußtsein, zu erkennen, daß es da nichts zu erkennen gibt. Also führt die Frage "Wie will ich sein?" ins Bodenlose. Erlebnisnutzen oszilliert mit der Selbstreflexion; er ist nicht durch das Wesen des Ich begründbar, weil es dieses Wesen nicht gibt.

14. Erlebnisqualität: Die Illusion des Fortschritts

Noch verschwommener als der Begriff des Nutzens ist die Vorstellung der Qualität von Erlebnissen. Im Bezugsrahmen des *Habens* gibt es die intersubjektive Unterscheidung von besser und schlechter, anders ausgedrückt: Es gibt die Kategorie des Fortschritts. Im Bezugsrahmen des Seins geht diese Kategorie verloren. Die große Ordnung der Steigerung, die lange Zeit das Denken vieler Menschen auf ungefähr denselben Nenner brachte und eindeutige Zielbestimmungen erlaubte, ist im erlebnisorientierten Denken nicht mehr möglich. Über mehr als darüber, daß man überhaupt seinsbezogene Ziele verfolgt, kann man sich kaum noch verständigen.

Nur Erzeugnisse, die von außenorientierten Nutzendefinitionen besetzt sind, haben eine Fortschrittsgeschichte, etwa Plattenspieler, Telefon, Computer, Fotoapparat, Haushaltsgeräte; auch die Investitionsgüter zählen dazu, die Produkte zur Herstellung anderer Produkte. Keine Fortschrittsgeschichte gibt es beispielsweise hinsichtlich der Erlebniseffekte von Mode, Literatur, Musik, Programmgestaltung des Fernsehens, Illustriertenlandschaft, Tourismus, Spielautomaten und Computerspielen. Es widerspricht aller kulturhistorischen Erfahrung, daß etwa die Mode den Menschen immer besser gefallen würde; daß die Literatur anrührender und die Musik stimmungsvoller geworden sei; daß Fernsehen und Illustrierte ihren Unterhaltungswert kontinuierlich gesteigert hätten; daß der Erlebniswert des Tourismus wachsen und wachsen würde; daß Automaten- und Computerspiele die Menschen immer mehr gefangennehmen würden. All dies wird natürlich von der Werbung behauptet, stimmt aber nicht.

Warum gibt es keinen langfristigen Erlebnisfortschritt? Zur Erklärung benötigen wir die schon angedeutete konstruktivistische Theorie von Erlebnissen. Die Erlebnismittel - in unserem Fall die Produkte - haben in dieser Theorie geringes Gewicht;

fast alles hängt vom Erlebenden selbst ab. Die Beziehung zwischen Erlebnismitteln und Erlebniszielen, sollte man sich ihrer überhaupt sicher sein, ist unkalkulierbar. Wegen des oszillierenden Charakters der Selbstreflexion reagiert man auf denselben Input an Erlebnisobjekten beim zweiten Mal oft anders als beim ersten Mal. Das schönste Arrangement von Waren und Dienstleistungen nützt nichts, wenn man schlechte Laune hat. Man kann kaum dazulernen; was einem in der Vergangenheit gefallen hat, kann einen in der Zukunft langweilen. Man kann nichts erzwingen; je intensiver man sich auf Erlebnisziele konzentriert, je kompromißloser man sich dem erlebnisorientierten Denken überläßt, desto fragwürdiger wird der Erfolg.

15. Erlebnisreichtum und Erlebnisverarmung

Als nicht übertragbar von der Denkwelt des Habens in die Denkwelt des Seins erweist sich schließlich auch die Kategorie des Reichtums. Wir können nicht unbegrenzt gewünschte Formen des Seins anhäufen. In reicher Zahl hält die soziale Wirklichkeit Beispiele sowohl für den Versuch der Erlebnisvermehrung als auch für das Scheitern dieses Versuchs bereit: zwischen Dutzenden von Programmen springende Telekonsumenten; angestrengte Urlauber in ununterbrochener Erlebnisarbeit; Trends zur Verkürzung und zeitlichen Überlagerung von Erlebnisepisoden; Museumsbesucher, die vor lauter Bildern nichts mehr sehen; Schränke voller unbenutzter Kleider und Schuhe; Regale voller ungelesener Bücher; wechselnde Partnerschaften mit wenig Tiefe; gutes Essen in Menge mit wenig Genuß; pausenlose Musik, ohne daß man noch mehr wahrnehmen würde als ein Geräusch.

Zwei Techniken der vermeintlichen Steigerung des Erlebnisreichtums haben unser Alltagsleben in den letzten Jahrzehnten kontinuierlich verändert: Vermehrung und Verdichtung der Gegenstände des Erlebens. Das schlichte Kalkül lautet: je mehr

Erlebnismittel (Fernsehprogramme, Kleider, Urlaubssituationen, Partner usw.) wir uns aneignen (Vermehrung) und je mehr wir sie in der Zeit zusammendrängen (Verdichtung), desto reicher wird unser Innenleben: *Seins-Steigerung durch Habens-Steigerung.*

Daß sich diese Denkfigur von geradezu archaischer Primitivität trotz ihres Mißerfolgs so hartnäckig hält, verdient eine kurze Überlegung. Warum diese Fixierung auf offensichtlichen Unsinn? Vielleicht aus Angst vor Verunsicherung. Horror vacui: Was soll man denn sonst tun? Doch nicht etwa gar nichts? Es darf einfach nicht wahr sein, daß sich innere Bereicherung nicht ebenso aus dem Boden stampfen läßt wie äußere! Aber das Ignorieren nützt nichts; man stößt auf eine unverrückbare Grenze der inneren Reichtumssteigerung: Wegen ihres reflexiven Charakters brauchen Erlebnisse Zeit und Aufmerksamkeit. Durch Vermehrung und Verdichtung der Erlebnisgegenstände erreicht man notwendig das Gegenteil dessen, was man beabsichtigt hat - der Versuch der Vermehrung des Erlebnisreichtums führt zur Erlebnisverarmung. Wie? Weniger führt zu mehr? Nein - es darf nicht wahr sein!

16. Erlebnisgesellschaft

Im Pflaster des Forums einer Stadt in der Nähe Karthagos, die im zweiten Jahrhundert nach Christus gegründet wurde, sind folgende Worte eingelegt: "venari, lavare, ludere, ridere - hoc est vita". Jagen, baden, spielen, lachen - das heißt leben. Nicht von ungefähr ist diese Inschrift in einer hochentwickelten Kultur des Massenkonsums entstanden. Was hier aufblitzt, ist die Wendung des Denkens von objektiven Nutzendefinitionen zur Konzeption von Nutzen als Erlebnis.

Erlebnisgesellschaft bedeutet: von Erlebnisrationalität geprägte Gesellschaft. Dieser Begriff ist genau das, was Weber unter einem Idealtypus versteht: ein Modell, an dem sich reale

Phänomene messen lassen. Unsinnig wäre deshalb die Frage, ob es sich denn bei einer bestimmten Gesellschaft um eine Erlebnisgesellschaft handle oder nicht. Stattdessen ist die Kategorie der Erlebnisgesellschaft *komparativ* zu verwenden: Inwieweit sind ihr reale Gesellschaften angenähert? Etwa waren römische Stadtgesellschaften in den ersten nachchristlichen Jahrhunderten gewiß in höherem Maße Erlebnisgesellschaften als das alte Sparta. Alle vorangegangenen Gesellschaften werden jedoch übertroffen von den reichen westlichen Gesellschaften am Ende des 20. Jahrhunderts.

In der Sozialgeschichte der Bundesrepublik Deutschland läßt sich die allmähliche Durchdringung des gesellschaftlichen Lebens vom Prinzip der Erlebnisrationalität in vielen Facetten nachweisen. Die Philosophie des "interessanten" Lebens verdrängte traditionelle außenorientierte Auffassungen und führte zu einer tiefgreifenden Umgestaltung der Privatsphäre; neue alltagsästhetische Schemata entwickelten sich; die gesamtgesellschaftliche Milieustruktur durchlief eine Metamorphose; ein riesiger Erlebnismarkt entstand, der sich auch die Massenmedien und die Kulturpolitik einverleibte; Produktstruktur, Werbebotschaften und Käuferstrategien veränderten sich; in den Städten bildete sich eine Landschaft erlebnisorientierter "Szenen" heraus; Identität und soziale Wahrnehmung gerieten in den Einflußbereich einer fundamentalen Semantik, deren Kategorien die Form zweier Erlebnispolaritäten haben: Ordnung und Spontaneität, Einfachheit und Komplexität.

17. Oszillierende Strukturen

Die Strukturen der Erlebnisgesellschaft lassen sich als Reaktion auf den besonderen Orientierungsbedarf innenorientiert handelnder und wählender Menschen begreifen. Unter der Bedingung der Knappheit weiß man, was man will; Entgrenzung bedeutet den Verlust von Gewißheiten. Konstruktionen im Orientierungsvakuum sollen Abhilfe schaffen. In einer Situation zunehmender Unbestimmtheit haben sich die Menschen gewissermaßen zu Notgemeinschaften der Zweckfindung zusammengetan. Nichts ist zwangsläufig, alles könnte auch ganz anders sein, doch das Kollektiv suggeriert eine Selbstverständlichkeitsvermutung, an die sich die Menschen nur allzu bereitwillig klammern. Sie haben den Boden, auf dem sie zu stehen glauben, selbst erfunden. Doch die Konstruktionen sind labil; die Ordnungserfindungen lassen sich jederzeit umerfinden. Alltagsästhetische Schemata können auseinanderbrechen oder zusammenfließen, die Milieustruktur transformiert sich ständig, Szenen kristallisieren sich heraus und zerfallen wieder, die gegenwärtige fundamentale Semantik kann in eine andere übergehen. Man hat es mit dem merkwürdigen Tatbestand oszillierender Strukturen zu tun; Beschreibungen können immer nur Übergangszustände fixieren.

Die Erlebnisgesellschaft vermittelt den merkwürdigen Eindruck von orientierter Desorientierung. Sie ähnelt den bewegten Bildern, die Vogelschwärme im Herbst an den Himmel zeichnen, wenn sie sich vor dem Zug in den Süden sammeln. Scheinbar ziellos beschreiben sie Kurven und Schleifen, senken sich und steigen empor, dehnen sich auseinander, zerfallen in mehrere Teilschwärme, um sich bald wieder zu vereinigen und zusammenzuziehen, bis sie fast wie ein schwarzer Klumpen aussehen. Verwirrend für den Beobachter ist bei diesen Manövern die Gleichzeitigkeit von Ordnung und Chaos. Einerseits scheinen die Vögel im *Verhältnis zueinander* orientiert, andererseits jedoch *als Kollektiv* desorientiert: Es ist keine Linie erkennbar, kein gerichteter, linearer Zug durch den Raum.

Bei aller Instabilität lassen sich zwei dialektische Muster erkennen: Ritualisierung und Auflösung, Suggestion und Desillusionierung.

18. Ritualisierung und Auflösung

Ritualisierung ist die Einübung von Schemata des Seinwollens. Immer wieder neue Ideen, wie man das Leben erleben könnte, kommen auf den Markt. Werbung ist kollektive Parallelisierung von Selbstreflexion, verbunden mit der Definition von Produkten als Mittel für Seinsziele: Kosmetika, Musik, Fahrzeuge, Reisen, Fertiggerichte, Möbel, Schuhe, Kleider, Architektur, Fernsehsendungen, Illustrierte, Veranstaltungen und vieles mehr. All dies wird als Erlebnis*mittel* angeboten, wobei die Konkretisierung des *Ziels* gleich mitgeliefert wird. Im unbegrenzten Raum psychophysischer Möglichkeiten werden immer wieder neue Modi des Fühlens erfunden, vorgeführt, einstudiert.

Komplement zur Ritualisierung ist die Auflösung. Erlebnisrationalität pendelt zwischen Schematisierung und Abwandlung, zwischen Gewöhnung und Experiment. An die Stelle der vertikalen Kategorie des Fortschritts ist eine horizontale Kategorie getreten: das *Andere*.

19. Sinnsuggestion und Desillusionierung

Aber wie gelangt man zu der Überzeugung, daß dieses immer wieder Andere sinnvoll sei? In der Denkwelt des Habens ist man gut beraten, kritisch zu sein. Je mißtrauischer man alles unter die Lupe nimmt - Waren, Dienstleistungen, Anpreisungen, Lebensumstände, Personen -, desto wahrscheinlicher ist es, daß man seine Situation verbessern kann: alltäglicher Falsifikationismus als goldene Lebensregel.

Ganz anders verhält es sich in der Denkwelt des Seins. Ein eigenartiges Phänomen tritt zutage: Sich überzeugen zu lassen ist rational. Der rationale Erlebniskonsument wehrt sich nicht etwa gegen Suggestionen (wie es der rationale sachorientierte Konsument tun muß), sondern er fragt sie nach. Auf die Ver-

braucherstrategie der Autosuggestion antworten die Anbieter
mit Fremdsuggestion. Beide Akteure arbeiten zusammen; Suggestion gehört zum Service. Unbrauchbar sind die Begriffe von
Lüge und Wahrheit, wo es im Einvernehmen aller Marktteil-
nehmer primär darum geht, dem Endverbraucher gewünschte
psychophysische Prozesse zu verschaffen. Unter diesen Bedingungen gilt: je wirksamer die Suggestion, desto besser das
Produkt. Der Glaube des Abnehmers an zugesicherte Eigenschaften der Ware läßt die zugesicherten Eigenschaften erst
entstehen.

Sinnsuggestion ist keineswegs bloß eine "Manipulations-
technik" der Konsumgüterindustrie. Solche zur Routine
gewordenen kulturkritischen Schuldzuweisungen wirken allzu
treuherzig angesichts des aktiven Beitrags der angeblich
Verführten. Sinnsuggestion wird als Serviceleistung nach-
gefragt, ja sie macht den eigentlichen Wert des Produktes aus.
Houdini, der berühmte Zauberer zu Beginn des Jahrhunderts,
antwortete auf den Einwand, daß er seinem Publikum ja nur
Illusionen verschaffe: "Genau dafür bezahlen die Leute ihre
Eintrittskarte."

20. Ende der Erlebnisgesellschaft?

Ritualisierung und Auflösung, Sinnsuggestion und Desillusionierung: Ist dies als Dauerzustand vorstellbar? Ist unsere Gesellschaft in jener Heimatlosigkeit heimisch geworden, die für
die Denkwelt des Seins charakteristisch ist? Wenn man die Typologie, die ich eingangs skizziert habe, historisch interpretiert, so sieht man sich in der Erlebnisgesellschaft am Ende der
Geschichte angelangt: eine Diagnose, die sich irgendwann als
ganz normaler Ethnozentrismus herausstellen könnte. Dennoch: Dafür, daß es noch eine ganze Weile so weitergehen
könnte, trotz ökonomischer und ökologischer Probleme,
spricht die Trägheit der Normalität - die eingespielten Mecha-

nismen von Marketing, Konsum und Entsorgung; die neue
Gewohnheit erlebnisrationalen Denkens, gestützt durch die
überwältigende intuitive Plausibilität des Satzes "Ich tue was
mir gefällt"; die trotz Arbeitslosigkeit und Rezession ungebro-
chene Dominanz möglichkeitsüberfluteter Existenzen.

Da wir es mit gesellschaftlichen Phänomenen zu tun haben,
ist die zukünftige Entwicklung allerdings nicht bloß eine Frage
des Zusammenwirkens verschiedener Faktoren, sondern auch
der Selbstreflexion, nicht bloß ein empirisches, sondern auch
ein normatives Problem. Die prognostische Basisinformation
liegt deshalb in der kollektiven Antwort auf die Frage "Was
wollen wir eigentlich?"

Und damit kehre ich zum Ausgangspunkt zurück, zur
Selbstverantwortung für das Glück. Allzu glücklich scheinen
die Menschen in der Erlebnisgesellschaft nicht zu sein. Erlebnisse sind "wesensmäßig Nebensache", wie John Elster in seinem Buch über die "Subversion der Rationalität" (dt., Frank-
furt/M. 1986) formuliert; sie lassen sich nicht rationalisieren.
Tut man es dennoch, so ist das Ergebnis ein zweifelhafter psychischer Gewinn mit enormen ökologischen Kosten. Wenn es
sich so verhält, wäre es dann nicht an der Zeit, über einen
weiteren, fünften Typus der Glückssemantik nachzudenken?
Der globalen Entwicklung scheint eine Art ökozentrisches
Glücksmodell angemessen, dessen Augenmerk sich wieder
vom Subjekt auf die Situation verlagert, allerdings nicht im
Sinn des Habenwollens, sondern des Vermeidenwollens: Glück
als Abwesenheit von Leid. "Als oberste Regel aller Lebens-
weisheit", so Schopenhauer in seinen Aphorismen, "sehe ich
einen Satz an, den Aristoteles beiläufig ausgesprochen hat in
der Nikomachäischen Ethik: ...'nicht dem Vergnügen, der
Schmerzlosigkeit geht der Vernünftige nach.'"

---

* Vgl. zu dem Thema auch: G. Schulze: Die Erlebnisgesellschaft. Kultursoziologie der Gegenwart, Frankfurt/New York 1992 u.a.

Diskussion

In der unter Leitung von Gertrud Nunner-Winkler anschließend geführten Aussprache kristallisierten sich drei Schwerpunkte heraus. Ein erster kreiste um geschichtliche Vorläufer der Erlebnisgesellschaft, die Zweifel an der Präzedenzlosigkeit der für die "Diagnose der modernen Gesellschaft" konstitutiven Phänomene hervorriefen. Es wurde aufgezeigt, daß der Mensch der Barockzeit sich bereits auf die Suche nach Erlebnissen begeben habe. Im Unterschied zur heutigen "Demokratisierung des Genusses" seien die Erlebnisse in vorgängigen Epochen Privileg Weniger gewesen. Gar der in der Nachkriegszeit aufkommende Schlager ließe sich als Zeichen des Erlebnishungers deuten. Aus diesen Befunden wurde die anthropologisch orientierte Schlußfolgerung abgeleitet, daß "ein Bedürfnis des Menschen, Erlebnisse zu haben" die eigentliche Wurzel auch der heutigen Erlebnisgesellschaft offensichtlich sei. Unter diesem Vorzeichen ließe sich schwerlich das "wirklich Andere" der Gegenwartsgesellschaft erkennen. Schulze unterstrich in seiner Replik den idealtypischen Grundzug seiner Ausführungen und legte dar, daß in der Wirklichkeit vornehmlich "Mischungsverhältnisse" "verschiedener Glücksmodelle" vorlägen. Der idealtypische Gehalt führte auch stellenweise zu einem Mißverständnis beim Auditorium. Es entstand nämlich der Eindruck, daß der Referent sich zum Verfechter einer Situation, die auf eine "Trägheit der Normalität", auf "Entgrenzung" und "egozentrische Vereinseitigung" zusteuere, mache und dabei die kritischen Gehalte verkenne oder unterschätze. Dieses Mißverständnis bereinigte er und stellte klar, daß er nicht die Hoffnung, auf dieser Stufe stehen zu bleiben, teile, sondern eher die Befürchtung habe. Sein Anliegen sei es, einen Weg zu finden, der eben nicht bei einer so beschaffenen "Glückskultur" verharre. Die Notwendigkeit ergebe sich angesichts der ökologischen Konsequenzen.

Mehrere Wortmeldungen - zum Teil Ausdruck eines weiter-
führenden Informationswunsches - zielten sodann auf metho-
dologische Aspekte seines Referates ab. Ins Zentrum rückten
die Frage und Problematik der Meßbarkeit von Erlebnissen mit
dem Ziel, Handlungsanweisungen ableiten zu können. Vor allem in der Gleichzeitigkeit von "sozialer Situation",
"egozentrischen Glückvorstellungen" und "Warenangebot"
wurzele das eigentliche Dilemma solcher Untersuchungen. Des
weiteren wurde auf das auf die Erlebniswelt zu übertragende
"Gesetz des abnehmenden Grenznutzens" hingewiesen.
Schwierigkeiten bereite der "Nutzen-Begriff", der eine "leere
Hülle" bleibe. Der Referent äußerte seine Skepsis bezüglich
der Möglichkeit, Erlebnismomente gleichsam wie mit einem
Fieberthermometer zu messen. Die einzig praktikable Methode erblickte er in qualitativen Ansätzen der Sozialforschung, die etwa bei der Protokollierung von
Lebenserfahrungen ihren Ausgangspunkt nehmen könnten.
Über einen längeren Zeitraum hinweg ließe sich gewiß ein
Phänomen, wie z.B. die Abnahme von Glücksintensität,
nachzeichnen. Dabei erinnerte er an den bekannten Buchtitel
vom "glücklichen Augenblick".

Einen weiteren Anknüpfungspunkt bildete schließlich das
vorgängig bereits gefallene Stichwort "Trägheit der Normalität". Eine Diskussionsteilnehmerin hob den ihres Erachtens negativen Tenor der Schlußpassage des Referenten hervor und
versuchte mit Hilfe des Beispiels der "Benetton"-Werbung auf-
zuzeigen, wie Ideen heute über das Bestehende hinausgingen.
Besonders hob sie die Beschaffenheit der darin mitschwingen-
den Glücksvorstellung - Glück nicht unter Ausgrenzung von
Unglück - hervor und deutete gleichsam als "Nebenprodukt"
der Werbung die Entstehung einer weltweiten Kommunikati-
onskultur. Letzteres veranlaßte sie, auf die unterbelichtete
Verbindung von Glück und Kultur in den Ausführungen des
Referenten hinzuweisen. Schulze unterstrich die "originelle
Deutung" der zitierten Werbung und erläuterte, wie durch die

Werbebotschaft "wir sind keine Spießer" gleichermaßen Selbstwahrnehmungs- und Distanzierungsschemata vermittelt würden. Er unterstrich, daß in diesem Sinne die Verbindung von Glück und Kultur keineswegs zu kurz gekommen, sondern insgesamt Thema seines Vortrages gewesen sei.

Klaus Barheier

Manfred Prisching

Das wohlfahrtsstaatliche Weltbild

Das System des Wohlfahrtsstaates wird heute als historische
Leistung gewürdigt, da es gesicherte Standards eines menschenwürdigen Lebens mit der Dynamik eines kapitalistisch-
marktwirtschaftlichen Systems zu vereinen vermochte. Dies ist
in der Tat eine soziale Innovation, auf deren Wirkung für das
"gemeine Wohl", ja das "Glück" der Individuen, die in diesen
Wohlfahrtsstaaten leben, die europäische Gesellschaft stolz
sein kann. Zugleich werden aber immer öfter strukturelle
Krisen beschrieben, in die der expansive, sich selbst
überfordernde Wohlfahrtsstaat zu geraten scheint. Statistisch
läßt sich die eigendynamisch-bedrohliche Expansion der
Zahlungsströme aus öffentlichen Budgets gut belegen;
finanztheoretisch läßt sich über Produktivitätsdifferenzen,
öffentliche Güter und Externalitäten als Ursachen immer
weiterer Zahlungserfordernisse reden; die neue Politische
Ökonomie steuert die parteipolitischen Überbietungszwänge
einer konkurrenzdemokratischen Ordnung bei; und die
mittlerweile etwas heruntergekommene marxistische Theorie
punktet immerhin mit den legitimierungsbedürftigen "sozialen
Kosten" des Industrialisierungsprozesses. Das ist ein altbe-
kanntes und oft abgehandeltes, wenn auch deswegen nicht
unaktuelles Thema: Auch wenn das Fatale dieses Geschehens
bewußt ist, so scheint es doch kaum möglich zu sein, die
expansive Tendenz einzubremsen. Die Liste der Begleiter-
scheinungen der Krise des Steuerstaates ließe sich im übrigen
unschwer verlängern, widmen sich doch die Sozialwissenschaften, von der Geburt ihrer Disziplin an, dem Entwurf von
"Krisenmodellen" mit besonderer Vorliebe (Prisching 1986).
    Weniger überzeugend sind die Verhaltensmodelle, die in
diesen Diskussionen benutzt werden, um die Psyche der

"Insassen" dieses Wohlfahrtsstaates zu beschreiben. Meist geht es um einfache Reiz-Reaktions-Bilder oder die einfachsten Formen von Rationalverhaltensmodellen. Höhere Arbeitslosengelder schwächen die Leistungsbereitschaft. Steigende staatliche Familienleistungen erhöhen die Geburtenzahlen. Ein unbezahlter Krankenstandstag senkt den Mißbrauch. Dies sind oberflächliche Behauptungen, die, mögen sie richtig oder falsch sein, auf vermutete oder nachgewiesene Korrelationen bauen und dahinter gesetzesartige und vielleicht gar manipulierbare Kausalzusammenhänge vermuten.[1] Sie plagen sich allerdings kaum damit, die komplizierte Psyche der Individuen, die mit ihrem Geschick in modernen Industriegesellschaften fertig zu werden trachten, auszuloten.

Insofern ist es doch ein vergleichsweise neues (und das heißt: in Wohlfahrtsstaatsdiskussion kaum beachtetes) Thema, wenn wir intensiver das zu beschreiben trachten, was in den Köpfen und Herzen der Individuen, die sich in wohlfahrtsstaatlichen Gefilden tummeln, vorgeht: auf etwas, was wir als "wohlfahrtsstaatliches Bewußtsein" oder "wohlfahrtsstaatliches Weltbild" bezeichnen können. Wenn wir Mentalitäten, Wahrnehmungen und Verhaltensdispositionen im Wohlfahrtsstaat zum Thema machen, wird offenkundig, daß zumindest drei Pakete von Fragen zu untersuchen sind. Das erste Fragenpaket bezieht sich auf Wahrnehmungs- und Interpretationsprobleme: Wie wird der Wohlfahrtsstaat wahrgenommen? Welche Vorstellungen von ihm bestehen in seiner Klientel? Gibt es verschiedene Paradigmen des Sozialstaates, und lassen sie sich nach sozialen Kategorien differenzieren? Wie ändern Erfahrungen von Wirtschaftszyklen, politischen Programmen und intellektuellen Moden diese Paradigmen? Das zweite Fragenpaket bezieht sich auf die geistigen Einflüsse, die das Gesicht des Wohlfahrtsstaates prägen: Welche Vorstellungen über den Gang der Geschichte, die Machbarkeit der Politik und das Glück der Menschen haben den Sozialstaat und seine Institutionen geformt? Wie wirken die Schwankungen des Zeitgeistes auf seine Ausgestaltung? Und das dritte Fragenpaket zielt auf die umgekehrte Wirkungsrichtung: Wie prägt der Wohlfahrtsstaat langfristig die psychischen Dispositionen der "Wohlfahrtsbürger"? Inwieweit produziert er Zufriedenheit oder Glück, Abhängigkeits- oder Befreiungsgefühle, Sicherheit oder Verunsicherung, Solidarität oder Egoismus?

Es ist die Frage nach der "Kulturbedeutung" des Wohlfahrtsstaates, in der sich diese Fragen zusammenfassen lassen. Unser Thema zielt also nicht darauf, Zufriedenheitsbekundungen empirisch abzuhandeln: also Fragebogenergebnisse der Art, wie Menschen ihre Lebenssituation im großen und ganzen beurteilen, wie sie sozialpolitische Programme des Staates einschätzen, in welchen Positionen sie Kürzungen oder Erweiterungen vorschlagen, und dergleichen mehr. Das ist anerkannter Bestandteil nationaler und internationaler Surveys, auch wenn sich die Verwunderung darüber, daß die Zufriedenheit im internationalen Vergleich so unterschiedliche Niveaus erreicht und sich gar nicht mit objektiven Indikatoren korrelieren lassen will, nicht legen will. Hier geht es um eine kulturtheoretische Perspektive, die allerdings auf vielfältige theoretische Materialien zurückgreift.

Da der Wohlfahrtsstaat in das Ensemble der kulturellen Verhältnisse der modernen Gesellschaft eingebettet ist, und da eine adäquate Beschreibung demnach nichts Geringeres leisten müßte als ein Gemälde des Bewußtseinszustandes des modernen Menschen, in dem bloß einige Elemente besonders hervorgehoben werden, zu entwerfen, kann diese Frage natürlich nur skizzenhaft, in einigen Stichworten, behandelt werden. Meine kulturtheoretischen Sondierungen lassen sich, in simplifizierender Kürze, in sechzehn Stichworte ordnen. Die ersten vier Stichworte zielen auf "klassische Kategorien" der Analyse des Modernisierungsprozesses: Es handelt sich um Rationalisierung, Säkularisierung, Fortschritt und Individualisierung. Weitere vier Stichworte beziehen sich auf "moderne Kategorien" der Gesellschaftsanalyse: Sie lauten Wohlstandsgesellschaft, technokratische Gesellschaft, hedonistische Gesellschaft und Risikogesellschaft. Es schließen sich vier Stichworte an, die man als "Krisenkategorien" des Wohlfahrtsstaates bezeichnen könnte: Paternalisierung, Dekommodifizierung, rent-seeking und Bürokratisierung. In den abschließenden "Kategorien der Lebensqualität" komme ich auf die Zufriedenheit im Wohlfahrtsstaat, auf Legitimität, auf die "Gemütsruhe" und das Glück der Individuen zu sprechen.

I. Klassische Kategorien - auf dem Weg in die moderne Welt

Wenn vom Prozeß der Modernisierung gesprochen wird, so kommt man ohne einige klassische Kategorien - Stichworte, in denen sich die großen Trends niederschlagen - nicht aus. Es zeigt sich, daß die hier behandelten vier Kennzeichen des Modernisierungsprozesses einen Bezug zu einem wohlfahrtsstaatlichen Weltbild, das sich im Zuge dieses Geschehens herausbildet, aufweisen.

Rationalisierung - kollektive Wohlfahrtsansprüche im eisernen Gehäuse einer unwirtlichen Moderne

Der moderne Kapitalismus erwuchs, wie Werner Sombart formuliert, aus jenem Geist, "der seit dem ausgehenden Mittelalter die Menschen aus den stillen, organischen gewachsenen Liebes- und Gemeinschaftsbeziehungen herausreißt und sie hinschleudert auf die Bahn ruheloser Eigensucht und Selbstbestimmung" (Sombart 1987, I, 327). Der Erwerbstrieb beschränkt sich nicht mehr auf den wirtschaftlichen Bereich, sondern greift über in alle Lebensbereiche, er entwickelt die Tendenz, "über die gesamte Wertewelt den Primat der Geschäftsinteressen zu proklamieren." (Sombart 1931, 259). Karl Polanyi (1979) äußert sich ähnlich: Der moderne Kapitalismus sei eine Gesellschaft, in der das ökonomische System nicht mehr in das gesellschaftliche System eingebettet sei, sondern in der es eine vorrangige Stellung einnehme. Die Logik von Tauschprozessen bestimme immer größere Teile menschlicher Interaktionszusammenhänge. Bei Max Weber (1976) finden wir eine noch dramatischere Perspektive: Er beschreibt einen Prozeß, in dem sich das stahlharte Gehäuse allseitiger Rationalisierung aufbaut, durch die kalkulationsfördernde Dynamik des Kapitalismus gleichermaßen wie durch Versuche seiner administrativ-patrimonialen Domestizierung. Daß die Moderne als geistiges und strukturelles Rationalisierungsgeschehen beschrieben werden muß, scheint auch vielen anderen Sozialwissenschaftlern ein überzeugender Vorschlag zu sein.

In dieser rationalisierten - und als solcher: vermarktlichten - Gesellschaft konstatieren wir drei Bewußtseinswirkungen. Zum ersten prägt eine Gesellschaft, in der sich Rechenhaftigkeit und Eigennutz als anerkannte Rationalitäten des Handelns verbreiten, auf Dauer die Individuen, die in ihr leben: Sie werden rechenhafter und eigennütziger. Ihre solidarischen Potentiale, die für das Zusammenleben in Kleingruppen unterstellt und oft in pittoresk-romantischen Bildern beschrieben werden, gehen verloren, und sie können mit individueller Tugend, die sich im altruistischen Beitrag zur gemeinsamen Wohlfahrt wie in zwischenmenschlicher Hilfeleistung ausdrückt, nicht mehr viel anfangen. Dabei kommt der Wohlfahrtsstaat ins Spiel, der Schritt für Schritt ausgebaut wird: Dem rationalen, kalkulierenden Bewußtsein gilt der Wohlfahrtsstaat in seinen Risikosicherungs- und Umverteilungsfunktionen als vorteilhaftes kollektives Arrangement, und wir werden im Detail sehen, warum dies so ist.

Zweitens, wohlfahrtsstaatliche Gegenmaßnahmen umgreifen die Menschen in einer Zangenbewegung: Bürokratisierung von oben und Nivellierung von unten ergänzen einander (Baier 1988, 56). "Der Wohlfahrtsstaat ist die Legende des Patrimonialismus", sagt Weber (1976, 652). Die neuen Lebensrisiken des industriellen Kapitalismus werden kompensiert, mit den Mitteln der formalisiert-bürokratischen Zweckanstalt, die der moderne Staat darstellt. Die aus ihren traditionellen Milieus freigesetzten Individuen, die soeben erst in ihre Selbständigkeit entlassenen Bürger werden von den Apparaturen der Herrschaft wieder eingeholt und heimgeholt. Der wohlfahrtsstaatlich legitimierte Arm rationalisierter Bürokratien erreicht sie auch im Elend. Das hat natürlich seine Vorzüge; erst die in die letzten Landesteile reichende Effizienz des politischen Rationalisierungsprozesses erfüllt die Versprechungen der bürgerlichen Verfassung - daß die gewonnene Freiheit auch wirklich gekostet werden darf, weil einem der bittere Geschmack des Verelendungsrisikos nicht jede Freude daran vergällt.

Die beiden beschriebenen Entwicklungen ergänzen sich somit zu einer dritten Wirkung. Die Sozialapparaturen des überall präsenten Staates bekommen Rationalisierungsfolgen, die sich als potentiell destruktiv erweisen, in den Griff, und sie ermöglichen dadurch das weitere Voranschreiten des Rationalisierungsprozesses. Der Rationalisierungsprozeß der Moderne schafft in seiner Prämiierung rational-kalkulatorischen Denkens, in seiner Forcierung kühler Zweckmäßigkeit, in seiner Legitimierung bürokratisch-technischer Verfügbarkeit die Grundlage für ein wohlfahrtsstaatliches Bewußtsein, für die Zuweisung der generellen Wohlfahrtsstiftungsfunktion an den modernen Leistungsstaat; und die Durchsetzung dieses Bewußtseins sowie der davon getragenen Zweckapparaturen des modernen Sozialstaates macht den weiteren Rationalisierungsprozeß, der ansonsten scheitern müßte, möglich.

Säkularisierung - die substitutive Funktion des Staates bei der Schaffung neuer Geborgenheit

Die Entwicklung der modernen Industriegesellschaft geht einher mit dem Prozeß der Säkularisierung. Dies hat - wie Gustav

Schmoller vermerkt - einerseits zur Folge, "daß der Glaube und die Hoffnung auf ein besseres, die irdischen Ungerechtigkeiten ausgleichendes Jenseits nicht mehr in dem Maße auf die große Menge in einer selbst mit Ungerechtigkeiten und Härten versöhnenden Weise zurückwirken kann wie früher" (Schmoller 1898, 156); Schmoller verweist also darauf, daß die Kompensationsfunktion der Religion - der Glaube als Opium des Volkes, das die Leiden und Unzulänglichkeiten dieser Welt vergessen macht oder ertragen läßt - in der Moderne verlorengeht. Andererseits hat der Bedeutungsverlust der institutionalisierten Religion auch zur Folge, daß "der moderne Staat noch mehr als bisher einzelne Funktionen zu übernehmen (hat), die früher der Kirche anheimfielen" (1898, 157); wir haben es also mit einer subsidiären Übernahme von sozialen Sicherungsfunktionen durch den Staat zu tun.

Der Wohlfahrtsstaat tritt somit das Erbe der Kirche in zweierlei Hinsicht an: zum einen übernimmt er Hilfsfunktionen für bedrohliche Lebenslagen, die in der traditionellen Gesellschaft von kirchlichen Institutionen erbracht wurden; zum anderen wird er selbst zum Religionsersatz, indem er als handlungsmächtige Instanz jene Sicherheit suggerieren muß, die früher die Geborgenheit in einer religiös gedeuteten Welt gewährleistet hat. Dem Staat bleibt, wie Ernst-Wolfgang Böckenförde (1991a) gezeigt hat, schon in seinem eigenen Interesse nichts anderes übrig, als entsprechende Suggestionen aufzubauen; denn die Bindungs- und Rechtfertigungskraft der Religion hat seinerzeit auch ihm politisch bindende und legitimierende Wirkung verschafft, und mit dem Bedeutungsverlust der Religion und der religiösen Instanzen brechen Stützpfeiler der politischen Herrschaftsapparatur weg. Wohl könnte der moderne Staat auf seine freiheitsverbürgenden Garantien setzen, seine Bürger also mit dem Verweis auf Menschen- und Bürgerrechte für sich zu gewinnen suchen; aber es ist zweifelhaft, ob allein aus dem Bewußtsein der gewonnenen Freiheit sich jene Ligaturen gewinnen lassen, die Kontinuität und Bestand des Staates

sichern. Auch der zeitweilig einheitsstiftende Nationalismus ist
- nach dem Dahinschwinden des 19. Jahrhunderts, das darin
integrationsstiftende Ressourcen zu finden hoffte - geschwächt.
So bleibt dem Staat nur die Option, sich über die in den Hintergrund tretenden klassischen Staatsfunktionen (Grimm 1991a)
hinaus zum Erfüllungsgaranten der eudämonistischen Lebens-
erwartungen seiner Bürger zu machen. Er findet seinen Zweck
immer mehr darin, vorsorgende, sozialgestaltende, eben wohlfahrtsstaatliche Politik zu treiben.

Fortschritt - die Dynamisierung der Ansprüche in einer gestalt-
bar werdenden Welt

Indem die moderne Welt aus ihren Bindungen heraustritt, wird
sie zu einer dynamischen, wandelbaren Größe. Das Signum
der Moderne ist die gerichtete Veränderung, ein optimistisch
gedeuteter, "aufwärts" führender Wandel: "Fortschritt". Dieser
Prozeß wird zunächst als "naturwüchsig" sich vollziehender
gedeutet, als Prozeß, der sich nicht beabsichtigten Wirkungen
verdankt und hinter dem Rücken der Menschen vollzieht. So-
bald aber das eschatologische Erbe einer weiteren Säkularisierung zum Opfer fällt, wird der Mensch zum Meister dieses
Fortschritts. Er wird zum Handelnden, zum Schaffenden, zum
Gestaltenden, zum Organisierenden. Er wird zum Herr der Geschichte, zum Kreator einer neuen Welt, gar zum Schöpfer eines neuen Menschen.
    Die Zeit wird reflexiv, die Zukunft eine irgendwann einmal
erlebbare Gegenwart (Koselleck 1979). Man "erlebt" den Fortschritt durch den Fortschritt, im wörtlichen Sinn: Die Entwicklung der Medizin macht die jederzeit mögliche Gefährdung des Lebens zu einem Risiko, das nicht mehr von der alltäglichen Erfahrung getragen wird, sondern zu einer statistischen Größe verblaßt. Der einzelne kann sein Leben planen.
Er beginnt, seine Familienbeziehungen zu gestalten, seine Gesundheit zu bewahren, seine Arbeit zu wählen. Damit treten

die Risiken, die im Lebenslauf auftauchen, als solche erst ins Bewußtsein (Luhmann 1991; vgl. auch Luhmann 1981). Wenn die Katastrophen wie die Blitzschläge aus heiterem Himmel eintreffen, unvorhersehbar und tödlich, ist es müßig, sich damit zu beschäftigen. Wenn die Kausalketten jedoch in die Zukunft verlängert werden, sind die unerfreulichen Ereignisse als Wahrscheinlichkeiten kalkulierbar, und manche Folgen sind durch vorausschauendes Handeln gar abwendbar. So entsteht die reelle Möglichkeit des Eingriffs, und auf der Grundlage des Fortschrittsdenkens entsteht der sozialpolitische Gestaltungsanspruch. Es hat einen Sinn, vorzusorgen; und es ist möglich, vorzusorgen. Damit baut sich der Anspruch kollektiv-planender Vorkehrungen gegen zukünftige Risiken auf. Man schreitet nicht mehr bewußtlos und schicksalsergeben in die Zukunft; man will die Zukunft in den Griff bekommen.

Die dem Fortschritt verbundene Machbarkeitsidee, oft übersteigert zu Heilserwartungen, die in eine wahrnehmbare Welt projiziert werden, setzt Kräfte frei. Sie nimmt dem Gedanken des Schicksals seine Überzeugungskraft. Nun wird der Mensch verantwortlich für die Zustände und Entwicklungen in dieser Welt, und solange seine Lebensqualität nicht zur Vollendung gelangt ist, solange also Unvollkommenheiten in der Glückserfahrung zu verzeichnen sind, folgt, daß seine intellektuell-konstruktive Durchgriffskraft nicht zur vollen Entfaltung gelangt ist. "Der Schluß liegt nahe, Zuständigkeit und Verantwortlichkeit zu konzentrieren, um den Fortschritt zu einem wirklich absichtsvollen und damit beherrschten Prozeß zu machen. Die einzige Instanz aber, die zur Übernahme dieser Aufgabe prädestiniert ist, ist der neuzeitliche Staat, der sich selbst mit seinem historischen Auftreten bereits als wirkungsmächtigster Gestalter der Geschichte empfohlen hatte." (Matz 1977, 93) Das wohlfahrtsstaatliche Bewußtsein ist, insoweit und weil es auf den fortschrittssichernden Staat baut, ein progressistisch-konstruktivistisches Bewußtsein.

Individualisierung - der Verlust traditioneller Bindungen und das Erfordernis neuer Wohlfahrtssysteme

Die moderne Marktgesellschaft verallgemeinert die Konkurrenz und egalisiert die Individuen in ihren bürgerlichen Rechtsverhältnissen. Damit ist jeder auf sich gestellt, vereinzelt und vereinsamt. Zwar ist er durch die Marktverhältnisse in immer längeren Handlungsketten mit anderen verflochten, doch aus konkreten sozialen Einbettungen wird er herausgelöst. Der Individualisierungsprozeß löst Bindungen auf: das "dichte" Zusammenleben der Dörfer und Regionen; die homogenen Milieus ländlicher, bürgerlicher oder proletarischer Art (Mooser 1983); selbst die Kerngruppe sozialen Lebens, die Familie. In ihrer Erosion erleben wir die Auflösung letzter Reste traditioneller sozialintegrativer Elemente. "In dem zu Ende gedachten Marktmodell der Moderne wird die familien- und ehelose Gesellschaft unterstellt. Jeder muß selbständig, frei für die Erfordernisse des Marktes sein, um seine ökonomische Existenz zu sichern. Das Marktsubjekt ist in letzter Konsequenz das alleinstehende, nicht partnerschafts-, ehe- oder familien'behinderte' Individuum. Entsprechend ist die durchgesetzte Marktgesellschaft auch eine kinderlose Gesellschaft - es sei denn, die Kinder wachsen bei mobilen, alleinerziehenden Vätern und Müttern auf." (Beck 1986, 191)

Die moderne Erwerbsgesellschaft schafft sich ein Menschenbild, das den Bedingungen der Wirtschaftswelt angemessen ist. Die Grenzenlosigkeit des Erwerbs bedarf einer Rechtfertigung, da doch die alten Tugenden der Mäßigung, der Bescheidenheit und der Bedürfnislosigkeit einem raffgierigen Profitinteresse widersprechen. Der homo oeconomicus, der subtile Tüftler von Zwecken und Mitteln und Maximierer seines Nutzens, wird von der Sozialwissenschaft in langem Ringen nicht nur zum Prototyp des wirtschaftlich handelnden Menschen; er wird zur Inkarnation des Rationalitätsprinzips der modernen Welt schlechthin. Die vulgarisierte Wohlfahrtstheorie kann von einem Modell, das interaktive Mechanismen beschreibt, zu einem sozialethischen Modell gemacht werden: Auf seinen eigenen Vorteil zu achten, führt zur gesellschaftlichen Harmonie. Die Wirtschaftswissenschaft verwandelt ihre Idealtypisierung in eine Idealisierung[2], und ein wenig davon sickert in das allgemeine Bewußtsein ein.

Empirisch schlägt sich der theoretische Egozentrismus in der Auflösung von altruistisch-solidarischen und damit individualisierungsfeindlichen Kooperationsverhältnissen nieder. Eine Reihe sozialer Dienstleistungen kann aber nur in der Kooperation mehrerer Individuen erbracht werden, namentlich im Modell einer traditionellen familiären Rollenverteilung, bei welcher der (männliche) Partner die Unterhaltsressourcen herbeischaffte, während sich die (weibliche) Partnerin diversen Pflege-, Erziehungs- und Haushaltstätigkeiten widmete, dem in das "Normalarbeitsverhältnis" eingespannten "Haushaltsvorstand" also alle lebensweltlichen Erledigungen abnahm. Die ironischerweise unter dem Schlachtruf der Selbstverwirklichung vorangetriebene "Vermarktlichung", die Anpassung an die alles durchdringenden Marktverhältnisse im Zuge der Universalisierung fungibler Individuen in ihrer Rolle als Arbeitskraft, schaltet die Möglichkeiten, viele dieser Leistungen zu erbringen, weitgehend aus. Neue, kollektiv ausgestaltete Systeme müssen geschaffen werden, um die früher in kleinen sozialen Einheiten erbrachten Dienste durch (marktförmig oder staatlich ausgestaltete) Kollektivinstitutionen zu ersetzen.[3]

Das moderne Bewußtsein ist ein individualistisches Bewußtsein, unfähig, die traditionellen sozialen Dienstleistungen zu tragen, und so ist es notwendig auch ein wohlfahrtsstaatliches Bewußtsein.

II. Moderne Kategorien - Rundblick in der Moderne

Das Bedürfnis, das Wesen dieser verwirrenden modernen Gesellschaft auf den Begriff zu bringen, führt immer wieder zu neuen Ausprägungen von Schlagwörtern, die im intellektuellen Diskurs rasche Aufstiege und Abstiege erleben. Vier von ihnen, die als Beschreibungen der Gegenwartsgesellschaft Anklang gefunden haben, sollen in ihrer Beziehung zum wohlfahrtsstaatlichen Weltbild erörtert werden. Dabei ist es angebracht, besonders den Ambivalenzen und Inkonsistenzen des Bewußtseins Aufmerksamkeit zu schenken.

Die Wohlstandsgesellschaft - der Reichtum an Wohlfahrtsressourcen und der Verlust solidarischer Gefühle

Der Wohlfahrtsstaat zielt auf die Sicherung des "guten Lebens" (Barry 1990, Baldwin/ Godfrey/ Propper 1990, Rassem 1992). Wird darunter in verschiedenen Kulturen auch Unterschiedliches verstanden, so gehört doch ohne Zweifel die Befreiung von Not und Elend dazu. Wohnung und Nahrung, ein behaglicher Wohlstand, eine gesicherte Lebensordnung, - den Gesellschaftstheoretikern aller Zeiten war klar, daß sich erst auf dieser Grundlage jene Tugenden entwickeln konnten, die höhere Sittlichkeit als Bestandteil des "guten Lebens" gewährleisten. Gesellschaften, die nahe ihrem Existenzminimum leben, haben kaum einen Überschuß, der sich umverteilen ließe. Steigender Wohlstand macht "Wohlfahrtspolitik" möglich. Von reichen Gesellschaften läßt sich daher erwarten, daß sie ihre Sensibilität für wohlfahrtsstaatliche Belange steigern. Die Freisetzung von unmittelbaren Überlebenszwängen erlaubt es, über mehr Ressourcen in altruistischem oder egalitärem Sinne zu disponieren (Münnich 1980). Auch Alvin Gouldner hofft: "Eine Welt des Überflusses und der verminderten Knappheit der Güter unterminiert die Reziprozitätsnorm und stärkt die Wohltätigkeitsnorm." (1984, 134). Empirische Belege zeigen in der

Tat, daß eine gewisse Korrelation zwischen dem Pro-Kopf-Sozialprodukt und dem Niveau der Sozialausgaben besteht. Das Redistributionsvolumen in den Industriegesellschaften ist in absoluten und relativen Größen enorm angewachsen (Ashford 1988, Mommsen 1982, Flora/Heidenheimer 1981). Moderne Gesellschaften sind egalitärer und wohlfahrtsgeneigter. Sie gewähren Lebensqualität für alle.

Viele Beobachtungen stützen aber den umgekehrten Zusammenhang, daß nämlich materieller Reichtum und ein gesellschaftlich fortgeschrittener Entwicklungsstand eher mit einer Entsolidarisierung zwischen den Individuen einhergehen. Wo äußerste Knappheit herrscht, ist unsolidarisches Handeln existenzbedrohend, und das Risiko, im Bedarfsfall allein gelassen zu werden, ist hoch. Unsolidarisches Verhalten berührt somit unmittelbar die Überlebenschancen jedes einzelnen. In einer reichen Gesellschaft hingegen ist der Zusammenhalt zwischen den Individuen weniger notwendig, unsolidarisches Verhalten ist nicht mehr existenzbedrohend. Der einzelne ist zwar aufgrund von Arbeitsteilung und Differenzierung viel enger mit anderen verflochten, aber er ist nicht auf einen bestimmten anderen angewiesen. Der andere, von dem er abhängt, ist austauschbar. Solidarität kann durch Konkurrenz ersetzt werden. Wahrgenommene Notlagen können immer auch von anderen betreut werden. Die Verlockung ist allgegenwärtig, vom Samariter zum Passanten zu werden, zumal die reiche Gesellschaft sich verpflichtet, bezahlte Samariter für alle Fälle bereitzuhalten. Das wohlfahrtsstaatliche Bewußtsein ist - trotz der empirisch nachweisbaren "Wohlfahrtsgeneigtheit" moderner Gesellschaften - nicht notwendig ein solidarisches Bewußtsein, und dies ist eine der interessanten Paradoxien im wohlfahrtsstaatlichen Weltbild.

Die technokratische Gesellschaft - Wirklichkeitsferne, Erfahrungsverlust und Expertenherrschaft im Wohlfahrtsstaat

Der Wohlfahrtsstaat ist der komplexeste Teil jener unübersichtlichen Milieus der modernen Welt, in denen sich die Individuen der Moderne verirren, und die wohlfahrtsstaatlichen Experten erhalten, wie die Technokraten der postindustriellen Gesellschaft generell, eine zentrale, autoritative Stellung. Wenn die Situation unübersichtlich und bedrohlich ist, ist es angenehm, sich auf "Weise" verlassen zu können, die wissen, wo es langgeht. In der Dienstleistungsgesellschaft, der Konsumgesellschaft und der Bildungsgesellschaft hat man zwar Kenntnis vom "Ende der Ideologien" genommen, man hat aber im selben Moment die Experten ideologisiert. Experten sind die Verwalter der Lebensqualität.

Da die von den jeweiligen Experten fabrizierte Welt, wo immer sie dem Menschen entgegentritt, eine "gemachte Welt" ist, erscheint sie in allen Belangen als machbar, und der individuelle Kompetenzverlust dringt gar nicht mehr an die Oberfläche des Bewußtseins. Es wird selbstverständlich, daß selbst lebensalltägliche Sachverhalte nicht mehr hinreichend verstehbar sind: Über Ratgeber-Bücher und Bildungshaus-Kurse hinaus tut sich ein unendliches Feld zur fürderhin möglichen Ausweitung der Betreuung des sozialpolitisch ungenügend versorgten Bürgers auf. Der einzelne artikuliert ja seinen Bedarf an hilfsbereiten Experten, und der Wohlfahrtsstaat kommt diesen Ansprüchen nach. Um sich greifende Unübersichtlichkeit führt zur um sich greifenden Professionalisierung von Hilfeleistungen: Warum sollte der Wohlfahrtsstaat nicht auch Stillkurse für junge Mütter und Diätberatungen für Individuen in der midlifecrisis anbieten, läßt sich doch weder an der Nachfrage danach noch an Wichtigkeit des richtigen Stillens und korrekten Ernährens zweifeln.

Aber wir stoßen wiederum auf einen Widerspruch. Die dauernde Erfahrung der eigenen Hilflosigkeit ruft subkutane Insuffizienzgefühle hervor, und die Insuffizienz wird zur Normalität. Man sucht den Rat der Experten und begegnet ihnen doch mit Mißtrauen. Das wohlfahrtsstaatliche Bewußtsein ist ein ohnmächtiges Bewußtsein, es verläßt sich auf die großen Apparate und die weisen Experten; und es leidet zur gleichen Zeit darunter.

Die hedonistische Gesellschaft - die Spielplätze der Wirtschaftsgesellschaft und der wohlfahrtsfordernde Egozentrismus

Webers stahlhartes Gehäuse der Moderne bietet Spielräume, und schon Daniel Bell hat auf sie hingewiesen. In einer individualistischen Weltsicht können Glück und Zufriedenheit nur aus einer Befriedigung der eigenen Bedürfnisse resultieren, und so versucht man, möglichst viel Befriedigung zu erzielen oder möglichst wenig Bedürfnisse zu haben; der Hellenismus wählte den zweiten Weg, die Neuzeit den ersten (Hossenfelder 1992, 23). In der modernen Gesellschaft gilt es, möglichst oft und lange einen Zustand psychologischen Hochgefühls zu erzielen. In Anbetracht des Reichtums, der zur Verfügung steht, bieten sich hierzu viele Wege an, und so ist es schwer, angesichts der Überfülle von Möglichkeiten ein lohnendes, interessantes Leben zu führen. Für die Manager der eigenen Subjektivität wird das Vergnügen in der "Erlebnisgesellschaft" zur harten Arbeit (Bell 1976, 1979; Schulze 1992). Auf den Spielwiesen, die das dichter werdende, verflochtene, bürokratisch-rationale System offeriert, vergnügen sich hedonistische Individuen. Sie entwickeln ein gespaltenes Selbst. Soweit die Systemzwänge reichen, haben sie sich angepaßt; soweit Freiräume bestehen, zelebrieren sie Spontaneität. "Weit davon entfernt, über die von den Zivilisationstheoretikern unterstellte Souveränität zu verfügen, die es ihm erlaubte, rigide Kontrollen in bestimmten Bereichen zu lockern, scheint das Subjekt eher zum Zerfall zu tendieren: zur Spaltung in ein uneigentliches Selbst, das sich den externen Funktionsimperativen der organisierten Sozialsy-

steme anpaßt, und in ein eigentliches Selbst, das sich in den
Intermundien dieser Systeme entfaltet und überall dort, wo es
auf keine Schranken mehr stößt, den Impulsen seiner jeweiligen emotionalen Befindlichkeit folgt." (Breuer 1992, 36)
    Hedonismus mag als Gegensatz zur vorhin erwähnten Ratio-
nalität, Spontaneität als Gegensatz zum zivilisatorisch erzwungenen Triebaufschub angesehen werden - "Gemeinschaftlich-
keit" wird durch beide gegensätzlichen Entwicklungen
aufgelöst: Es entwickelt sich nicht nur der rationale, aus den
Imperativen der Systementwicklung gespeiste Egozentrismus,
der, kühl rechnend, Wohlfahrtsverpflichtungen loszuwerden
trachtet, sondern - in den Nischen der rationalen Apparaturen -
auch ein hedonistisch-spontaner Egozentrismus, der sich
hemmenden Verpflichtungen verweigert. Denn spontane
Selbstentfaltung kann innerhalb des selbstdisziplinierenden
Gehäuses der Moderne nur ausgelebt werden, wenn kollektive
Versorgungsmechanismen dem einzelnen jene Verpflichtungen
von den Schultern nehmen, die seinen Lebensverlauf und seinen Alltag sonst mit durchdringender Kraft prägen würden,
und wenn sie von jenen Risiken befreien, die den leichtfüßigen
Genuß des Lebens bedrohen. Das hedonistische Bewußtsein
muß darauf bauen, daß sich routinisierte Verpflichtungen ab-
schieben lassen, und es ist deshalb auch ein wohlfahrtsstaatliches Bewußtsein.

Die Risikogesellschaft - die Kompensation von Unsicherheit in einer desorientierten Welt

Die Welt wird komplexer, die Menschen werden verunsichert.
Über einen Großteil des Wissens, das erforderlich wäre, um
zuverlässig vernünftige Entscheidungen zu fällen, verfügen sie
nicht mehr, und ihr Unwissenheitsquotient steigt immer weiter.
Die direkte Erfahrung mit einem steigenden Teil der umgeben-
den Lebensverhältnisse fällt aus; die Wirklichkeit wird nur
noch aus zweiter Hand erfahren. Selbst das erwähnte

Vertrauen in Wissenschaftler, Experten und Politiker sinkt mit der steigenden Bildung. Kerntechniken, Informationstechniken und Gentechniken bergen unkalkulierbare Risiken (Beck 1986, Perrow 1987). Die Fülle der Informationen aus aller Welt verschärft die Unsicherheitsgefühle; nicht nur mit lebenspraktischen Unsicherheiten sind die Menschen der modernen Industriegesellschaft konfrontiert, sondern auch mit Katastrophen, Kriegen, Revolutionen und Hungersnöten in aller Welt (Douglas 1991, 233f.). Es gibt auch keinen Halt mehr in weltanschaulichen, utopischen Sicherheiten. "Der Horizont der Zukunft hat sich zusammengezogen und den Zeitgeist wie die Politik gründlich verändert. Die Zukunft ist negativ besetzt", stellt Jürgen Habermas fest (1985, 143).

Diese Unsicherheiten drängen zur Kompensation, zumindest zu einer partiellen Wiedergewinnung von Sicherheiten, und der Wohlfahrtsstaat bietet einen teilweisen Ersatz für geschwundene Stützen des Selbstvertrauens. Der Staat wird als zweckrationale Organisation für "komplexe, konfliktanfällige und erfolgsungewisse Aufgaben" (Eichenberger 1977, 105) gedeutet und eingesetzt. Das Individuum flüchtet in die breiten Arme des versprechungsfreudigen Staates, in die "Sicherheit". Die sozialen Sicherheitssysteme gehören zu jenen Strukturen, die in einer diffus-gefährlichen Welt das Gefühl vermitteln, noch tragfähig zu sein.[4] Das Bewußtsein der Moderne ist deshalb, weil es verunsichert ist, ein wohlfahrtsstaatliches Bewußtsein, und die Gefährdung des Wohlfahrtsstaates verstärkt es - in all seiner Ambivalenz - noch.

III. Kategorien der Krise - die Gefährdung des Wohlfahrtsstaates

Schon in den bisherigen Darlegungen wurde darauf geachtet, jene Bewußtseinsentwicklungen besonders hervorzuheben, die dazu beitragen können, die erstaunliche Expansion wohlfahrtsstaatlicher Regulierungs- und Verteilungssysteme zu begründen. Neuerdings wird die "Krise des Wohlfahrtsstaates" zu einem politischen Dauerthema, und angesichts uneindämmbar steigender Pensions- und Gesundheitsausgaben wird sie es wohl noch geraume Zeit bleiben. Einige Kategorien, in denen sich diese Krise niederschlägt, sollen uns helfen, weitere Aspekte des wohlfahrtsstaatlichen Weltbildes dingfest zu machen.

Paternalisierung - die Einlullung des liberalen Bewußtseins im autoritären Welfarismus

Die Skepsis gegen einen ausufernden Staatsinterventionismus zieht sich durch die Ideengeschichte. Die berühmteste Formulierung wohlfahrtsstaatlich-totalitärer Bevormundung stammt wohl von Alexis de Tocqueville: Über einer Menge ähnlicher und gleichgestellter Menschen, die geschäftig über ihre private Angelegenheiten besorgt sind, "erhebt sich eine gewaltige, bevormundende Macht, die allein dafür sorgt, ihre Genüsse zu sichern und ihr Schicksal zu überwachen. Sie ist unumschränkt, ins einzelne gehend, regelmäßig, vorsorglich und mild. Sie wäre der väterlichen Gewalt gleich, wenn sie wie diese das Ziel verfolgte, die Menschen auf das reife Alter vorzubereiten; stattdessen aber sucht sie bloß, sie unwiderruflich im Zustand der Kindheit festzuhalten; es ist ihr recht, daß die Bürger sich vergnügen, vorausgesetzt, daß sie nichts anderes im Sinne haben, als sich zu belustigen. Sie arbeitet gerne für deren Wohl; sie will aber dessen alleiniger Betreuer und einziger Richter sein; sie sorgt für ihre Sicherheit, ermißt und sichert ihren Bedarf, erleichtert ihre Vergnügungen; führt ihre wichtigsten Geschäfte, lenkt ihre Industrie, ordnet ihre Erbschaften, teilt ihren Nachlaß; könnte sie ihnen nicht auch die Sorge des Nachdenkens und die Mühe des Lebens ganz abnehmen?" (Tocqueville 1984, 814)

Die Sorge, daß ein allseits sorgender Staat ihre Freiheits-
spielräume einschränken könnte, hat jene schlecht versorgten
Massen nicht bedrückt, die sich zumindest seit der Mitte des
19. Jahrhunderts Abhilfe für sozialpolitische Mißstände vom
Staat erwarteten. Erst im 20. Jahrhundert hat der Staat freilich
jene Erwartungen, die an ihn herangetragen wurden, eingelöst,
und damit wurden sie durch ihren Erfolg gerechtfertigt: Was
die politischen Apparate Europas nach dem Zweiten Weltkrieg
zustande brachten, grenzt an das Unglaubliche. Das wohlfahrtsstaatliche Vertrauen in den Staat wurde nicht enttäuscht,
jahrzehntelang wurde das Wohlfahrtssystem getreulich ausgebaut. "Der Staat der Gegenwart steht in der Bereitschaft, 'alle'
Aufgaben aufzunehmen." (Eichenberger 1977, 193) Der sou-
veräne Staat ist per definitionem allzuständig, er kann bestimmen, was er tun will und was nicht. Er selegiert seine Interventionen selbst.[5] Die Erwartungen, die sich auf ihn richten,
sind hoch: von der "Allzuständigkeit" wird gerne auf die
"reale Allfähigkeit" geschlossen. "Die 'Ver-Staatlichung'
erscheint als unfehlbares Instrument zur Problemlösung."
(Eichenberger 1977, 104). Der moderne Wohlfahrtsstaat
empfiehlt sich denn auch als Helfer in allen Lebenslagen; er
sozialisiert, therapiert und subsidiert seine Bürger, was das
Zeug hält. Eine behagliche Einlullung des staatsbürgerlichen
Bewußtseins (Geißler 1978) in eine Situation findet statt, in der
fürsorgende Instanzen das Leben des einzelnen in allen
wichtigen Aspekten regeln: bis hin zum fürsorglichen
Werbeverbot für Zigaretten und der Anschnallpflicht für
Autofahrer - Maßnahmen, deren "Vernünftigkeit" ebenso
außer Streit steht wie ihre Verletzung klassischer liberaler
Prinzipien. Alles das hat Bewußtseinseffekte: Wenn der Staat
viele Risiken abdeckt und sie nach Tunlichkeit auszuschalten
trachtet, sinkt die Risikowahrnehmungskompetenz der Individuen, ihre Risikobereitschaft und ihre Krisenbewältigungskapa-
zität (Sass 1990, 79). Das wohlfahrtsstaatliche Bewußtsein
weist Elemente des Infantilen auf.

Noch einen Schritt weiter geht der präventiv sorgende Paternalismus, der zuweilen als endgültige Erfüllung eines voll funktionsfähigen Wohlfahrtsstaates angesehen wird: die Medizin möge Krankheiten nicht nur kurieren, sondern verhindern, die Pädagogik Störungen nicht nur reparieren, sondern abfangen, die Kriminalisten mögen nicht nur Verbrecher fangen, sondern Delikte verhindern. Prävention aber, umfassend angewandt und bürokratisch implementiert, läuft auf eine die Integrität und Identität des Individuums aufhebende Kontrolle hinaus; sie bügelt die Individuen auf das Normalmaß zurecht und radiert das Heterogene aus. "Prävention bedeutet das Ende aller Bürgerrechte zugunsten der garantierten Sicherheit, die freilich so durchaus nicht zu garantieren ist." (Narr 1979, 512) In der Tat eröffnet sich der präventiven Tätigkeit keinerlei Schranke: Der konventionell-expansive Wohlfahrtsstaat mußte wenigstens noch bestehende Probleme ausfindig machen, um seine Intervention zu rechtfertigen; der präventiv-expansive Wohlfahrtsstaat muß nur noch potentielle, für die Zukunft vermutbare Probleme aufspüren, um seine Apparaturen in Gang zu setzen. Er wird vor jedem Verlangen aktiv, es genügt ein möglicherweise eintretendes Unbehagen als Rechtfertigung seiner Intervention. Dadurch gewinnt er eine unbegrenzte Dynamik. "Seine Tätigkeit verliert auf diese Weise", so vermerkt Dieter Grimm, "ihre punktuelle und retrospektive Ausrichtung und gewinnt einen flächendeckend-prospektiven Charakter, der dem absoluten Staat wegen seiner geringen Gestaltungsbefugnisse fremd war. Sozialbereiche, die dem staatlichen Einfluß gänzlich entzogen wären, sind nicht mehr erkennbar." (Grimm 1991b, 414) Insoweit das wohlfahrtsstaatliche Bewußtsein eine die Turbulenzen des Lebens präventiv einebnende Ordnung als Ideal proklamiert, verwandelt sich sein humanistischer Paternalismus in die totalitäre Perspektive des Kontrollstaates.

Dekommodifizierung - Prozesse der Entstigmatisierung und Entmeritokratisierung

Zu den gängigen Argumenten der Sozialstaatskritiker gehört der Vorwurf, daß die Leistungsbereitschaft der Individuen, die durch jahrhundertelange "Erziehung" geprägt worden ist, durch sozialstaatliche "Verwöhnung" abnehme. Dem unerbittlichen Getriebe des Marktes könne seine Unerbittlichkeit nur zum Teil genommen werden (Sarrazin 1983); übertreibt man, riskiere man das Stocken der ganzen Maschinerie. "Dekommodifizierung" (Esping-Andersen 1990) als wichtigstes Ziel des Wohlfahrtsstaates bedeutet, daß die Grundbedürfnisse unabhängig vom Markt gesichert werden. Wozu sich aber dann auf Märkten quälen? Wohlfahrtsstaatliche Redistributionsmaßnahmen tragen demgemäß nach Auffassung vieler zur Erosion jener Einstellungen bei, die für eine freie und dynamische Gesellschaft erforderlich sind. Tauschprinzip und Leistungsverhalten werden obsolet - Jürgen Habermas (1973) und Friedrich von Hayek (1944, 1960, 1982, Prisching 1989) sind sich in diesem Befund einig[6] - ein schönes Beispiel für verwunderliche Koalitionen. Habermas spitzt die These zu einer ausweglosen Krisenprognose zu: Der entwickelte Kapitalismus könne ebensowenig ohne den Sozialstaat wie mit ihm leben - im ersteren Fall ermangle es ihm an Legitimität, im letzteren gebe er bestandswichtige Haltungen der Erosion preis.

Das wohlfahrtsstaatliche Bewußtsein ist diesen Beobachtungen zufolge ein entmeritokratisiertes Bewußtsein. Es distanziert sich von der Markt- und Leistungslogik. Alle erwarten sich Geschenke vom Staat und nutzen seine Zahlungsfähigkeit auf mehr oder minder legale Weise. Hier stoßen wir geradewegs auf die Schmarotzer-Diskussion: Bei denen, die als taxpayer das Gefühl haben, daß sich immer mehr taxeaters breitmachen, entsteht Verdrossenheit (vgl. dazu etwa Citrin 1979, Coughlin 1980, Ferris 1983, Hewitt 1985, Lowers/ Sigelman 1981, Taylor-Gooby 1983). Hilfsbereitschaft hängt davon ab, daß das

Gefühl besteht, die Hilfe an keinen Unwürdigen zu verschwenden. Man will sich nicht ausnutzen lassen. "Wahrscheinlich stellt in allen Kulturen", so schreibt Barrington Moore (1982, 61f.) in seinem Buch über "Ungerechtigkeit", "der überzeugte Faulenzer und Schmarotzer, d.h. derjenige, der sich weigert, seinen Anteil an den gemeinsamen Aufgaben zu übernehmen und statt dessen von der Arbeit anderer lebt, ein negatives gesellschaftliches Beispiel dar, sofern er arm ist."

Das Hängemattenproblem verschärft sich nun in einer "rationalen Gesellschaft", in der es zu einer Entstigmatisierung sozialpolitischer Leistungsinanspruchnahme gekommen ist. Diese Entstigmatisierung war ohne Zweifel erwünscht und segensreich, soweit sie soziale Verachtung von jenen genommen hat, die unverschuldet in den Status wohlfahrtsstaatlicher Geldempfänger geraten sind. Denn Entstigmatisierung heißt: Der Bezug von Hilfsgeldern gilt nicht mehr in dem Maße als entehrend, wie dies früher der Fall war. Auch Armut kann Würde bewahren. Selbst Arbeitslosigkeit gilt nicht mehr automatisch als vorwerfbar und schuldhaft. Es wird nicht mehr unterschieden zwischen den deserving poor und den undeserving poor (Fischer 1982, Pankoke 1990). Zugleich bedeutet Entstigmatisierung aber auch Kalkulierbarmachung. Sozialtransfers unterliegen dem rationalen Kalkül, und soziale Verachtung muß nicht mehr als gewichtige Variable in der individuellen Nutzenfunktion berücksichtigt werden. Jetzt geht es um den Rechenstift. Wenn man ab sechzig in Pension gehen will, muß man, um seine körperlichen Beschwerden aktenkundig zu machen, zehn Jahre vorher mit dem Antrag auf regelmäßige Kuraufenthalte beginnen. Wenn man die erhöhten Karenzgelder beziehen will, muß man die Heirat um ein Jahr verschieben. Das Entsetzen, das früher ein uneheliches Kind im Bekannten- und Verwandtenkreis ausgelöst hätte, fällt weg, jetzt ist nur noch zu kalkulieren, ob man mit der Fingierung administrativ gesetzter Situationsdeutungen durchkommt.

Die Grenze zum Mißbrauch hin ist immer schwerer zu ziehen. Mißbrauch liegt sicher vor, wenn Krankheiten vorgetäuscht werden. Aber in jenen Fällen, in denen die Wenn-dann-Sätze der einschlägigen Bestimmungen sorgfältig studiert werden, um die Wenn-Voraussetzungen so zu arrangieren, daß die Dann-Gelder kassiert werden können, ist die Unterscheidung oft schwer zu treffen. Im Falle der Arbeitslosigkeit ist schlicht die ökonomische Unterscheidung zwischen "freiwilliger" und "unfreiwilliger" Arbeitslosigkeit sinnlos, wenn es um graduelle Zumutbarkeitsgrenzen geht: Nimmt man eine Arbeit an, die 20 oder 50 oder 100 Kilometer vom Wohnort entfernt liegt? Nimmt man eine Arbeit an, die den Qualifikationen ziemlich, ein wenig oder gar nicht entspricht? Nimmt man eine Arbeit an, bei der man um 10, 20 oder 30% weniger verdient als bisher? Insofern, als das wohlfahrtsstaatliche Bewußtsein die Standards eines angemessenen Lebens erhöht, ist man nicht mehr um jeden Preis auf Markteinkommen angewiesen, sondern kann "suchen" - auf Kosten der Allgemeinheit. Ebenso kann man einem Arbeitslosen kaum verwehren, sich so "rational-kalkulierend" zu verhalten, wie dies als Verhaltensideal der modernen Welt für selbstverständlich gehalten wird. Wenn Unternehmern das Kalkül der Rentabilität von Projekten ohne Rücksicht auf ihre soziale oder ökologische Verträglichkeit zugestanden wird, so ist es auch für Arbeitslose angemessen, die Differenz zwischen dem Arbeitslosenentgelt und dem erzielbaren Markteinkommen auf seine "Rentabilität" zu prüfen. Heuchelei wäre es, allen die egozentrische Rationalität zuzugestehen, bestimmte Gruppen von Sozialempfängern aber zu moralischen Übermenschen zu stilisieren. Zuweilen ist dem wohlfahrtsstaatlichen Bewußtsein auch Heuchelei nicht fremd.

Rent-seeking - der Wettlauf zu den staatlichen Kassen

Begründungen für wohlfahrtsstaatliche Interventionen lassen sich unschwer finden, selbst die ökonomische Theorie bietet in ihrem Instrumentenkasten genug Argumente, vom Marktversagen bis zu den öffentlichen Gütern, von externen Effekten bis zum freerider-Verhalten. In einer Gesellschaft mit egalitärem Bewußtsein reicht der Nachweis von Ungleichheit hin, um staatliche Eingriffe zu rechtfertigen: Irgendeine soziale Gruppe steht immer schlechter da als eine vergleichbare Gruppe. In einer dynamisch sich wandelnden Gesellschaft gibt es immer Gewinner und Verlierer, und Gründe für eine Entschädigung können jederzeit namhaft gemacht werden. Armut existiert - bei passender Definition - gleichfalls in jeder Gesellschaft, und sie fordert einen Ausgleich. Es ergeben sich unbegrenzte Interventionsfelder, und Ansprüche sind in Konkurrenz gegen andere Gruppen geltend zu machen. Damit ergibt sich ein Wettlauf zwischen ihnen, und den Siegern winken Prämien aus den Steuertöpfen.

Das wohlfahrtsstaatliche Bewußtsein der meisten Bürger stellt keinen Konnex zwischen Einnahmen und Ausgaben des Staates her, der Staat gilt als "Topf", aus dem schier unbegrenzt viel Geld zu holen ist (Watrin 1979). Ein Student der Rechtswissenschaften antwortet auf die Prüfungsfrage, wie öffentliche Güter finanziert werden können, mit dem Vorschlag: "durch Steuern oder durch den Staat", und diese Vorstellung trifft sicher das Bewußtsein vieler Bürger. Die prinzipielle Unbegrenztheit der vorzusorgenden Sachverhalte auf der einen Seite, die kontrafaktische Vermutung einer Unbegrenztheit der Ressourcen auf der anderen Seite manövrieren den Staat zwangsläufig in eine Legitimationskrise. Er muß immer hinter den Wünschen zurückbleiben. Wird eine Maßnahme getroffen, so ist sie unzureichend nach der Höhe, unzulänglich nach dem Personenkreis und ohnehin verspätet. Stellen sich dem Staat neue Aufgaben, sind diese nicht eigentlich neu, sondern es sind

Aufgaben, die skandalöserweise erst jetzt als Eingriffsnotwendigkeiten erkannt wurden. Da unterstellt wird, daß es für jedes Problem eine wirkungsvolle Maßnahme gibt, kann man dem politischen System immer den Vorwurf machen, daß es das Problem nicht schon früher angepackt hat (Glazer 1975, 336). Selbstverständlich ist auch, daß die sozialpolitischen Leistungen irreversibel sind. Die Bürger reagieren viel sensibler auf die Rücknahme von Leistungen als auf die Verweigerung von Zuwächsen. Rechtlich festgelegte Transfers gelten ihnen als Einkommen, das ihnen "zusteht"; und die Abschaffung solcher Einkommen bedeutet, daß ihnen etwas weggenommen wird. Die "Anspruchsinflation" der Bürger und die "Revolution der steigenden Erwartungen" (Glazer 1975) bieten dem Staatsapparat heute Freiraum zur Entfaltung seiner Programme. Der "Steuerstaat" (Goldscheid und Schumpeter 1976, Hickel 1976) gerät in die Finanzkrise (O'Connor 1974, Groth 1978).

Der nachauratische Staat, der sich bemüht, allen diesen Wünschen nachzukommen, löst nun Bewußtseinseffekte aus, die seine Probleme verschärfen. Ambivalenzen sozialpolitischer Maßnahmen sind unaufhebbar. Maßnahmen, die alleinstehenden Müttern helfen sollen, geben Impulse dazu, eine alleinstehende Mutter zu werden. Maßnahmen, die das Schicksal zerrütteter Familien lindern sollen, machen es den Vätern oder Müttern leichter, ihre Familien zu verlassen. Maßnahmen, die die Arbeitslosen besser stellen sollen, machen es ihnen möglich, sich bei der Arbeitssuche mehr Zeit zu lassen. Maßnahmen, die eine Verbesserung der medizinischen Behandlung bei bestimmten Krankheitskategorien sichern, tragen dazu bei, daß mehr einschlägige Diagnosen gestellt und Behandlungen vorgenommen werden. Wenn der Leidensdruck als Folge einer Entscheidung gelindert wird, wird die entsprechende Handlung attraktiver - und Prognosen, die auf den alten Verhaltensparametern beruht haben, werden zu Makulatur.

Weitere eigendynamische Impulse treten bei den konkurrierenden sozialen Gruppen und Individuen auf, die sich aus den

Staatskassen bedienen wollen. Verbreitet sich die rent-seeking-Mentalität, dann entkommt man weder als Bürger noch als Gruppe dem Gefühl, daß alle anderen die Kassen des Staates bis zum letzten Groschen plündern, während man selbst nur auf der Zahlerseite sitzt. Man befindet sich in jener Situation, die spieltheoretisch am wenigsten geschätzt wird: Alle profitieren, und man selbst ist der Dumme. Damit verschärft sich der Wettlauf um die öffentlichen Gelder. Rent-seeking-Situationen haben daher einen Selbstverstärkungseffekt: Wenn alle Gruppen höhere Pensionen wollen, muß man auch selbst darum kämpfen, um nicht zurückzufallen, und dies ist eine durchaus rationale Erkenntnis der Situation. Aber es gibt auch irrationale Elemente, die zum selben Ergebnis führen: Wenn alle Kollegen regelmäßig ihre Kuraufenthalte nehmen, muß man sich geeignete Beschwerden zulegen, um nicht zum Gespött zu werden. So ist es oft gar nicht so sehr Geldgier, die zur Plünderung der Sozialkassen führt, sondern es sind Prestigegründe. Man orientiert sich nicht mehr an der Analyse von Sachverhalten, sondern an der Beobachtung der Handlungen anderer: Es wird so gehandelt, weil die anderen so handeln. Mißbräuche schwellen nicht nur an, wenn Ressourcen auf einfache Weise zu holen sind, sondern auch dann, wenn es peinlich wird, ehrlich zu sein. Das wohlfahrtsstaatliche Bewußtsein forciert rent-seeking-Aktivitäten nicht nur aus Gründen der Steigerung materiellen Nutzens, sondern auch aus Gründen des Weltbildes.

Bürokratisierung - rechtliche Verankerung, bürokratische Zuständigkeit und individuelle Entsolidarisierung

Die Option, sich auf "Solidarität", "Liebe" oder "Gemeinschaft" als sozialem Koordinationsmechanismus zu verlassen, ist an einen überschaubaren sozialen Raum gebunden und schwindet mit der zunehmenden Größe der Gesellschaft (Buchanan 1965, 1978). Erstens nimmt bei steigender

Teilnehmerzahl die Spürbarkeit des individuellen Handelns für die Gruppe ab; der einzelne kann Kosten kooperativen Verhaltens sparen, ohne daß seine Nichtteilnahme kollektiv spürbar würde. Wenn dennoch alle anderen ihren Beitrag leisten, ist das Sicherungssystem funktionsfähig, obwohl der einzelne nichts dazu tun muß - eine klassische freerider-Situation. Zweitens schwinden die Möglichkeiten der Kontrolle und Sanktionierung des einzelnen durch die anderen Mitglieder. Bei steigender Gruppengröße ist nur noch durch einschlägige Fachleute und bürokratische Verfahren sicherzustellen, daß Beiträge bezahlt und Leistungen erbracht werden. Drittens verschärfen sich die Probleme der Verhaltenssicherheit; man kennt die Lebensgeschichten und Dispositionen der Kontrahenten nicht, weil man mit ihnen nicht mehr persönlich vertraut ist, und man kann ihre Handlungssignale weniger gut einschätzen.- Diese Argumente laufen darauf hinaus, daß mit steigender Gruppengröße formalisierte Beziehungen somit immer wichtiger werden: Solidarität muß "umgebaut" werden. Das altruistisch-reziproke Bewußtsein der face-to-face-Beziehung wird zu einem wohlfahrtsstaatlichen Bewußtsein. "Als gezielt eingesetztes Organisationsprinzip findet man Altruismus in komplexen Gesellschaften praktisch nicht vor. Vielmehr füllen altruistisch motivierte Verhaltensweisen Lücken in der gesellschaftlich organisierten Daseinsvorsorge, die wegen fehlender politischer Basis keine politische Anerkennung gefunden haben." (Münnich 1980, 177) Die unmittelbare, zwischenmenschlich wirksame Solidarität kann aus strukturellen Gründen in einer Großgesellschaft nicht bestehen: Hier ist der Sozialstaat die Institutionalisierung von Solidarität.

Das wohlfahrtsstaatliche Bewußtsein gerät im Zuge der Modernisierung nun in einen doppelten Formalisierungssog: es wird zu einem verrechtlichten und monetisierten Bewußtsein (Achinger 1958/ 1971). Das wohlfahrtsstaatliche Bewußtsein ist in staatlich-formalen Kategorien befangen, schon aus dem Verlangen nach "Rechtsgleichheit", also "aus der Perhorreszie-

rung des 'Privilegs' und aus der prinzipiellen Ablehnung der
Erledigung 'von Fall zu Fall'" (Weber 1976, 567). Es tut sich
deshalb sowohl mit der traditionellen Kategorie der Gnade als
auch mit dem Charakter legistischer Vorgaben schwer. Auf
"Gnade" angewiesen zu sein, gilt dem modernen Staatsbürger-
verständnis als entwürdigend, Gnadenakte gelten als Willkür,
und man ist froh über anonyme, generelle Regeln. Da aber
trotz der Verrechtlichung der vorrechtsstaatliche Anspruch aufrechterhalten wird, gerechte Ergebnisse in allen Fällen erzielen
zu wollen, kollidiert die Gerechtigkeitserwartung mit der stu-
ren Regelhaftigkeit der gesetzlichen Vorschriften, das heißt der
Unparteilichkeit und Abstraktheit der rechtlichen Instrumente
des Wohlfahrtsstaates. Verrechtlichung (Tennstedt 1976, Vobruba 1983) bedeutet immer auch Bürokratisierung, Regle-
mentierung und Bürgerferne; Entfremdung und Bindungslosig-
keit zwischen Helfer und Betreutem; Formalisierung und Typi-
sierung der Fälle; zuweilen Symptombehandlung statt Ursa-
chentherapie. Verrechtlichung und Monetisierung sind dem
wohlfahrtsstaatlichen Bewußtsein anstößig.[7]

Die bürokratisch-rechtliche Institutionalisierung von Wohl-
fahrtsleistungen und insbesondere die wahrgenommene Zuver-
lässigkeit bürokratischer Hilfe hat Rückwirkungen auf die individuellen psychischen Dispositionen. Wiederum haben wir es
mit Wechselwirkungen zu tun, die einander fördern: Der Erfolg des Wohlfahrtsstaates zerstört individuelle Solidaritätshal-
tungen, und je weniger individuelle Solidarität vorhanden ist,
umso stärker muß der Wohlfahrtsstaat als Lückenbüßer für
Problemfälle tätig werden. Wenn staatliche Hilfe zur Verfügung steht, schwindet die Bereitschaft, selbst solidarisch zu
handeln (Prisching 1992, 1993). Solidarität muß eingeübt werden, wenn sie zu einem "unbewußten" Bestandteil des Über-
Ichs werden soll, und umgekehrt kann man auch "lernen", daß
Solidarität überflüssig ist. Eine beinahe lückenlose Versorgung
mit sozialpolitischen Hilfseinrichtungen löst die Erwartungshaltung aus, daß es für jedes Problem eine "zuständige" Stelle

gibt, und daß eigene Verantwortung so gut wie nie aufgerufen wird. Die Wahrnehmung eines Problems löst nicht spontane Hilfsbereitschaft, sondern spontanes Nachdenken über die politisch-administrative Zuständigkeit aus. Beim Auftauchen eines sozialen Problems ist die erste Frage: Gibt es nicht eine "höhere" Einheit, die die Aufgabe übernehmen könnte? Wer ist "zuständig"? Lassen sich Dienstleister, Sachgüter oder Sozialgelder abrufen? Das wohlfahrtsstaatliche Bewußtsein kehrt das herkömmliche Subsidiaritätsprinzip um, es gehorcht einem Antisubsidiaritätsprinzip.

IV. Kategorien der Lebensqualität - Glück im Wohlfahrtsstaat

Wir kommen abschließend zu einigen Kategorien, die abzuwägen trachten, wie weit die programmatischen Ankündigungen der Wohlfahrtsstaaten, ihren Bürgern ein "besseres Leben" (Herzog 1974) zu verschaffen, eingelöst sind. Natürlich kann kein Zweifel daran bestehen, daß der Sozialstaat west- und mitteleuropäischer Prägung unter allen verfügbaren Modellen unleugbare Vorzüge aufweist. Wie es scheint, wollen die Menschen aber mehr.

Zufriedenheit - eine politikverdrossene Stimmung der politischen Wertschätzung

Das wohlfahrtsstaatliche Zufriedenheitsniveau ist hoch. Zufriedenheit verstehen wir hier als Vorstellung eines akzeptierten, die wesentlichen Bedürfnisse abdeckenden Lebens in der Gemeinschaft. Empirisch wird diese Zufriedenheit erhoben durch das Abfragen allgemeiner Lebens- und Gesellschaftseinschätzungen und spezifischer Wünsche über politische Programme, Ausgabenkürzungen oder -erhöhungen. Klagen über eine lückenhafte und eine überdrehte Sozialstaatlichkeit, eine lästige oder sklerotisierende Sozialbürokratie, über staatliche Ignoranz oder einen ausufernden Interventionismus werden zwar laut; aber im Grunde überrascht das hohe Legitimitätsniveau des Wohlfahrtsstaates (Heidorn 1982). Die Zufriedenheit wird freilich auch gespeist durch die Akzeptanz von Inkonsistenzen im Bewußtsein: Die Bürger wollen, daß der Staat sich sozialpolitisch stärker engagiert, und sie wollen, daß er gleichzeitig weniger ausgibt. In den letzten Jahrzehnten sind die wohlfahrtskritischen Stimmen lauter geworden, doch wann immer konkrete Einsparungsziele abgefragt werden, wollen nur wenige Bürger, daß am Gefüge des Wohlfahrtsstaates Entscheidendes geändert wird. Das wohlfahrtsstaatliche Bewußtsein ist also ein zufriedenes Bewußtsein, und doch ist es voll von Ressentiments und Verdrossenheit.

Legitimität - Fiskalillusion als Grund solidarischer Stimmungslagen

Soweit empirische Ergebnisse über die Motivationslagen der Wohlfahrtsbürger vorliegen, lassen sie, bei Licht betrachtet, die Vorstellung zerrinnen, daß sich hinter der Zufriedenheit im Wohlfahrtsstaat echte solidarische Potentiale verbergen (Gretschmann 1989). Wer es sich leisten kann (wer also über höheres Einkommen und Ersparnisse verfügt) oder wer sonst in gesicherten Verhältnissen lebt (höhere Bildung), hält vom Solidaritätspakt wenig. Daß selbst liberale Geister sich nicht gegen Gesundheits- und Pensionsleistungen verwahren (während sie Fürsorge- und Familienleistungen ablehnen), hängt wohl damit zusammen, daß diese Güter eher als quasi-private betrachtet werden, die nur zufällig vom Staat angeboten werden. Egoismus wird darin deutlich, daß ältere Bürger jene Kategorien, von denen sie selbst am meisten profitieren, nämlich Gesundheits- und Pensionsausgaben, ausgeweitet sehen möchten, während sie den Fürsorge- und Familienleistungen, die sie bereits in früheren Jahren genossen haben, nunmehr distanziert gegenüberstehen. Interessant ist der Umstand, daß jene, die sich vom Sozialstaat benachteiligt fühlen, weil sie meinen, mehr zu zahlen als zu bekommen, bei den Gesundheits- und Pensionszahlungen eine Ausweitung wünschen: Dahinter steckt wohl die Motivation, durch diese Ausweitung eben diesen Sachverhalt zu ändern, nämlich zugunsten der Nettozahler; auch sie wollen durch die Reform, die sie fordern, zu Nettoempfängern werden. Alles in allem scheint das private Kalkül zu dominieren. Der Wohlfahrtsstaat wird von allen Seiten gestützt, weil alle glauben, letztlich mehr zu bekommen als sie zahlen. Genau besehen, beruht der Wohlfahrtsstaat auf Fiskalillusionen. "Der Staat soll ... geben, ohne zu nehmen." (Böckenförde 1991b, 242) Das zufriedene wohlfahrtsstaatliche Bewußtsein beruht auf einem Irrtum.

Gemütsruhe - die vollbrachte Sicherungsleistung des Wohlfahrtsstaates

Die Verunsicherung der Individuen in der modernen Welt geht mit steigender Sorglosigkeit über die Befriedigung der Grundbedürfnisse einher, und dies ist eine der Paradoxien des Wohlfahrtsstaates. Der Kapitalismus ist, soweit die wohlfahrtsstaatlichen Systeme reichen, in der Tat domestiziert worden. Es wirkt somit nicht nur die Erfahrung der durchgängigen Vermarktlichung weiter Lebensbereiche auf die Psyche der Menschen, sondern auch die Erfahrung einer Sicherung vor wirklich einschneidenden Notlagen und Lebensrisiken. Es gibt Indizien dafür, daß soziale Sicherungssysteme den Affekthaushalt der Menschen binnen weniger Jahrzehnte verändert haben - dort, wo es ausgebaute Sicherungssysteme gibt, wie in den fortgeschrittenen europäischen Ländern, weniger in den Vereinigten Staaten, wo die Menschen trotz sichtbaren Wohlstandes in einem Netz von Abzahlungsregelungen und Risikoängsten gefangen sind (Rubin 1976). In wohlfahrtsstaatlichen Systemen hingegen verblaßt die Angst vor Armut und sozialer Deklassierung. Die "Gemütsruhe im Wohlfahrtsstaat" (van Stolk und Wouters 1984, Weische 1974) meint: Ersparnis an Ängsten, Beunruhigungen und psychischen Turbulenzen, ein gelassener Blick auf die eigenen zukünftigen Einkommensverhältnisse. Eine gewisse Spannung zur allgemeinen Verunsicherung bleibt gleichwohl aufrecht.

Glück - auf staatliche Garantie

"Wohlfahrt" ist wohl eine abgemagerte Version von "Glück". In einer säkularisierten Welt, die sich dem progressistischen Konstruktivismus verschrieben hat, kann das Glücksverlangen der Individuen nicht mehr durch den Verweis auf transzendente Sphären befriedigt werden. Erstens, Glück ist nur noch im Diesseits definierbar, und als diesseitige Kategorien stehen Ansehen, Macht, Wohlstand, Sicherheit, Freiheit, Bildung, Erlebnis, Freizeit und dergleichen zur Verfügung (Matz 1977). Zweitens, Glück ist eingebettet in ein Fortschrittsparadigma, demzufolge auch Glücksgefühle steigerbar sein müssen. Drittens, der Staat ist, als mächtiger, erfolgreicher und versprechungsfroher Gestalter der Welt, zunehmend der Adressat der Glücksansprüche.

Das Glücksverlangen steigt, je besser es eingelöst wird. Da es auf der Hand liegt, daß eine reiche Gesellschaft mehr leisten kann, nehmen die Erwartungshaltungen an die sozialpolitischen Leistungssysteme zu. Auch diese Forderungen richten sich ja nicht mehr an bekannte andere, an Nachbarn, Freunde oder Verwandte, sondern an den Staat, eine anonyme Bürokratie, bei der man reichlich Ressourcen in der Hinterhand vermutet. Die Verwirklichung individueller Lebensziele, ja die Gewährleistung individuellen Glücks, weit über existenzgefährdende Notlagen hinaus, wird als Anspruch an das reiche Kollektiv formuliert. Das wohlfahrtsstaatliche Bewußtsein der Gegenwart ist ein reichtumsgewohntes, verwöhntes und anspruchsvolles Bewußtsein.

Die politische Realisierung der unter dem Anspruch des Glücks formulierten Forderungen greift andererseits immer zu kurz, denn die Erfüllung der Forderungen gibt nur Anlaß zu weiteren, das jeweils Gegebene übersteigenden Glücksansprüchen. Glückserwartungen können in ihrer Fülle nie eingelöst werden, auch nicht vom allmächtigen Staat, die Realität des Glücks bleibt hinter dem goldglänzenden Bild, das vorher entworfen wurde, zurück. Da dem Fortschritt aber keine Grenzen gesetzt sind, lösen unzulängliche Einlösungen von Erwartungen prompte Forderungen nach der nun wirklichen Einlösung aus. Die wohlfahrtsstaatliche "Politisierung des Glücks" (Matz 1977) belastet den Staat mit Ansprüchen, die er nicht erfüllen kann. Insofern ist das wohlfahrtsstaatliche Bewußtsein ein ruhiges und glückliches Bewußtsein, und doch ist es untrennbar auch mit Glücksdefiziten und Verdrossenheiten verbunden.

Anmerkungen

[1] Zur Abrundung stehen auch altehrwürdige ideologische Gußformen bereit: Herrschaft und Ausbeutung erzeugten soziale Leiden, und der Wohlfahrtsstaat habe dieses Leiden kompensatorisch zu mildern. Sozialleistungen bewirkten Unfreiheit, und sie führten in ein autoritäres System. Armut gelte im kapitalistischen System als Schande, und sie gehöre beseitigt. Der Wohlfahrtsstaat fördere soziale Hängematten und Sozialschmarotzer. Es ist das Kleingeld des politischen Tageskampfes, das sich in solchen Äußerungen niederschlägt.

[2] Die normative Funktion des Leitbildes, das durch das Modell der Nutzenmaximierung als "rationaler" Handlungsmaxime geboten wird, wird unter der Hand in ein deskriptives Modell, eine empirische Hypothese über tatsächliches Handeln der Individuen, verwandelt. Das formallogische Prinzip des Rationalverhaltens wird zudem unter der Hand substantiell angereichert: Nicht mehr um inhaltlich unbestimmte Ziel-Mittel-Verhältnisse geht es, sondern um die Maximierung des Gewinns und die Verfügung über Güter. Das Erwerbsprinzip wird in das Rationalitätsprinzip geschmuggelt. Schließlich wird das metaphysische Modell eines vollkommenen Systems mit den Illusionen des traditionellen Utilitarismus angereichert: Dem individuell rationalen (bereits als egoistisch definierten) Handeln wird versichert, es trage zum allgemeinen Besten, zum Gemeinwohl, zur Wohlfahrt

und zur gesellschaftlichen Harmonie bei. Das verschafft ein gutes Gewissen. Das marktlogische Modell wird zur handfesten Legitimation nutzbar. Man muß dann subtile theoretische Konstruktionen vornehmen, um diesen Egozentriker mit kooperativen Verhaltensweisen vereinbar zu machen.
[3] Die Nationalökonomie liefert getreulich ihren Beitrag zu jenem guten Gewissen, das die Menschen der Erwerbsgesellschaft beseelt. Altruistisch-solidarische Potentiale sind in diesem Modell nicht nur sekundär, sie sind im Grunde störende Elemente. Wenn sich zeigen läßt, daß Marktmechanismen eine optimale Situation für alle schaffen, können altruistisch-solidarische Akte nur als Verzerrungen betrachtet werden, welche die allgemeine Effizienz der Gesellschaft mindern. Die entsprechende Ausgestaltung des "ökonomischen Menschenbildes" verherrlicht jene Rationalität, die sich aller sozialen Bindungen entledigt hat.
[4] Selbst diese Einrichtungen stehen freilich bereits in Frage: Die jüngere Generation in den entwickelten Wohlfahrtsstaaten weiß bereits, daß sie auf wohldotierte Pensionszahlungen kaum noch hoffen darf.
[5] Freilich sind auch ihm Grenzen gesetzt: Will er souverän bleiben, will er eine minimale Gehorsamsbereitschaft seiner Bürger sichern; will er seine Macht ausbauen, muß er um Anhänger werben. Aber die Spielräume der Selektion sind groß genug, und somit ist Raum für Erwartungsbildung von seiten der Bürger und Erwartungserfüllung oder -enttäuschung von seiten des Staatsapparates gegeben.
[6] Nach Habermas' Meinung zerfällt die Leistungsideologie mit dem Unglaubwürdigwerden der Marktgerechtigkeit, mit der zunehmenden Abkoppelung von Bildungsabschlüssen und beruflichem Erfolg, mit der Veränderung von Arbeitsstrukturen, die weder individuelle Leistungszurechnung ermöglichen noch Identitätsverwirklichung in bisher identitätssichernden Berufsrollen garantieren. Die Erosion des Besitzindividualismus schreitet mit dem gesellschaftlichen Reichtum, durch den die individuellen Präferenzsysteme unscharf werden, und mit dem steigenden Anteil kollektiver Gebrauchsgüter an den Konsumgütern voran. Die Tauschwertorientierung - der Äquivalententausch "Arbeitskraft gegen Geld" - wird brüchig, wenn immer größere Teile der Gesellschaft ihr Einkommen nicht über Märkte beziehen. Auch im Dienstleistungssektor und im öffentlichen Sektor werden Regelmechanismen des Marktes nicht mehr spürbar (Habermas 1985, 152).
[7] Die Ambivalenz des wohlfahrtsstaatlichen Bewußtseins dokumentiert sich in widersprüchlichen Forderungen, in denen Nachklänge der Kleingruppenerfahrungen zu erkennen sind. So wird auch in sozialstaatlichen Institutionen nach der "persönlichen Betreuung" gerufen: Der Arzt, die Krankenschwester, der Sozialarbeiter, die Hebamme und der Therapeut sollen ihre Klienten nicht als "Objekte" behandeln, sie sollen sich mit ihnen und ihrer Arbeit identifizieren, sie sollen ein "persönliches" Verhältnis zu ihren Kunden entwickeln. Man findet aber auch - und das macht die Situation noch komplizierter - die Forderung nach einer Versachlichung der Beziehungen, die dem Betreuten die Zufälle und Unvollkommenheiten einer persönlichen

Abhängigkeit erspart. Der Betreuer wird schließlich "belastet", man muß ihm "dankbar" sein. Nicht zuletzt deshalb, um solche Schuldgefühle auszuschließen, wollen viele ältere Menschen nicht von den Verwandten betreut werden, sondern ziehen lieber einen neutralen Hilfsdienst heran (Rassem 1979, 224). Die Formalität bürokratischer Institutionen hat auch ihre guten Seiten, sie erzeugt wie die Anonymität moderner Lebenswelten Einsamkeits- und Freiheitsgefühle zu gleicher Zeit.

Literatur

Achinger, Hans (1958, 1971): Sozialpolitik als Gesellschaftspolitik, Hamburg: Rowohlt; Nachdruck Frankfurt a.m.: Eigenverlag des Deutschen Vereins für öffentliche und private Fürsorge.

Ashford, Douglas E. (1988): The Emergence of the Welfare States, Oxford-New York: Basil Blackwell.

Baier, Horst (1988): "'Vater Sozialstaat'. Max Webers Widerspruch zur Wohlfahrtspatronage", in: Gneuss/ Kocka 1988, 47-63.

Baldwin, Sally/ Godfrey, Christine/ Propper, Carol, Hrsg. (1990): Quality of Life. Perspectives and Policies, London-New York: Routledge.

Barry, Norman (1990): Welfare, Buckingham: Open University Press.

Beck, Ulrich (1986): Risikogesellschaft. Auf dem Weg in eine andere Moderne, Frankfurt: Suhrkamp.

Bell, Daniel (1979): Die Zukunft der westlichen Welt. Kultur und Technologie im Widerstreit, Frankfurt 1979.

Bell, Daniel (1976): Die nachindustrielle Gesellschaft, 2. Aufl., Frankfurt-New York (engl. 1973).

Bellebaum, Alfred, Hrsg. (1992): Glück und Zufriedenheit. Ein Symposion, Opladen: Westdeutscher Verlag.

Böckenförde, Ernst-Wolfgang (1991): Recht, Staat, Freiheit. Studien zur Rechtsphilosophie, Staatstheorie und Verfassungsgeschichte, Frankfurt: Suhrkamp.

Böckenförde, Ernst-Wolfgang (1991b): "Die Bedeutung der Unterscheidung von Staat und Gesellschaft im demokratischen Sozialstaat der Gegenwart", in: Böckenförde 1991, 209-243.

Böckenförde, Ernst-Wolfgang (1991a): "Die Entstehung des Staates als Vorgang der Säkularisierung", in: Böckenförde 1991, 92-114.

Breuer, Stefan (1992): Die Gesellschaft des Verschwindens. Von der Selbstzerstörung der technischen Zivilisation, Hamburg: Junius.

Buchanan, James M. (1965): "Ethical Rules, Expected Values, and Large Numbers", Ethics 76, 1-13.

Buchanan, James M. (1978): "Markets, States, and the extent of Morals", American Economic Review, Papers and Proceedings, 68, 364-368.

Citrin, J. (1979): "Do People Want Something for Nothing? Public Opinion on Taxes and Government Spending", National Tax Journal 32, 113-129.

Coughlin, R. (1980): Ideology, Public Opinion and Welfare Policy. Attitudes Towards Taxes and Spending in Industrialized Societies, Berkeley: University of California Press.

Douglas, Jack D. (1991): The Myth of the Welfare State, New Brunswick-London: Transactions.

Eichenberger, Kurt (1977): "Der geforderte Staat: Zur Problematik der Staatsaufgaben", in: Hennis/ Kielmansegg/ Matz 1977, 103-117.

Esping-Andersen, Gösta (1990): The Three Worlds of Welfare Capitalism", Princeton 1990.

Ferris, J. (1983): "Demands for Public Spending: An Attitudinal Approach", Public Choice 40, 135-154.

Fischer, Wolfram (1982): Armut in der Geschichte. Erscheinungsformen und Lösungsversuche der 'Sozialen Frage' in Europa seit dem Mittelalter, Göttingen.

Flora, Peter/ Heidenheimer, Arnold J., Hrsg. (1981): The Development of Welfare States in Europe and America, New Brunswick-London.

Geißler, Heiner, Hrsg. (1978): Verwaltete Bürger - Gesellschaft in Fesseln, Frankfurt-Berlin-Wien.

Glazer, Nathan (1975): "Die Grenzen der Sozialpolitik", in: Narr und Offe 1975.

Gleichmann, Peter/ Goudsblom, Johan/ Korte, Hermann, Hrsg. (1984): Macht und Zivilisation. Materialien zu Norbert Elias' Zivilisationstheorie, Frankfurt: Suhrkamp.

Gneuss, Christian/ Kocka, Jürgen, Hrsg. (1988): Max Weber. Ein Symposion, München: dtv.

Goldscheid, Rudolf/ Schumpeter, Joseph A. (1976): Beiträge zur politischen Ökonomie der Staatsfinanzen, hrsg. v. Rudolf Hickel, Frankfurt: Suhrkamp.

Gouldner, Alvin W. (1984): Reziprozität und Autonomie. Ausgewählte Aufsätze, Frankfurt: Suhrkamp.

Gretschmann, Klaus (1989): "Welfare Spending Preferences - Empirical Evidence from a Logic Analysis", Zentrum für interdisziplinäre Forschung, Arbeitspapier, Staatsaufgaben April 1989.

Grimm, Dieter (1991): Die Zukunft der Verfassung, Frankfurt: Suhrkamp.

Grimm, Dieter (1991b): "Die Zukunft der Verfassung", in: Grimm 1991, 397-437.

Grimm, Dieter (1991a): "Der Wandel der Staatsaufgaben und die Krise des Rechtsstaats", in: Grimm 1991, 159-175.

Groth, Klaus-Martin (1978): Die Krise der Staatsfinanzen. Systematische Überlegungen zur Krise des Steuerstaats, Frankfurt: Suhrkamp.

Habermas, Jürgen (1973): Legitimationsprobleme im Spätkapitalismus, Frankfurt a.M.

Habermas, Jürgen (1979): Stichworte zur 'Geistigen Situation der Zeit', 2 Bde, Frankfurt: Suhrkamp.

Habermas, Jürgen (1985): Die Neue Unübersichtlichkeit, Frankfurt: Suhrkamp.

Hayek, Friedrich von (1960): The Constitution of Liberty, London (dt Die Verfassung der Freiheit, 1 Aufl. Tübingen 1971, 2. Aufl. 1983).
Hayek, Friedrich von (1944): The Road to Serfdom, New York (dt Der Weg zur Knechtschaft, 1. Aufl. Zürich 1946, 3. Aufl. 1952, als Taschenbuch München 1976).
Hayek, Friedrich von (1982): Law, Legislation and Liberty. A New Statement of the Liberal Principles of Justice and Political Economy. Vol 1: Rules and Order, Vol 2: The Mirage of Social Justice, Vol 3: The Political Order of a Free People, London et.al. 1973/76/79, first published in one vol. 1982.
Heidorn, Joachim (1982): Legitimität und Regierbarkeit. Studien zu den Legitimitätstheorien von Max Weber, Niklas Luhmann, Jürgen Habermas und der Unregierbarkeitsforschung, Berlin: Duncker & Humblot.
Hennis, Wilhelm/ Kielmansegg, Peter Graf/ Matz, Ulrich, Hrsg. (1977/79): Regierbarkeit. Studien zu ihrer Problematisierung, 2 Bände, Stuttgart: Klett-Cotta.
Herzog, R., zus. mit Red. (1974): "Gemeinwohl", Historisches Wörterbuch der Philosophie, hrsg. von Joachim Ritter, Bd.3, Basel-Stuttgart: Schwabe Verlag, Sp. 248-258.
Hewitt, D. (1985): "Demand for National Public Goods: Estimates from Surveys", Economic Inquiry 23, 487-506.
Hickel, Rudolf, Hrsg. (1976): Rudolf Goldscheid, Joseph Schumpeter. Die Finanzkrise des Steuerstaats. Beiträge zur politischen Ökonomie der Staatsfinanzen, Frankfurt a.M.
Hossenfelder, Malte (1992): "Philosophie als Lehre vom glücklichen Leben. Antiker und neuzeitlicher Glücksbegriff", in: Bellebaum 1992, 13-31.
Kimminich, Otto/ Klose, Alfred/ Neuhold, Leopold, Hrsg. (1993): Mit Realismus und Leidenschaft. Ethik im Dienst einer humanen Welt, FS V. Zsifkovits, Graz-Budapest: Andreas Schneider Verlag.
Koselleck, Reinhart (1979): Vergangene Zukunft. Zur Semantik geschichtlicher Zeiten, Frankfurt.

Koslowski, Peter/ Kreuzer, Philipp/ Löw, Reinhard, Hrsg. (1983): Chancen und Grenzen des Sozialstaats. Staatstheorie - Politische Ökonomie - Politik, Tübingen.

Lowers, David/ Sigelman, Lee (1981): "Understanding the Tax Revolt: Eight Explanations", American Political Science Review 75, 963-974.

Luhmann, Niklas (1981): Politische Theorie im Wohlfahrtsstaat, München-Wien.

Luhmann, Niklas (1991): Soziologie des Risikos, Berlin-New York.

Matz, Ulrich (1977): "Der überforderte Staat: Zur Problematik der heute wirksamen Staatszielvorstellungen", in: Hennis/ Kielmansegg/ Matz 1977, 82-102.

Mommsen, Wolfgang, Hrsg. (1982): Die Entstehung des Wohlfahrtsstaates in Großbritannien und Deutschland 1830-1950, Stuttgart.

Moore, Barrington (1982): Ungerechtigkeit. Die sozialen Ursachen von Unterordnung und Widerstand, Frankfurt: Suhrkamp.

Mooser, Josef (1983): "Auflösung der proletarischen Milieus. Klassenbindung und Individualisierung in der Arbeiterschaft vom Kaiserreich bis in die Bundesrepublik Deutschland", Soziale Welt 34, 270-306.

Münnich, Frank E. (1980): "Gesellschaftliche Ziele und Organisationsprinzipien", in: Streißler/ Watrin 1980, 163-196.

Murswieck, A., Hrsg. (1976): Staatliche Politik im Sozialsektor, München.

Narr, Wolf-Dieter/ Offe, Claus, Hrsg. (1975): Wohlfahrtsstaat und Massenloyalität, Köln.

Narr, Wolf-Dieter (1979): "Hin zu einer Gesellschaft bedingter Reflexe", in: Habermas 1979 II, 489-528.

O'Connor, James (1974): Die Finanzkrise des Staates, Frankfurt: Suhrkamp.

Pankoke, Eckart (1990): Die Arbeitsfrage. Arbeitsmoral, Beschäftigungskrisen und Wohlfahrtspolitik im Industriezeitalter, Frankfurt: Suhrkamp.

Perrow, Charles (1987): Normale Katastrophen, Frankfurt.

Polanyi, Karl (1979): Ökonomie und Gesellschaft, Frankfurt a.m.

Prisching, Manfred (1993): "Das Ende der Solidarität? Über einige moralische Vorstellungen in der modernen Gesellschaft", in: Kimminich/ Klose/ Neuhold 193, 102-116.

Prisching, Manfred (1986): Krisen. Eine soziologische Untersuchung, Wien-Köln-Graz: Böhlau.

Prisching, Manfred (1992): "Solidarität in der Moderne - zu den Varianten eines gesellschaftlichen Koordinationsmechanismus", Journal für Sozialforschung 32, 267-281.

Prisching, Manfred (1989): "Friedrich von Hayeks Sozialstaatskritik", Internationales Jahrbuch für Rechtsphilosophie und Gesetzgebung 1 (1989), 71-97.

Rassem, Mohammed (1979): Stiftung und Leistung, Essais zur Kultursoziologie, Mittenwald.

Rassem, Mohammed (1992): "Wohlfahrt, Wohltat, Wohltätigkeit, Caritas", in: Geschichtliche Grundbegriffe, hrsg.v. Otto Brunner, Werner Conze, Reinhart Koselleck, Bd.7, 595-636.

Rubin, L.B. (1976): Worlds of Pain. Life in the Working-Class Family, New York.

Sachße, Christoph/ Engelhardt, H. Tristram, Hrsg. (1990): Sicherheit und Freiheit. Zur Ethik des Wohlfahrtsstaates, Frankfurt: Suhrkamp.

Sarrazin, Thilo (1983): "Rückwirkungen des Sozialstaats auf Wirtschaftswachstum und berufliche Anpassungsbereitschaft", in: Koslowski/ Kreuzer/ Löw 1983, 254-257.

Sass, Hans-Martin (1990): "Zielkonflikte im Wohlfahrtsstaat", in: Sachße/ Engelhardt 1990, 71-105.

Schmoller, Gustav (1898): Über einige Grundfragen der Socialpolitik und der Volkswirtschaftslehre, Leipzig: Duncker & Humblot.

Schulze, Gerhard (1992): Die Erlebnisgesellschaft. Kultursoziologie der Gegenwart, Frankfurt-New York 1992.

Sombart, Werner (1931): "Kapitalismus", Handwörterbuch der Soziologie, hrsg. von Alfred Vierkandt, Stuttgart, 2. Aufl. 1959, S. 258-277.

Sombart, Werner (1987): Der moderne Kapitalismus, 3 Bde, Leipzig 1902, 3. Aufl. München-Leipzig 1916, Nachdruck 1987.

Streißler, Erich/ Watrin, Christian, Hrsg. (1980): Zur Theorie marktwirtschaftlicher Ordnungen, Tübingen: Mohr-Siebeck.

Taylor-Gooby, Peter (1983): "Legitimation Deficit, Public Opinion and the Welfare State", Sociology 17, 165-184.

Tennstedt, Florian (1976): "Zur Ökonomisierung und Verrechtlichung in der Sozialpolitik", in: Murswieck 1976.

Tocqueville, Alexis de (1984): Über die Demokratie in Amerika, München: dtv, 2. Aufl.

van Stolk, Bram/ Wouters, Cas (1984): "Die Gemütsruhe des Wohlfahrtsstaates", in: Gleichmann/ Goudsblom/ Korte 1984, 242-260.

Vobruba, Georg (1983b): "Entrechtlichungstendenzen im Wohlfahrtsstaat", in: Voigt 1983, 91-117.

Voigt, Rüdiger, Hrsg. (1983): Abschied vom Recht? Frankfurt: Suhrkamp.

Watrin, Christian (1979): "Zur Überlastung des Staates mit wirtschaftspolitischen Aufgaben", in: Hennis/ Kielmansegg/ Matz 1979, 233-253.

Weber, Max (1976): Wirtschaft und Gesellschaft. Grundriß der verstehenden Soziologie, 5. Aufl., Tübingen.

Weische, A. (1974): "Gemütsruhe", Historisches Wörterbuch der Philosophie, hrsg. von Joachim Ritter, Bd.3, Basel-Stuttgart: Schwabe Verlag, Sp. 267.

Diskussion

Im Mittelpunkt der Diskussion der insgesamt skeptischen Ausführungen von Prisching standen drei Themen: Das Verhältnis
von Staatseingriffen und individueller Freiheit, die Zukunft des
Sozialstaates und die Möglichkeit einer Übertragung des westlichen Wohlstandsmodells auf die ganze Welt.

Erinnert wurde dabei an die Ausführungen Georg Forsters
zum Verhältnis von Staatskunst und Glück[1], an die von Adam
Müller zum Verhältnis von Glück und Industrie[2] und die häufig übersehenen Überlegungen von Adolph Wagner zur quantitativen und qualitativen Ausdehnung der Staatsaufgaben und
damit der Staatsausgaben zur Erfüllung des "Kultur- und
Wohlfahrtszweckes" und des "Macht- und Rechtszweckes".[3]
Dabei wurde deutlich, daß eine objektive, wissenschaftlich zu
setzende Grenze der Staatseingriffe ebenso wenig möglich ist
wie eine stets richtige Aussage zur optimalen Organisation des
Wohlfahrtsstaates in eher großen oder kleineren Einheiten. Ein
reiner Kapitalismus ist jedenfalls - wenn es ihn denn je gegeben hat - nicht realisierbar und nach den zu erwartenden Ergebnissen auch nicht wünschenswert. Der in der westlichen
Welt in unterschiedlichen Ausprägungen historisch gewachsene
Wohlfahrtsstaat muß - so nicht nur die Auffassung von Prisching - als eine positive Errungenschaft angesehen werden,
obwohl sich an den offensichtlichen Widersprüchlichkeiten bis
heute nichts geändert hat.[4] Immer noch vollzieht sich die wirtschaftliche Entwicklung in Zyklen und entsprechend sind immer wieder Notwendigkeiten erwachsen, die manifesten Risiken des Systems für den Einzelnen aufzufangen und eine materielle Absicherung durch ein öffentlich organisiertes Versiche-
rungssystem und andere ergänzende Maßnahmen sicherzustellen.

Diskutiert wurde in diesem Zusammenhang die Frage der
Dynamik des Sozialstaates, d.h. ob die Ansprüche der Individuen und Gruppen (und der häufig unterstellte Mißbrauch)

stets expansiv sind. Will der Staat nicht nur bestehende Probleme lösen, sondern darüber hinaus präventiv einwirken, so scheint eine weitere Ausdehnung der Staatstätigkeit unvermeidlich. An dieser Stelle gerät man allerdings leicht in eine primär ideologische Debatte "Markt oder Staat", die in der Vergangenheit stets im Sinne eines mehr oder weniger sinnvollen Kompromisses entschieden wurde. Der unbestrittene ökonomische und sozialstaatliche Erfolg der Bundesrepublik Deutschland basiert seit Beginn auf einer entsprechend gemischten Wirtschaftsordnung. Auch für die Zukunft sollte es Ziel sein, für die betroffenen Menschen Fortschritte zu erzielen. Eine richtig konzipierte und angemessen dimensionierte Sozialpolitik fördert - wie auch in der Vergangenheit - das Wachstum der Wirtschaft und die Wohlfahrt der Menschen.[5]

Die Politik schiebt - dies machte die Diskussion klar - derzeit offensichtlich viele aktuelle und künftige Probleme des Sozialstaates vor sich her. Die für die ersten Jahrzehnte des kommenden Jahrhunderts prognostizierten Probleme speziell der Rentenversicherung werden bisher zu wenig ernst genommen. Allerdings scheint auch hier eine Lösung im bisherigen Sinne (d.h. eine mit sicherlich höheren Beiträgen oder über Steuermittel finanzierte Umlageversicherung) möglich zu sein. Eine Rückwärtsbewegung hinter heutige Standards zurück ist nicht zu erwarten. Jedoch müßte im Bereich einer wohlfahrtsstaatlichen Pädagogik dafür gesorgt werden, daß das Bewußtsein für die Funktionsbedingungen und die Grenzen des Sozialstaates gestärkt werden kann. Der Wohlfahrtsstaat nach westlichem Muster wird allerdings schon alleine deshalb ein Minderheitprogramm für die reichen Länder bleiben, weil die ihm zugrundeliegende Basis - die hochentwickelte, wachstumsorientierte Industriegesellschaft - nicht weltweit demokratisierbar, d.h. ausdehnbar ist. Nicht nur für den großen Rest der Welt muß ein neues Modell von Wirtschaften und Wohlstand entworfen werden.[6] Auch für die westliche Welt gilt es, entsprechende positive Visionen eines "homo felix" zu konzipieren, die die derzeitigen Probleme und negativen Effekte des Wirtschaftens überwinden helfen, um sodann zielführende Schritte in der Wirtschafts- und Gesellschafts- politik unternehmen zu können.

Anmerkungen

1 Vgl. Forster, Georg, Über die Beziehung der Staatskunst auf das Glück der Menschheit (Orig. 1793), in: Steiner, Gerhard (Hg.), Forsters Werke in zwei Bänden, Bd. 1, 3. Aufl., Berlin 1983, S. 12o-151.
2 Vgl. Müller, Adam, Streit zwischen Industrie und Glück (Orig. 18o9), in: ders., Nationalökonomische Schriften, ausgewählt und eingel. von Albert Josef Klein, Lörrach 1983, S. 283-286.
3 Vgl. Wagner, Adolph, Allgemeine oder theoretische Volkswirtschafts- lehre. Erster Teil: Grundlegung, Leipzig, Heidelberg 1876, S. 26o ff.
4 Vgl. Heimann, Eduard, Soziale Theorie des Kapitalismus: Theorie der Sozialpolitik (Orig. 1929), Frankfurt/M. 198o, S. 167 ff.; Pankoke, Eckart, Die Arbeitsfrage: Arbeitsmoral, Beschäftigungskrisen und Wohl- fahrtspolitik im Industriezeitalter, Frankfurt/M. 199o.
5 Vgl. Struwe, J., Wachstum durch Sozialpolitik: Wie Sozialpolitik Wachstum und Wohlfahrt fördert, Köln 1989.
6 Vgl. Harborth, Hans-Jürgen, Dauerhafte Entwicklung statt globaler Selbstzerstörung: Eine Einführung in das Konzept des "Sustainable Deve- lopment", Berlin 1991.

Herbert Schaaff

B

Friedrich Fürstenberg

Arbeit und Freizeit - Zugeschriebene Bedeutungen

Für die Bedeutung, die der 'Lebensqualität' zugemessen wird, ist wesentlich, mit welcher Akzentsetzung die verschiedenen Lebensbereiche erlebt und bewertet werden. Die Arbeitswelt als zentraler Lebensbereich nimmt - teils freiwillig, teils unfreiwillig - für immer mehr Menschen an Bedeutung ab. Das Leitbild vom tätigen Leben, zu dem die Übereinstimmung gehört, daß alle leistungsfähigen Menschen arbeiten sollen und auch wollen, verliert seine Bindewirkung. Sind wir auf dem Wege zu einer konsumorientierten "Freizeitgesellschaft" oder im Übergang zu einer "Bürgergesellschaft", in der sich die Lebensbereiche gleichgewichtig entwickeln können, oder entsteht das polarisierende Muster einer "Beschäftigungs-" und "Betreuungsgesellschaft"?

Strukturwandlungen der Arbeitswelt

Ausgangspunkt soll die These sein, daß die Wertschätzung der Arbeit ganz wesentlich auf einer traditionell verankerten Berufskultur beruhte, die sich in einem umfassenden Strukturwandel befindet. Immer noch gehen aber entscheidende Impulse zur zukunftsorientierten Auseinandersetzung mit arbeitsbezogener Lebensqualität von kulturspezifischen Deutungsmustern aus, wie sie die deutsche Klassik vermittelt hat. Man denke an Goethes "Wilhelm Meister" und Schillers "Lied von der Glocke". Kernproblem ist nun der Fortbestand eines Leitbilds der Selbständigkeit, des eigenverantwortlich zu gestaltenden Handlungsspielraums, den der unternehmerisch Tätige ebenso braucht wie jeder qualifiziert Berufstätige. Erst auf dieser Basis ergibt sich freiwillige Kooperation durch gemeinsame Problemlösung.

Die Verkennung oder Geringschätzung dieser Zusammenhänge beruht auf einer einseitigen, nur an wirtschaftlichen und technischen Aspekten orientierten Betrachtungsweise, die eine kulturspezifische Prägung des Menschen im Sozialisationsprozeß nicht hinreichend ernst nimmt. Dadurch entsteht die Gefahr der Fehlrationalisierung auch aus gesellschaftspolitischer Sicht: Die Leistungsorganisation kann ihr eigenes Fundament, die Leistungsfähigkeit und -bereitschaft des arbeitenden Menschen, mindern und schließlich vernichten.

Herkömmliche Vorstellungen von Berufstätigkeit werden dadurch in Frage gestellt, daß Arbeitsplatzverluste durch Rationalisierung nur begrenzt durch Wachstumsgewinne ausgleichbar sind, daß die Rationalisierungsprozesse eine ständige qualitative und quantitative Umverteilung sowie Neubewertung von Arbeitsfunktionen auslösen, daß sich der Zeitaufwand für die Erwerbstätigkeit tendenziell verkürzt und daß Wohlstandszuwächse auch Auswirkungen auf grundlegende Wertorientierungen des arbeitenden Menschen haben. Die zukünftige Entwicklung ist aber nicht eine einfache Fortschreibung des zu beobachtenden Trends. Sie hängt wesentlich auch von den Strategien der Beteiligten ab. Diese werden durch situative Herausforderungen ebenso beeinflußt wie durch interessengeleitete Vororientierungen. Es ist also nicht unerheblich, in welchem Interpretationszusammenhang Strukturwandlungen der "Arbeitsgesellschaft" wahrgenommen werden und in welchem Maße kulturspezifische Leitbilder fortwirken.

Die unterschiedliche Bewertung arbeitsbezogener Entwicklungstrends kommt in zwei Grundmodellen der Zukunftsorientierung zum Ausdruck. Recht medienwirksam ist die Vorstellung von einem Ende der berufsorientierten Arbeitsgesellschaft. Sie stützt sich insbesondere auf die Beobachtung ökologischer Wachstumsschranken, das Phänomen der Dauerarbeitslosigkeit und die veränderte Einstellung eines Teiles der Jugend zu Leistung und Arbeit. Hieraus wird gefolgert, daß die Arbeitswelt ihre Bedeutung als zentraler Lebensbereich allmählich verliert (vgl. Vollmer 1986). Die Annahme, daß dementsprechend Arbeit zunehmend nur einen instrumentalen Stellenwert in der Lebensplanung und -gestaltung zugunsten alternativer Lebensformen einnehmen wird, steht aber im Widerspruch zu der Tatsache, daß das Anspruchsniveau des Menschen hinsichtlich seines Arbeitsverhältnisses eher steigt und daß insbesondere Frauen eher vermehrte Chancen zur Erwerbstätigkeit fordern. Außerdem gibt es selbst bei einer eventuell notwendig werdenden Rationierung der Erwerbschancen einen vielfältigen Arbeits- und Leistungszwang im privaten Bereich. Marktunabhängige Eigenleistungen nehmen schon jetzt einen erheblichen Teil der arbeitsfreien Zeit im Sinne vorrangig zu erfüllender Pflichten ein, die durchaus Arbeitscharakter haben. So ist das Zukunftsbild einer Bevölkerung, die angesichts eines immens gewachsenen Kapitalstocks in der Mehrzahl ein Rentnerdasein führt, wohl als utopische Vorstellung einzuordnen. Es ist auch nicht anzunehmen, daß bei steigendem Bildungsniveau die Menschen ihre Tätigkeit als vorprogrammierte Funktionsträger verrichten werden. Ob es aber wie in den 20er Jahren noch einmal zu einem "Kampf um die Arbeitsfreude" (H. de Man) im Erwerbsleben kommt, ist angesichts vorrangig pragmatischer Grundhaltungen fragwürdig.

Ein zweites, nicht so verbreitetes, aber dennoch im Bereich des Denkbaren liegendes Interpretationsmuster betrifft die Zurückbildung arbeitsbezogener gesellschaftlicher Strukturen. Wesentliche Ursache hierfür könnte die mangelnde Bewältigung von internen sowie externen Spannungen und Konflikten sein. In der Tat gibt es Beispiele dafür, daß die Funktionsfähigkeit der modernen "Arbeitsgesellschaft" keineswegs selbstverständlich und in vielfacher Weise sogar gefährdet ist. Man

denke zum Beispiel an die schlagartige Ressourcenverknappung
in Form des Ölschocks und an völlig unvorhergesehene Um-
weltbelastungen. Ein anderes Beispiel ist die in manchen Ländern lang andauernde Lahmlegung von Arbeitsprozessen, ja
ganzen Wirtschaftsbereichen durch soziale Konflikte, etwa in
Form von Streiks. Die vielleicht weitestreichendsten Störungen
gehen aber von unbewältigten Strukturproblemen des Staats-
haushalts aus, die die öffentliche Hand zu Ausgabenverlage-
rungen und -kürzungen zwingen und damit zu einem Funkti-
onsverlust der Infrastruktur für anspruchsvolle Arbeitsleistun-
gen.

Schließlich sei noch an die Vorstellungen von einem schick-
salhaften Zurückbleiben des europäischen bzw. atlantischen
gegenüber dem asiatischen bzw. pazifischen Wirtschaftsraum
erinnert, an die sich Regressionserwartungen hinsichtlich der
"Arbeitsgesellschaft" knüpfen, insbesondere im Zusammenhang mit der ja schon seit vielen Jahrzehnten diskutierten ten-
denziellen Abnahme der privaten Investitionsneigung in Ländern mit hohen Arbeitskosten.

Aber auch diese eher pessimistischen Erwartungen müssen
mit dem Einwand konfrontiert werden, daß vorerst von einer
grundlegenden Schwächung der fortgeschrittenen Arbeitsge-
sellschaften nicht die Rede sein kann, ja daß sich die Wohl-
standsverschiebungen zu ihren Gunsten und zu Lasten der
technisch weniger entwickelten Gesellschaften sogar verstärken.

Bei der Diskussion derartiger Szenarios wird oft außer acht
gelassen, daß Arbeit erst vor dem gesamten Lebenszusammenhang sinnvoll betrachtet werden kann. Produktive Arbeit
schafft nicht nur Selbsterfahrung im kooperativen Verbund,
Wohlstand und Freizeitgewinn. Sie braucht auch als Voraussetzung eine als sinnvoll erlebte Lebensweise. Insofern sind
Arbeitsbereich und "Freizeitbereich" eng aufeinander bezogen,
und zwar nicht nur wirtschaftlich im Sinne einer Entsprechung
von Produktion und Verbrauch, sondern auch sozialkulturell.

Freizeit als Lebenswelt

Die Industriearbeit hat aber einen Menschentyp geschaffen, der zwar die Kunst des Produzierens in weitestgehendem Maße beherrscht, jedoch noch recht hilflos der Aufgabe gegenübersteht, sich der hart errungenen Zivilisationsgewinne (Freizeit, höherer Lebensstandard) als Verbraucher wirklich zu freuen. Besonders deutlich wird das bei Betrachtung der Art und Weise, wie Freizeit von vielen Menschen "betrieben" wird. Abgesehen von den ständig kleiner werdenden Überresten traditioneller Lebensführung, die der Technisierung der Freizeit Einhalt gebieten, hat das Freizeitverhalten zahlreicher Menschen noch kein Eigengewicht gegenüber der Arbeitssphäre. Der Ausspruch Henry Fords: "Die Produktion schafft die Bedürfnisse" bezieht sich nicht nur auf das Warenangebot, sondern auch auf die durch Werbung vermittelten Konsumtionsklischees. So beobachten wir in der Gegenwart im Freizeitverhalten vieler Menschen ein Nebeneinander von Überresten vorindustrieller Einstellungen und von schablonenhaftem Konsum der Vergnügungsprodukte einer nach Grundsätzen rationeller Betriebsführung geleiteten Freizeitindustrie. Einerseits werden alte Volksbräuche und die früher der feudalen Oberschicht vorbehaltenen Vergnügungen (Reisen, Jagen, Reiten) in abgewandelter Form als "gesunkenes Kulturgut" neubelebt und imitiert. Andererseits geht man ins Kino, ins Sportstadion oder in ein Fast-food-Restaurant und setzt sich vor den Fernsehapparat, ohne überhaupt darüber nachzudenken. Zwar bestimmt eine vom Bildungsbürgertum des 19. Jahrhunderts geschaffene Einteilung des Freizeitverhaltens in aktive, d.h. schöpferische und deshalb als "wertvoll" geltende Beschäftigung und eine passive, fast als Sünde empfundene Trägheit noch heute das Bewußtsein der Intellektuellen maßgebend. Derartige Bewertungsmuster lassen sich durchaus in den vielfältigen Animationsbestrebungen nachweisen. Aber gerade der von der Massenproduktion gelieferte Zivilisationsluxus (Autos, Motorräder,

Gesellschaftsreisen usw.) wird auch als Symbol der gesellschaftlichen Stellung betrachtet, und sein vorprogrammierter
Verbrauch bzw. seine Zur-Schau-Stellung befriedigen weitgehend das Geltungsbedürfnis der Arbeitnehmerschaft, wobei das
Bildungsniveau nur graduelle Unterschiede bewirkt. Dies alles
sind Anzeichen dafür, daß wir uns in einer Übergangsperiode
befinden. Möglicherweise entsteht aus der Umformung alter
und der Herausbildung neuer Verhaltensweisen ein
zeitgemäßer Freizeitstil, der allerdings wie die moderne
Gesellschaftsstruktur stark segmentiert und differenziert sein
wird, und zwar durchaus aufgrund von neu geschaffenen
Statuskriterien.

An die damit verbundenen Übergangsphänomene knüpft ge-
wöhnlich die Diskussion dessen an, was wir als
"Freizeitproblem" bezeichnen, nämlich die Frage nach Ausmaß und Inhalt der Freizeit sowie ihrer Bedeutung für die Per-
sönlichkeitsbildung und das gesamtgesellschaftliche Kulturni-
veau. Die Deutung von Freizeit als Problemfeld tritt besonders
dort in Erscheinung, wo Kriterien "erfolgreicher" Sozialisation
gelten. Dann werden als Defizite das Fehlen kritischer Distanz
zum Freizeitangebot, die Störung des normalen Lebenszyklus
und verfehlte Anpassungsleistungen wahrgenommen. Solche
Merkmale zeigen sich vor allem bei den Heranwachsenden, die
noch nicht eine eigene Häuslichkeit aufgebaut haben, und bei
den Rentnern und Pensionierten, die nicht mehr im Arbeitspro-
zeß stehen. Bei diesen Gruppen setzen auch hauptsächlich die
Versuche ein, Freizeit sozialpädagogisch und sozialorganisato-
risch zu "gestalten".

Eine tatsächliche Bestimmung subjektiver Bedeutungszuweisungen der Freizeit setzt allerdings neben einer genauen Um-
grenzung des Freizeitbegriffs Kenntnisse über Umfang, Struk-
turierung und Funktionen des Freizeitverhaltens in den verschiedenen Bevölkerungsgruppen voraus. Es hat sich erwiesen,
daß je nach dem verwendeten Freizeitbegriff der tatsächliche
Umfang der zur Verfügung stehenden Freizeit im Bewußtsein

der Öffentlichkeit manipuliert und unterschiedlich gedeutet wird. Als Freizeit im engeren Sinne kann nur die recht eingeschränkte Zeit verstanden werden, die nicht für die Erfüllung unausweichlich vorgegebener Zwecke aufgebraucht wird. Das Verhalten des Menschen ist aber keineswegs nur in der Arbeitszeit gebunden, sondern ebenso durch den Weg zur und von der Arbeitsstätte sowie durch die Zeitaufwendungen für Mahlzeiten, Körperpflege und Schlaf, wozu bei den Personen, die einen Haushalt zu versorgen haben, noch die Zeit für Einkauf und Hausarbeit tritt. Durch all diese Aufgaben ist die an Wochentagen verfügbare Freizeit bei vielen Menschen relativ gering. Sie wird im Durchschnitt auf etwa drei Stunden pro Arbeitstag geschätzt. Besonders deutlich ist die Doppelbelastung berufstätiger Frauen durch Hausarbeit und Beruf, die auch durch eventuelle Mithilfe anderer Personen im Haushalt und durch arbeitssparende Geräte nur unvollkommen kompensiert wird.

Erhebliche Freizeitunterschiede hängen auch eng mit dem Charakter der Berufstätigkeit zusammen. Je mehr diese rationalisiert werden kann, desto größer ist die Möglichkeit, sie zeitlich effektiv zu begrenzen oder zum Beispiel durch gleitende Arbeitszeit sogar individuell anzupassen. Ebenso deutlich wird aber auch, daß gerade die räumliche Struktur der modernen Arbeitswelt mit dem Zwang zur Pendelwanderung derartige Rationalisierungsgewinne an Freizeit häufig wieder zunichte macht. Auch erfordern der wirtschaftliche Einsatz großer technischer Aggregate und die Aufrechterhaltung wichtiger Dienstleistungen zunehmend Schichtarbeit. Um so größere Bedeutung haben das zur Norm gewordene und weitgehend verwirklichte erwerbsfreie Zweitage-Wochenende und als geschlossener Freizeitbereich der Jahresurlaub.

Die Bedeutung von Freizeit bestimmt sich auch danach, in welchem Rahmen sie verwirklicht wird. Hierzu können wir vier Bereiche unterscheiden: 1. die persongebundene Freizeit, die im wesentlichen durch soziale Kontakte im Kreis der Fa-

milie, der Freunde, eines Vereins usw. geprägt wird und 2. die
sachgebundene Freizeit, die als tätige Auseinandersetzung des
Individuums mit einem Gegenstand erscheint, zum Beispiel in
Form eines Hobbies und der Lektüre; der 3. Freizeitbereich, in
dem das Geschehen durch Massenmedien vermittelt wird
(Fernsehen, Kinobesuch, Rundfunkhören usw.), ist ebenfalls
sachgebunden, setzt aber weitgehend die Passivität des Individuums voraus. Als 4. Freizeitbereich können wir schließlich
das bloße Ausruhen nennen. Diese vier Freizeitbereiche unterscheiden sich wesentlich im jeweiligen Grad der sozialen Bindung, der Zielstrebigkeit und der Bewußtheit des Erlebens.
Man kann aufgrund der verfügbaren Unterlagen nicht zu dem
Schluß gelangen, das Freizeitverhalten der Bevölkerung oder
auch nur einiger Bevölkerungsgruppen, wie zum Beispiel der
Jugendlichen, konzentriere sich nur auf einen Freizeitbereich.
In der Regel wird Freizeit durchaus auch vom einzelnen Individuum differenziert erlebt und hat deshalb die unterschiedlich-
sten Bedeutungsinhalte.

Gegenüber vorindustriellen Gesellschaften zeigt sich eine
Akzentverschiebung von der sozial gebundenen und zielstrebig
genutzten Freizeitaktivität zu einer Benutzung des sehr vielfäl-
tig und breitgestreuten Angebots vorbereiteter und vororgani-
sierter Freizeitverwendung. Ihre Haupterscheinungsformen
sind das außerordentlich große Angebot an Büchern, Zeit-
schriften und Zeitungen, das Angebot der Massenmedien
(Fernsehen, Rundfunk, Kino, Schallplatte) sowie der moderne
Tourismus. Freizeitaktivitäten sind zunehmend vorprogram-
miert und werden "veranstaltet".

Für Bedeutungszuweisungen im Freizeitbereich ist schließlich die Beziehung zwischen Arbeitszeit und Freizeit von
grundsätzlicher Bedeutung. Die meisten Autoren sehen einen
polaren Gegensatz dieser beiden Sphären. Schon für Marx be-
gann das "Reich der Freizeit" jenseits der Arbeitszeit, und
Schiller sah im Spiel die eigentliche Sphäre des Menschlichen.
Ein immer größerer Freizeitanteil mit verbesserten Möglich-

keiten der Selbstverwirklichung wäre demnach das Endziel aller wirtschaftlichen Bemühungen, vor allem in einer Zeit, in der die "Arbeitsverfremdung" (Briefs), die Versachlichung der sozialen Beziehungen im Betrieb und die Abhängigkeit des Arbeitnehmers von vorprogrammierten Systemen zu weitestverbreiteten Erscheinungen geworden sind. Dementsprechend kann die Vergrößerung der Freizeit durch ständige Verkürzung der Arbeitszeit als soziale Kompensation für den menschlich und sozial unergiebigen Charakter vieler technisierter Arbeitsformen angesehen werden (Schelsky, Habermas). Andere beurteilen diese Ausgleichsmöglichkeiten skeptischer und sehen einen Zusammenhang zwischen stumpfsinniger Arbeitsverrichtung und einer Extension einseitiger Belastung in geistloser Freizeitkonsumption (Weinstock, Meissner). Erstaunlicherweise nimmt auch mit zunehmender Arbeitszeitverkürzung die Zeitnot, die "angina temporis" zu. Es ist deshalb anzunehmen, daß ohne erfolgreiche Versuche zur "Humanisierung" der Arbeit auch die Versuche zur "subjektiven" Freizeitgestaltung ergebnislos sein werden. Man kann den Sinnverlust der rationalisierten Arbeit nicht allein durch längere Freizeit kompensieren.

Arbeit und Freizeit als Handlungsräume einer "Bürgergesellschaft"

Der moderne Mensch braucht Erfahrungen in Arbeit und Freizeit zur Selbstverwirklichung, zu einer eigenständigen Lebensgestaltung, wobei die Gewichtung je nach der Lebensphase sehr unterschiedlich sein kann. Es ist also wenig sinnvoll, generell einer "Arbeitsgesellschaft" der Vergangenheit die "Freizeitgesellschaft" der Zukunft gegenüberzustellen. Wichtiger ist eine "neue Balance von Berufs- und Privatleben" (Opaschowski 1993) im Sinne einer neuen Lebensqualität, die letztlich auch leistungssteigernd wirken kann. Die Qualitätsansprüche, die der moderne Mensch an seinen Arbeitsplatz und an seine Freizeitwelt stellt, setzen auch entsprechende Orientierungen und Befähigungen voraus. Es verwundert deshalb nicht, daß der renommierte amerikanische Soziologe Bellah in zwei großangelegten Studien zur individualistischen Lebensweise der Amerikaner (1987, 1991) zu dem Schluß kommt, eine "Bildungsgesellschaft" sei zu schaffen, die nicht nur technische Inhalte, sondern auch moralische Erziehung vermittelt. Leitbild ist offensichtlich die angelsächsische Vorstellung von einer "civil society", in der sich Lebensqualität nach Maßgabe des Bürgersinns entwickelt. Die Entwicklung des Bürgersinns ist aber an einen Bedeutungswandel der Arbeits- und Freizeitwelt im Sinne eines Bildungsraums gebunden, der Impulse zur eigenständigen Situationsbewältigung vermittelt.

Die Bestrebungen mehren sich, gerade auch in Auseinandersetzung mit Japan, die Arbeitswelt stärker als Qualifizierungs- und als Bildungsraum zu gestalten. Mitarbeit wird immer mehr zur Teilnahme an einem fortdauernden Qualifizierungsprozeß zur Verbesserung der Eigenleistung in zielorientierter Zusammenarbeit. Gleichzeitig wird deutlich, daß die durch Rationalisierung möglichen Freiheitsgewinne im Rahmen einer flexibler werdenden Lebensplanung auch für die Fort- und Weiterbildung genutzt werden sollten. Hierbei geht es nicht zuletzt auch um die Vermittlung eines tieferen Verständnisses der Zusammenhänge, die unsere Lebensgrundlage bilden und an deren Gestaltung wir alle verantwortungsbewußt mitwirken müssen. Andernfalls droht durch das Fehlen von Erfahrung und Einsicht als Grundlage politischer Aktivierung auch dem Westen das Entstehen einer "wohltätigen Diktatur" mit einer letztlich leistungshemmenden Superbürokratie.

Insofern wird die entwickelte Arbeits- und Freizeitgesellschaft notwendig zur Bildungsgesellschaft. Sie braucht mündige Staatsbürger, die in der Lage sind, die komplizierten Leistungszusammenhänge, die einen hohen Lebensstandard garantieren, kreativ weiterzuentwickeln, zumindest aber aufrechtzuerhalten, und zwar im Sinne einer subjektiv wahrgenommenen Steigerung bzw. Stabilisierung von Lebensqualität. Leider liegt aus dieser Sicht noch vieles im argen. Allzu oft wirken veraltete Arbeitsstrukturen entmotivierend und hemmen die Eigeninitiative. Es gibt auch noch überlebte Vorstellungen, die unbegründete Anspruchshaltungen, und Manipulationsversuche, die eine passive Verbrauchermentalität fördern. Dem entsprechen Mitwirkungsbarrieren, die von einseitig machtorientierten Auto kraten immer noch verteidigt werden. Schließlich ist auch ein nicht geringer Teil unserer Bildungsaktivitäten immer noch im wesentlichen am Statusgewinn orientiert und fördert dementsprechend wenig die Persönlichkeitsentwicklung. Aber all dies darf kein Hinderungsgrund sein, sich für die Vermehrung von Bildungsimpulsen in allen Lebensbereichen einzusetzen, also auch in der Arbeitswelt. Sie öffnen den Weg zu einer eigenständigen Situationsdeutung und persönlichen Lebensführung und damit die Chancen für mündige Staatsbürger. Wenn gegenwärtig so viel die Rede ist von Individualisierung und Selbstverwirklichung, dann sollten nicht die Voraussetzungen hierfür vergessen werden: Der Mensch muß durch Bildung die Fähigkeit erlangen, an sozialkulturellen Aktivitäten teilzuhaben und sein Leben zu gestalten, und das geschieht im Arbeits- und Freizeitbereich.

Literatur

Bellah, R. N. u. a. (1987): Gewohnheiten des Herzens. Individualismus und Gemeinsinn in der amerikanischen Gesellschaft, Köln: Bund

ders., u. a. (1991): The Good Society, New York: Random House

de Man, H. (1927): Der Kampf um die Arbeitsfreude, Jena: Diederichs

Fürstenberg, F. (1991): Arbeitsfreude als Kulturphänomen, in: Nippert. R. P. u. a. (Hrsg.), Kritik und Engagement. Soziolo-

gie als Anwendungswissenschaft, München: Oldenbourg, S.
67-73
ders., (1992): Wieviele Berufe hat man im Leben? Die persönliche und soziale Bedeutung des Berufswechsels, in: Pohl, H. (Hrsg.), Die Entwicklung der Lebensarbeitszeit. Zeitschrift für Unternehmensgeschichte, Beiheft 75, Stuttgart: Steiner, S. 65-75
Opaschowski, H. W. (1993): Freizeitökonomie. Marketing von Erlebniswelten. Opladen: Westdeutscher Verlag
Vester, H.-G. (1988): Zeitalter der Freizeit. Eine soziologische Bestandsaufnahme. Darmstadt: Wissenschaftliche Buchgesellschaft
Vollmer, R. (1986): Die Entmythologisierung der Berufsarbeit. Opladen: Westdeutscher Verlag

Diskussion

Die Diskussion zeigte, daß Definitionen von Arbeit und Freizeit, die ihnen jeweils zugeschriebenen Bedeutungen sowie die zwischen ihnen bestehenden oder gesehenen Zusammenhänge sich angemessen nur begreifen lassen als das Resultat von Einstellungen, Entscheidungen und Handlungen von Personen, die eingebunden sind in einen kulturellen und institutionellen Rahmen, die als lernende und handelnde Wesen ihr Leben und ihre Umwelt gestalten, die in sozialen Wechselbeziehungen zu anderen Menschen stehen, deren Handeln nicht nur auf ihrer physischen und psychischen Ausstattung, ihren mentalen und kognitiven Kapazitäten sowie ihren Motivationen und Intentionen beruht, sondern auch auf dem - historischen Wandlungen unterliegenden - soziokulturellen Erbe sowie den handlungssteuernden, ebenfalls wandelbaren sozialmoralischen Leitideen. Arbeit und Freizeit und ihre jeweiligen Bedeutungen erweisen sich als ein komplexes Produkt aus kulturellen Rahmenbedingungen, institutionellen Regelungen, situationsbezogenen Gegebenheiten und persönlichkeitsspezifischen Faktoren. Sie scheinen abhängig zu sein von der jeweiligen Kultur und ihren Weltbildern, von den vorliegenden Interaktionsbeziehungen und ihren Mustern, vom jeweiligen Wissens- und Informationsstand, vom erreichten technischen Niveau, von den verfügbaren und ins Spiel gebrachten materiellen wie immateriellen Mitteln, von den gewonnenen Erfahrungen, von den Intentionen der Menschen sowie von angestrebten Folgezuständen.

Dies wurde bereits mit der ersten Frage thematisiert, warum in unserem Kulturkreis "Trägheit", "Nichtstun", "Faulheit" oder "Langeweile" vornehmlich negativ bewertet, wenn nicht gar verteufelt würden. Unsere Gesellschaft scheine keineswegs so individualistisch zu sein, wie manche behaupten, weil wir auch hinsichtlich der Freizeit und ihrer Gestaltung oftmals unter sozialem oder moralischem Druck stünden, nachweisen zu müssen, etwas Sinnvolles damit anzufangen. Vielleicht zeige sich auch hierin das für unseren Kulturkreis charakteristische "antithetische Denken". So sei z.B. früher "Muße" ein nur den gebildeten Schichten vorbehaltenes Privileg gewesen, während für das sogenannte "niedere" Volk "Nichtstun" als etwas Schädliches angesehen wurde, weil dieses, wie man glaubte, mit der "Gestaltungsfreiheit" nichts "Rechtes" anzufangen wüßte. "Trägheit" und "Nichtstun" seien höchstens als Korrektiv zum rastlosen Tätigsein, als "Erholungszeit" für weitere Aktivität, als Zeit der Reproduktion akzeptiert worden. Verloren gegangen sei die noch dem Mittelalter geläufige und anthropologisch bedeutsame Gleichrangigkeit von "vita activa" und "vita contemplativa".

Vor 2o Jahren hätten wir Arbeit und Freizeit isolierter als heute betrachtet und nicht als eingebunden in einen Lebenszusammenhang begriffen. Mit Arbeit sei Entfremdung, mit Freizeit Wiederherstellung der Menschlichkeit assoziiert worden. Hingegen wüßten wir heute, daß "Arbeitswelt" - der Bereich des existentiell notwendigen Tuns - und "Freizeitwelt" - mit ihrer Chance individueller Befriedigung und freier Verfügbarkeit über die Zeit - als Teil einer alles umgreifenden "Lebenswelt"

gesehen werden müßten. In beiden "Welten" könnten Selbst-
bewußtsein und Selbsterfahrung gewonnen werden, vorausgesetzt man bedenkt, daß Selbsterfahrung, jedenfalls solange wir
als Menschen in Interaktionszusammenhängen eingebunden
und nicht isolierte Wesen sind, auf etwas gerichtet ist, das
außerhalb unseres Selbst liegt. Von daher sei auch
"Lebensqualität" zu bestimmen, wobei der "Zeitsouveränität"
besondere Bedeutung zukomme.

Aufgegeben sei uns die Gestaltung der Welt, in der wir leben, und nicht nur die Befriedigung unserer persönlichen Bedürfnisse. Wir trügen Verantwortung nicht nur für unsere eigene Lebensqualität, sondern - solidarisch - auch für die unserer Mitbürger und für die kommenden Generationen. Um diese
große Aufgabe, die "Bürgersinn" - im Sinne des humanisti-
schen Ideals der "civil society" - erfordere, gehe es auch bei
der Suche nach der "richtigen" Balance von "Arbeit" und
"Freizeit", wobei in der Arbeit neben "Arbeitsqualität" auch
"Erlebnisqualität" anzustreben sei, vorausgesetzt die Sachge-
setzlichkeiten lassen dieses zu. Die Luthersche Idee, daß der
Mensch sich in seinem Beruf in Bezug auf seine Mitmenschen
durch eine sinnvolle Tätigkeit verwirkliche, habe auch heute
noch Geltung; wir hätten bislang keine bessere gefunden. So
komme es darauf an, Arbeit und Freizeit kulturell zu verknüp-
fen. Am ehesten gelinge dieses, wenn Erfahrung mit Erkenntnis und Einsicht unter Berücksichtigung des jeweiligen Hand-
lungskontextes verbunden würden. Daraus erwachse Hand-
lungsfähigkeit, die den Wechselbezug von Arbeit und Freizeit
jeweils aufs Neue sicherstelle.

In diesem Zusammenhang bleibt stets zu bedenken: "Das
Interesse an unserer eigenen Glückseligkeit empfiehlt uns die
Tugend der Klugheit; Interesse an jener anderer Leute empfiehlt uns die Tugenden der Gerechtigkeit und der Wohltätigkeit, von denen die eine uns davon zurückhält, jene Glückseligkeit zu verletzen, die andere uns antreibt, sie zu fördern.
Unabhängig von einer Rücksicht darauf, welches die Gefühle

anderer Leute sind oder welches sie sein sollten oder welches sie unter einer gewissen Bedingung sein würden, wird die erste jener drei Tugenden uns ursprünglich durch unsere selbstsüchtigen, die beiden anderen durch unsere wohlwollenden Neigungen empfohlen." (Adam Smith, Theorie der ethischen Gefühle, Frankfurt/M. 1949, S. 333f.)

Günter Büschges

Manfred Stosberg

Lebensqualität als Ziel und Problem moderner Medizin

I. Fragestellungen, diskutierte Probleme

In wohl kaum einer Zeit vorher wurden Fragen von Glück und Lebensqualität so intensiv diskutiert wie heute. Das gilt sowohl für die wissenschaftliche wie auch für die öffentliche Diskussion. Als Beispiele für die öffentliche Diskussion mögen die Beiträge etwa im "Spiegel" (Nr. 53, 1992, 56 - 74) und im "ZeitMagazin" (Nr. 1, 1994) dienen. Vor allem im Beitrag des Spiegel wird deutlich, welche Rolle der modernen Medizin für die Erlangung von Glück und Lebensqualität beigemessen wird.

Im Unterschied zu früheren Zeiten (und anderen Kulturen) wird Glück geradezu als ein Recht angesehen, auf das jedermann einen Anspruch hat. Und gerade hierin sehe ich das Neue der Situation: Sozialhistorische Forschungen zeigen sehr deutlich, daß Glück und Lebensqualität bis vor gar nicht so langer Zeit noch Ziele waren, die für breite Schichten der Bevölkerung als unerreichbar und utopisch galten und außerhalb jeder Diskussion standen. (Vgl. hierzu etwa die sehr umfangreichen Arbeiten von Aries und Duby zur Geschichte des privaten Lebens, 1991 - 1993). Neu ist im Vergleich zu früheren Zeiten ein heute eher als realisierbar angesehenes und vor allem auch als legitim betrachtetes "Projekt des schönen Lebens" für alle (vgl. hierzu das illustrative Material bei Schulze, 1992).

Und wie erreicht man nun Glück, Lebensqualität und ein schönes Leben? - Die Antworten hierauf sind - zumindest was die öffentliche Diskussion betrifft - relativ eindeutig: Wenn auch nicht ganz ausschließlich, so erwartet man doch diesbezüglich ganz Wesentliches von der modernen Medizin, ihren diagnostischen und therapeutischen Möglichkeiten. Trotz aller populären Kritik an der modernen Medizin weisen empirische Ergebnisse darauf hin, daß Patienten - auch die "mündigen" - nach wie vor (oder immer noch) auf den Beitrag gerade der Möglichkeiten der Medizin zur Erhaltung oder Wiedererlangung von Lebensqualität hoffen (vgl. z.b. die entsprechenden Ausführungen bei Siegrist, 1988, 185 ff.).

Gesundheit spielt denn auch bei der Frage nach der Lebensqualität eine zentrale Rolle. Fragt man z.b. alte Menschen nach den für sie wichtigsten Problemfeldern im Zusammenhang mit ihrer Lebensqualität, so ergibt sich stets die Reihenfolge: Gesundheit, Finanzen und Familie (vgl. hierzu auch Stosberg, 1994). Und zusammenfassend kann man aus diesen Befunden dreierlei folgern:
- Gesundheit als ganz zentrale Dimension von Lebensqualität wird vor allem von der modernen Medizin erwartet.
- Lebensqualität ist ein Konstrukt, das verschiedene Lebensbereiche umfaßt.
- Sowohl objektive Faktoren der Lebensumstände wie auch Prozesse ihrer subjektiven Wahrnehmung und Bewertung beeinflussen die Lebensqualität.

Damit ist eine erste Annäherung an das Konzept der Lebensqualität hergestellt. Aber was versteht man nun unter moderner Medizin? Zumindest zwei gedankliche Assoziationen stellen sich bei mir auf Anhieb ein: eine negative und eine positive. Die negative ist die der "Apparatemedizin", die Vorstellung vom Patienten auf der Intensivstation, wo er isoliert an technische Geräte angeschlossen mit seinen psychischen und sozialen Problemen alleingelassen wird (vgl. hierzu z.B. das von Hannich zusammengestellte Schwerpunktheft der Zeitschrift "Medizin, Mensch, Gesellschaft", 1988). Eine positive Assoziation moderner Medizin ist dagegen neuerdings mit Begriffen wie Gesundheitsförderung, Gesundheitswissenschaft, Verhaltensmedizin und Public Health verbunden (vgl. hierzu stellvertretend für zahlreiche Arbeiten auf diesem Gebiet Hurrelmann und Laaser, 1993).

Mit den Vorstellungen moderner medizinischer Diagnostik und Therapie können also zwei völlig verschiedene Bedeutungen verbunden sein! Beide Aspekte möchte ich in die folgenden Überlegungen einbeziehen: Zum einen die technische und am naturwissenschaftlichen Paradigma orientierte Medizin und zum anderen die auch sozialwissenschaftliche Aspekte einbeziehende Medizin. Die Berücksichtigung beider Perspektiven ist nötig, wenn Lebensqualität als Ziel und Problem moderner Medizin diskutiert werden soll.

Damit bin ich bereits bei einer in diesem Kontext zentralen Frage: Wenn es um den Zusammenhang von moderner Medizin und Lebensqualität geht, wird seit gut 10 Jahren die Notwendigkeit eines Paradigmawechsels in der Medizin intensiv diskutiert. Man müsse weg von der Pathogenese, der Lehre von der Krankheitsentstehung also, so wird gefordert und zur Bearbeitung von Fragestellungen der Salutogenese gelangen, die als Lehre von der Gesundheitsentwicklung begriffen wird (vgl. hierzu Schüffel, 1994). Als Vater der Salutogenese wird der Israeli Aaron Antonovsky bezeichnet (vgl. z.B. seine Arbeit über Gesundheit, Streß und Bewältigungsverhalten, 1979). Als Voraussetzung für die Gesunderhaltung und die Gesundung sieht er die Entwicklung eines "Sense of Coherence" an; darunter versteht Antonovsky das subjektive Gefühl, in einer verstehbaren, sinnvollen und vor allem auch beeinflußbaren Welt zu leben. Interessant für diese Überlegungen ist, daß aus den Ergebnissen einer ganz anderen Forschungsrichtung, die vor allem aus Seligmans Arbeiten zum Problem der erlernten Hilflosigkeit hervorgegangen sind (vgl. Seligman, 1975), ähnliche Konsequenzen für unsere Fragestellungen zu ziehen sind: So kann z.B. im Sozialisationsprozeß erlernte Hilflosigkeit zu fatalen Folgen für das Gesundheits- und Krankheitsverhalten führen, weil sich der von Antonovsky geforderte "Sense of Coherence" nicht entwickeln kann.

Ganz ausdrücklich richtet sich der salutogenetische Ansatz
und die aus ihm herzuleitenden Konsequenzen nicht gegen die
moderne Medizin mit ihren technischen Möglichkeiten. Gefordert wird aber nachdrücklich ein bewußter und auch kritischer
Umgang mit der Gesundheit und der Medizin; betont wird die
Sinnhaftigkeit, die der einzelne seinem Leben beimißt, wenn es
um Fragen der Gesundheitsförderung, der Salutogenese, geht.
Wesentliche Impulse für diese neue Forschungsrichtung des
salutogenetischen Ansatzes verdanken wir in Deutschland den
Arbeiten Baduras; sehr treffend formuliert er: "Politiker, Öffentlichkeit und Angehörige der medizinischen Profession neigen aus Gründen, die selbst noch einer genaueren sozialwissen-
schaftlich/historischen Analyse bedürfen, mit großer Hart-
näckigkeit zu einer erheblichen Überschätzung der Gesund-
heitsrelevanz biomedizinischer Forschung und ihrer Anwendung in der ambulanten und stationären Versorgung; sie neigen
ebenso hartnäckig zu einer erheblichen Unterschätzung der Bedeutung, die der gesellschaftlichen Umwelt und dem Handeln
potentieller oder aktueller Konsumenten medizinischer Dienste
bei der Gesundheitserhaltung und Krankheitsbewältigung zu-
kommt." (1981, 8). - Im letzten Teil meiner Ausführungen
möchte ich diese Feststellungen Baduras aus dem Jahre 1981
noch einmal aufgreifen und der Frage nachgehen, wie weit sie
bis heute praktische Konsequenzen gezeitigt haben.
Konsequent wird aufgrund dieser Überlegungen ein sozioge-
netisches Modell für die ätiologische Forschung entwickelt,
das soziale Stressoren, persönliche und soziale Ressourcen
sowie die zu erklärenden gesundheitsrelevanten Variablen
umfaßt (vgl. Waltz, 1981, 51 ff.). Zentral ist dabei "die
integrative Verknüpfung des Belastungs- mit dem Ressourcen-
konzept, das sowohl die sozialen Unterstützungsleistungen als
eine Funktion sozialer Netzwerke als auch die - von ihnen
beeinflußten - lebensgeschichtlich ausgeformten personalen
Ressourcen in den Mittelpunkt rückt" (Steinkamp, 1993, 116).

Damit sollen die Erfolge der modernen Medizin - zu ergänzen ist: der zu einem jeweils gegebenen Zeitpunkt modernen Medizin - für die Erhaltung oder Steigerung der Lebensqualität keinesfalls geleugnet werden, aber ein geändertes Krankheitsspektrum erfordert eine geänderte Blickrichtung und damit neue Forschungsansätze: Die Erfolge einer am naturwissenschaftlichen Paradigma orientierten Medizin für die Bekämpfung derjenigen Krankheiten, die es bis zum 19. Jahrhundert zu bekämpfen galt, sind unbestritten, handelte es sich doch damals vorwiegend um durch Infektionen hervorgerufene Akutkrankheiten. Heute haben wir es dagegen mit einem stark veränderten Krankheitsspektrum zu tun, das durch psychovegetative und funktionelle Störungen sowie vor allem auch durch chronische Erkrankungen des Herz-Kreislauf-Systems und des Bewegungsapparates geprägt ist. Damit scheint - besonders auch im Hinblick auf die Problematik der Krankheitsbewältigung - eine stärkere Berücksichtigung psychischer und sozialer Faktoren dringend geboten (vgl. hierzu Stosberg und Stosberg, 1991, 360-363). Zur weiteren Klärung und Detaillierung der damit verbundenen Zusammenhänge erscheint ein kurzer (sozial-) historischer Exkurs sinnvoll.

Exkurs: Über Lebenserwartung, Lebensqualität und moderne Medizin.

An der Wende vom ersten zum zweiten Jahrtausend betrug die durchschnittliche Lebenserwartung der Menschen etwa 30 Jahre mit erheblichen geschlechts- und standesspezifischen Unterschieden: Männer wurden damals älter als Frauen, die Angehörigen des Adels älter als die übrige Bevölkerung. An dieser Situation hat sich über viele Jahrhunderte hinweg kaum etwas geändert: Z.Zt. der Gründung des Deutschen Reiches im Jahre 1871 betrug die Lebenserwartung für Männer 35,6 und für Frauen 38,5 Jahre; das bedeutet eine Steigerung der Le-

benserwartung von nur wenigen Jahren. Seitdem jedoch ist
während eines guten Jahrhunderts eine Verdoppelung der Lebenserwartung eingetreten, die z.Zt. für Männer knapp 72 und
für Frauen gut 78 Jahre beträgt.

Die Ursachen für diese enorme Steigerung werden vordergründig auf die moderne am naturwissenschaftlichen Paradigma orientierte Medizin zurückgeführt; vordergründig deswegen, weil eine differenzierte Analyse zeigt, daß der Steigerung der Lebenserwartung eine Hebung der Lebensqualität für
breite Bevölkerungskreise zeitlich vorausgegangen ist. So zeigen beispielsweise Beobachtungen aus England, daß die Zahl
der auf Tuberkulose zurückgehenden Todesfälle bereits deutlich zurückgegangen war, bevor der Tuberkelbazillus entdeckt
und entsprechende Behandlungsmethoden entwickelt worden
waren (McKeown, 1979). Ähnliches gilt für andere Infektions-
krankheiten. Deswegen ist es nur plausibel anzunehmen, daß
zunächst die mit der ersten industriellen Revolution eingeführ-
ten neuen Formen der Arbeitsteilung eine Steigerung der Pro-
duktivität ermöglichten, die bei breiten Bevölkerungsschichten
zu einer Verbesserung der Lebensqualität vor allem bezüglich
der Wohnverhältnisse und der Ernährung führte. Diese Verbesserung der Lebensqualität drückte sich z.B. aus in einer Sen-
kung der Ansteckungsgefahren und in einer Stärkung der Ab-
wehrkräfte der Menschen, so daß man behaupten kann, daß
erst diese Entwicklungen, die auf letztlich soziale Ursachen zurückzuführen sind, den Boden für die der modernen Medizin
zugeschriebenen Erfolge bereitet haben. (Zu den sozialen Determinanten der Lebenserwartung vergleiche neuerlich Klein,
1993).

Das Fazit für unsere Fragestellung lautet: Vieles spricht dafür, daß die Segnungen der modernen naturwissenschaftlichen
Medizin einer breiten Bevölkerung erst auf der Grundlage einer verbesserten Lebensqualität zugute kommen konnten. Ein
in der geschilderten Weise geändertes Krankheitsspektrum
führt heute konsequent zur Forderung nach einem Paradigma-

wechsel der modernen Medizin und damit zur Einbeziehung von Faktoren, die traditionell in den Sozialwissenschaften untersucht werden.

II. Das Konstrukt Lebensqualität als Grundlage interdisziplinärer Forschung

Es erscheint einleuchtend, daß die Probleme des Zusammenhangs von Lebensqualität und moderner Medizin sinnvoll und erfolgversprechend nur in interdisziplinärer Betrachtung angegangen werden können. Deswegen ist die Frage zu stellen, ob und wie weit sich das Konstrukt Lebensqualität als Grundlage interdisziplinärer Forschung eignet. In einer 1992 erschienenen Arbeit vergleicht Lindström verschiedene Wissenschaftsdisziplinen im Hinblick auf ihre Analyse von Lebensqualität; danach analysieren Historiker unter dem Ansatz der Lebensqualität die Frage nach dem "good life", dem guten Leben; die Ökonomen fragen nach den Bedingungen des "being rich", der Bedingungen des Reichtums also; der Blick der Mediziner richtet sich auf "staying normal on the disease-health axis", einer wie auch immer gearteten Normalität auf dem Kontinuum von Krankheit und Gesundheit; und den Soziologen schließlich bleibt es vorbehalten, nach dem "being happy", dem Glücklichsein also, zu fragen (Lindström, 1992, 301-303).

Damit wird deutlich, daß mit dem Begriff der Lebensqualität (und auch seiner Verknüpfung mit dem Glück) bereits unterschiedliche Forschungstraditionen verbunden sind. (Van Dam und andere analysierten in einem Übersichtsartikel von 1981 bereits über 100 Veröffentlichungen zur Lebensqualität.) Rupprecht (1993, 17 - 24) behandelt vier solcher Forschungstraditionen:
- Die Philosophie fragt danach, wie Menschen glücklich leben können. Hierbei wird der Zusammenhang zwischen philo-

sophischer Glücksbetrachtung und moderner Lebensqualität thematisiert.

- Unter Erweiterung des traditionellen Gesundheitsbegriffs von rein somatischen durch zusätzliche psychische und soziale Aspekte laufen die Fragestellungen in der Medizin auf den "neuen" Gesundheitsbegriff der WHO hinaus, nach dem Gesundheit ein Zustand völligen körperlichen, seelischen und sozialen Wohlbefindens ist.

- Die Psychologie und insbesondere die Gerontopsychologie widmen sich der Untersuchung von Lebenszufriedenheit und Wohlbefinden. Damit wird eine fruchtbare Forschungstradition angesprochen, die sich - hier einmal auf den Bereich der Gerontologie begrenzt - mit Fragen des erfolgreichen Alterns (successful aging), der subjektiven Befindlichkeit im Alter und ihrer objektiven Voraussetzungen oder auch den Strategien der Krisenbewältigungen im Alter befaßt.

- Die Soziologie schließlich versucht sich im Rahmen der Sozialindikatorenforschung vor allem an der Beschreibung der Voraussetzungen für Lebensqualität in konkreten Gesellschaften anhand objektiver sozialer Parameter wie auch subjektiver Indikatoren. Zur Erfassung der Lebensqualität werden dabei Indikatoren eingesetzt wie Wohnungssituation, Sozialkontakte, Ehe, Familie und Haushalt sowie Partizipation, Einkommen, gesundheitlicher Zustand, Bildungsniveau und Erwerbsstatus. Das Zusammenwirken von objektiven Merkmalen und subjektiver Bewertung im Hinblick auf das Konzept der Lebensqualität wird dabei besonders deutlich (vgl. z.B. Glatzer und Zapf, 1984).

Alle diese Forschungstraditionen bedienen sich zum Teil verschiedener, zum Teil aber auch gemeinsamer Elemente zur Definition des Konstrukts Lebensqualität. An dieser Stelle möchte ich nicht den Versuch einer allgemein gültigen Definition von Lebensqualität unternehmen, denn je nach der gestellten konkreten Forschungsfrage wird die eine oder andere Version einer Definition mehr oder weniger brauchbar sein.

(Falls man sich nicht überhaupt - analog zur Intelligenzforschung - auf den Standpunkt zurückziehen will: Lebensqualität ist das, was das Instrument zur Messung von Lebensqualität mißt.) Mayring konstatiert - eher sarkastisch - die Schwierigkeiten einer entsprechenden Definition: "Das Chaos der Definitionen von Variablen subjektiven Wohlbefindens ist groß. So wird subjektives Wohlbefinden als Glück, Glück als subjektives Wohlbefinden, Glück als Lebensqualität, Glück als Freude, positive Stimmung als Glück, Glück als Zufriedenheit konzipiert" (1991, 51; Primärliteratur siehe dort). Es zeigt sich, daß eine Reihe mehr oder weniger etablierter konkurrierender Konstrukte zur Lebensqualität - wie eben vor allem Lebenszufriedenheit, subjektives Wohlbefinden und Glück - besteht.

Zusammenfassend läßt sich jedoch feststellen, daß in der einschlägigen Literatur weitgehende Übereinstimmung darüber besteht, unter dem Begriff der Lebensqualität zumindest vier Dimensionen zusammenzufassen (Bullinger, 1990, Rupprecht, 1993):

- Objektive und subjektive Gesundheit
- Subjektives Wohlbefinden oder Zufriedenheit
- Quantität und Qualität sozialer Beziehungen und
- Alltagsbewältigung.

Nicht zuletzt diese Übereinstimmung zwischen den Forschern deutet darauf hin, daß das Konzept der Lebensqualität als übergeordnetes Konstrukt die Grundlage interdisziplinärer Forschung bilden kann. Bei Lindström (1992, 303) findet sich eine Synopse, die die zentralen Aspekte der einzelnen beteiligten Wissenschaften umfaßt:

Umfassendes Modell der Lebensqualität für verschiedene Wissenschaften nach Lindström

Perceptions
(sociology, psychology)

External needs and	Internal needs and	Objectives of life
resources	resources	(psychology, health,
(sociology, economics)	(sociology, psychology)	philosophy)

Skills to maintain
or obtain the objectives
(health research,
behavioural science)

Wenn die Lebensqualität einer Bevölkerung untersucht werden soll, müssen drei Analyseebenen in die Betrachtung einbezogen werden (wiederum nach Lindström, 1992, 303):
- Allgemeine Modelle beschreiben die verfügbaren Ressourcen einer Bevölkerung.
- Individualisierte Modelle werden auf Individuen und kleine Gruppen angewandt; dazu müssen dann differenzierte Instrumente qualitativer Art eingesetzt werden, um altersspezifische und Entwicklungsaspekte zu erfassen.
- Krankheitsspezifische Modelle erlauben es, Personen mit bestimmten Krankheiten und/oder bestimmten medizinischen Interventionen in ihrer je spezifischen Situation bezüglich ihrer Lebensqualität einzuschätzen.

Auch in diese Modelle sind die Perspektiven verschiedener Wissenschafts- und Forschungstraditionen einzubringen, um Lebensqualität als interdisziplinär fruchtbares Konzept nutzbar machen zu können.

III. Praktische Probleme

In der Diskussion verschiedener Forschungstraditionen und Wissenschaftsdisziplinen können erste Anzeichen für den tatsächlichen Beginn des geforderten Paradigmawechsels in der Medizin gesehen werden, denn die Analyse psychischer und sozialer Faktoren bestimmt die Argumentation. In diesem Zusammenhang führt Rupprecht (1993, 20) aus, daß in der Bevölkerung die Zahl von nicht (mehr) kurativ behandelbaren Tumorerkrankungen und chronischen Erkrankungen ständig zunehme und gerade in diesem Bereich Risiko-Nutzen-Abwägungen in der Therapieauswahl immer mehr an Bedeutung gewännen, wenn es um die Lebensqualität der Patienten gehe.

Um eine Verbesserung der Lebensqualität nicht nur durch moderne medizinische Therapie im traditionellen Sinne, sondern durch konkrete Maßnahmen der Gesundheitsförderung geht es dann auch bei der praktischen Umsetzung der in der "Ottawa-Charta für Gesundheitsförderung" von 1986 genannten Ziele. Diese Umsetzung soll in fünf Bereichen angegangen werden (vgl. hierzu ausführlicher Gerhardt, 1993, 21 f.):

1. Schaffung gesundheitsfördernder Lebens- und Arbeitswelten;
2. Befähigung der Individuen zu gesundheitsförderndem Handeln;
3. Stützung gesundheitsbezogener Bemühungen auf Gemeindeebene;
4. Reorientierung der Gesundheitsdienste mit besonderer Berücksichtigung der Bedürfnisse der chronisch Kranken und Pflegebedürftigen;
5. Gesundheitsfördernde Gesamtpolitik (vgl. hierzu ausführlich Gerhardt, 1993).

Die Verbesserung der Lebensqualität in diesen fünf Bereichen - u.a. auch mit den Mitteln der modernen Medizin - ist so das erklärte Ziel. Nun läßt sich Lebensqualität als Ziel moderner Medizin sehr wohl formulieren und dürfte in dieser Form auch auf allgemeine Akzeptanz stoßen. Welche Probleme aber

sind damit verbunden? - Ein erstes Dilemma besteht in folgender Situation: Traditionelle Aufgabe des Arztes ist es, Leben
zu erhalten und zu verlängern. Patienten jedoch erwarten recht
eigentlich, daß Lebensqualität erhalten und womöglich über
einen weiten Zeitraum verlängert wird. Das aber ist - durchaus
einsehbar, wenn man an die Möglichkeiten der modernen Medizin denkt - bisweilen nicht identisch.

Zahlreiche Fragestellungen der medizinischen Soziologie
sind zumindest teilweise Ausdruck dieser Patientenerwartungen
und des geschilderten Dilemmas, geht es doch hierbei um Probleme der Krankheitsbewältigung und der sozialen Unterstützung gerade auch bei chronischen Krankheiten (vgl. hierzu
Röhrle, 1994) sowie um das Befolgungsverhalten (compliance,
vgl. Haynes et al., 1986). Eine zentrale Frage hierbei lautet
immer: Was kann der Patient, was kann das soziale Netzwerk
(vor allem die Familie) tun, um die Lebensqualität zu erhalten
oder wieder herzustellen? In diesem Zusammenhang kommt
auch der Arbeit von Selbsthilfegruppen eine erhebliche Bedeutung zu.

Ein wesentliches Problem dieser Sichtweise besteht aber nun
darin, daß die Lösung der gestellten Aufgabe - "Erhaltung
und/oder Wiederherstellung von Lebensqualität" - auf diese
Weise gleichsam an den Patienten delegiert wird. In der praktischen Konsequenz bedeutet das, daß das medizinische System
bei der Lösung dieser Aufgabe (herkömmlicherweise) nur
durch Information und Aufklärung, allenfalls durch Motivation
unterstützend wirkt. Und die Frage, die nun zu stellen ist,
lautet: Muß sich nicht auch die moderne Medizin intensiver als
bisher um die Lösung dieser Aufgaben kümmern? Die Frage
stellen heißt, sie bejahen. Und man muß hinzufügen: Die moderne Medizin hat sich auch bereits um diese Fragen geküm-
mert, wenn man etwa an die Entwicklung schonender Operati-
onstechniken oder das Bemühen um die Minderung beeinträch-
tigender Nebenwirkungen therapeutischer Maßnahmen denkt.
Auch ist die Erstellung sogenannter "sickness impact profiles"

(SIP) zur Messung der Lebensqualität unter dem Einfluß therapeutischer Maßnahmen inzwischen üblich geworden.

Trotzdem ist selbstverständlich eine weitere Verbesserung der Situation möglich und auch nötig: Die Vernetzung medizinischer, pflegerischer und betreuender Leistungen muß verstärkt werden. Dazu gehört auch die systematische Einbeziehung des Patienten und seiner Angehörigen bei Maßnahmen zur Erhaltung und Wiedergewinnung von Lebensqualität. Die Betonung muß hierbei auf "systematisch" liegen, denn dazu bedarf es institutioneller und auch ganz praktischer Vorkehrungen. So fehlen beispielsweise in modernen hochtechnisierten Krankenhäusern oftmals einfach die Räume für Gespräche mit den Familienangehörigen der Patienten. Schließlich muß es auch auf eine Stärkung und Verbesserung der psychosozialen Unterstützung des Patienten in der Arzt-Patient-Beziehung (z.B. vor oder nach operativen Eingriffen) ankommen. Zur Erfüllung dieser Forderung ist aber vor allem zweierlei nötig:

- Zum einen muß die Kompetenz der Ärzte dahingehend verbessert werden, daß sie in die Lage versetzt werden, in der Arzt-Patient-Beziehung auch tatsächlich psychosoziale Unterstützung für den Patienten angemessen leisten zu können. Hier jedoch dürften noch große Defizite bestehen, und Vertreter des salutogenetischen Ansatzes sind der Meinung, daß deswegen der Anteil psychosozialer Inhalte im Medizinstudium erheblich gesteigert werden müsse, wenn diesbezüglich eine Besserung erreicht werden soll. Außerdem werden nach ihrer Ansicht Ärzte für Gespräche nicht ausreichend bezahlt (vgl. Schüffel, 1994). Daß solche Forderungen auch heute noch erhoben werden müssen zeigt, daß die eingangs zitierten dreizehn Jahre alten Feststellungen Baduras immer noch nicht zu den entsprechenden Konsequenzen geführt haben.

- Zum anderen muß die Art der Kooperation der Berufsgruppen im Gesundheitswesen verändert werden: Um eine angemessene psychosoziale Unterstützung des Patienten zu gewährleisten, ist verstärkt die Kompetenz von Psychologen und

Sozialarbeitern gefragt. Veränderte Formen der Kooperation aber setzen einen Lernprozeß, ein Umdenken vor allem bei der medizinischen Profession voraus. Ob es dazu wirklich kommt, ist jedoch angesichts knapper werdender Mittel im Gesundheitswesen und angesichts der unverkennbaren Tatsache, daß sehr starke Interessen darauf gerichtet sind, den derzeitigen Modus der Verteilung vorhandener Mittel beizubehalten, außer-ordentlich skeptisch zu beurteilen.

Zusammenfassend ist festzustellen, daß alle diese Überlegungen zur praktischen Seite des Verhältnisses von moderner Medizin und Lebensqualität letztlich darauf zielen, "die Kompetenzkurve der Überlebenskurve anzugleichen" (Olbrich, 1990). Dabei soll nicht einem simplen Kompetenzmodell das Wort geredet werden, wie es wohl gelegentlich vor allem in der praktischen Gerontologie vertreten wird und das dann meist auf eine Aktivierung alter Menschen um jeden Preis hinausläuft. Vielmehr kommt es darauf an, "Kompetenz aus dem Verhältnis zwischen den Anforderungen an eine Person und deren Ressourcen zu ihrer Bewältigung" zu bestimmen (Olbrich, 1990, 7). Zur Erreichung einer so verstandenen Lebensqualität kann die moderne Medizin naturgemäß einen ganz wesentlichen Beitrag leisten.

Dennoch bleibt das eingangs dieses Abschnitts erläuterte Dilemma bestehen: Manchmal wird bei Schwerstkranken oder Schwerpflegebedürftigen nur Lebenserhaltung möglich sein, kaum jedoch eine Erhaltung oder gar eine Verbesserung der Lebensqualität. Spätestens an dieser Stelle aber müssen ethische Gesichtspunkte in die Betrachtung einbezogen werden: Dürfen wir, was wir können? - In solchen Situationen besteht dann das Dilemma desweiteren darin, daß Unterlassen bereits Sterbehilfe sein kann.

Literatur

Antonovsky, A.,1979: Health, Stress, and Coping, San Francisco

Aries, Ph. und G. Duby (Hrsg.), 1991-1993: Geschichte des privaten Lebens, Bd. 1-5, Frankfurt

Badura, B., 1981: Zur sozialepidemiologischen Bedeutung sozialer Bindung und Unterstützung, in: B.Badura (Hrsg.): Soziale Unterstützung und chronische Krankheit - Zum Stand sozialepidemiologischer Forschung, Frankfurt, 13-39

Bullinger, M., 1990: Concepts and Methods of Quality of Life Assessment, in: Füllgraf, G.M., H.Franke, H.Lenau und H.Rode (Hrsg.): Klinisch-Pharmakologisches Kolloquium IV, Titisee 1989, Freiburg, 73-91

Gerhardt, U., 1993: Gesundheit - ein Alltagsphänomen. Konsequenzen für Theorie und Methodologie von Public Health, WZB Paper 93-206, Berlin

Glatzer, W. und W. Zapf (Hrsg.), 1984: Lebensqualität in der Bundesrepublik - Objektive Lebensbedingungen und subjektives Wohlbefinden, Frankfurt

Hannich, H.-J. et al., 1988: Schwerpunkt: Psychosoziale Aspekte der Intensivmedizin, in: Medizin, Mensch, Gesellschaft, Bd. 13, 213-244

Haynes, R.B., D.W. Taylor und D. L. Sacket (Hrsg.), 1986: Compliance Handbuch, 2. Aufl., München

Hurrelmann, K. und U. Laaser, 1993: Gesundheitswissenschaften, Weinheim

Klein, Th., 1993: Soziale Determinanten der Lebenserwartung, in: Kölner Zeitschrift für Soziologie und Sozialpsychologie, Bd. 45, 712-730

Lindström, B., 1992: Quality of life: A model for evaluating Health for All. Conceptual considerations and policy implications, in: Sozial-und Präventivmedizin, Bd. 37, 301-306

Mayring, P., 1991: Die Erfassung subjektiven Wohlbefindens, in: Abele, A. und P. Becker (Hrsg.): Wohlbefinden - Theorie, Empirie, Diagnostik, Weinheim 51-70

McKeown, T., 1979: The Role of Medicine: Dream, Mirage or Nemesis, 2. Aufl., Oxford

Olbrich, E., 1990: Zur Förderung von Kompetenz im höheren Lebensalter, in: Schmitz-Scherzer, R., A. Kruse und E. Olbrich (Hrsg.): Altern - Ein lebenslanger Prozeß der sozialen Interaktion, Darmstadt, 7-27

Röhrle, B., 1994: Soziale Netzwerke und soziale Unterstützung, Weinheim

Rupprecht, R., 1993: Lebensqualität - Theoretische Konzepte und Ansätze zur Operationalisierung, Dissertation, Erlangen

Schüffel, W., 1994: Vorstellung des Konzepts der Salutogenese (in Kassel 1993), zit. nach. C.P. Müller: Zum Trekking nach China oder Invalide im Heim - Ärzte fordern "kopernikanische Wende" zur Salutogenese, in: Frankfurter Allgemeine Zeitung, 27.01.1994

Schulze, G., 1992: Die Erlebnisgesellschaft- Kultursoziologie der Gegenwart, Frankfurt

Seligman, M.E.P., 1975: Helplessness, San Francisco

Siegrist, J., 1988: Medizinische Soziologie, 4. Aufl., München

Der Spiegel, 1992: Ein Hauch, ein Fluß, ein Schweben - über die Erforschung des Glücks, in: Der Spiegel Nr. 53, 28.12.92, 56-74

Steinkamp, G., 1993: Soziale Ungleichheit, Erkrankungsrisiko und Lebenserwartung: Kritik der sozialepidemiologischen Ungleichheitsforschung, in: Sozial- und Präventivmedizin, Bd. 38, 111-122

Stosberg, M., 1994: Alter und Familie - Zur sozialen Integration älterer Menschen. Theoretische Konzepte und empirische Befunde, Frankfurt

Stosberg, M. und K. Stosberg, 1991: Gesundheits- und Krankheitsverhalten als soziale Prozesse, in: R. Wittenberg

(Hrsg.): Person - Situation - Institution - Kultur,Berlin, 359-380

Van Dam, F.S.A.M., R. Somers und A.L. Van Beck-Couzijn, 1981: Quality of Life: Some Theoretical Issues, in: Journal of Clinical Pharmacology, Bd. 21, 166-187

Waltz, E.M., 1981: Soziale Faktoren bei der Entstehung und Bewältigung von Krankheit - ein Überblick über die empirische Literatur, in:B.Badura (Hrsg.): Soziale Unterstützung und chronische Krankheit - Zum Stand sozialepidemiologischer Forschung, Frankfurt, 40 - 119

Zeit-Magazin, 1994: "Der Mensch ist ein glücksuchendes Wesen", in: ZeitMagazin, Nr.1,31.12.93

Diskussion

Die Diskussion erstreckte sich über weite Strecken auf die im Gesundheitswesen in den Blickpunkt rückende Beziehung zwi schen Arzt und Patient. Konflikte seien bereits im Bild des Patienten angelegt, der letztlich in den Augen des Arztes zum Repräsentanten eines Krankheitsbildes werde und dem die moderne Therapie gleichsam aufoktroyiert werde, ohne die Erwartungen und Wünsche des je einzelnen Patienten zu ventilieren. Gerade die Aufarbeitung kultureller Muster, die das Arzt-Patienten-Verhältnis prägten, wurde im Verlaufe der Aussprache als Defizit herausgestellt. Die Ausblendung kultureller Muster sei auch die "Crux" des Begriffs "Lebensqualität", der so allzu schnell auf "subjektives Wohlbefinden" reduziert würde. Es griffe aber zu kurz, den Arzt zum alleinigen "Sündenbock" zu stempeln. Es sei nicht zu verkennen, daß auf den Arzt eine "Omnipotenz-Erwartung" laste, die er kaum zu erfüllen imstande sei. Diese träfen weniger den im Krankenhaus tätigen Arzt als den Hausarzt. Eng bemessene Zeiträume zur Behandlung des je einzelnen Patienten führten hier häufig zur Enttäuschung all jener Erwartungen, die über die medizinische Versorgung hinausgehen würden. Korrekturen im Lei-

stungskatalog wurden in diesem Zusammenhang angemahnt.
Zudem sei die Beziehung nicht frei von Bedingungen mensch-
licher Beziehungen jedweder Art. Die Empfindungen, die ein
Patient beim Arzt auslöse, blieben nicht ohne Einfluß auf die
Behandlung.
Skepsis bezüglich dieses Eindrucks einer "Omnipotenz-Erwar-
tung" ergab sich auf dem Hintergrund einer empirischen Un-
tersuchung in Wohnsiedlungen alter Menschen. Den Ärzten sei
dort von den Befragten eben nicht eine Vorrangstellung bei der
Bewältigung der Lebensprobleme eingeräumt worden. Aus die-
sem Befund ließe sich schlußfolgern, daß eine Steigerung der
Fähigkeiten des Arztes sich nicht mit den Erwartungen der
Betroffenen deckt.
Im weiteren Verlauf der Aussprache wurde unterstrichen, daß
dennoch wohl kein Zweifel bestehe, daß der "Hauptgewährs-
mann" für Gesundheitsfragen nach wie vor der Mediziner sei.
Um aus dem skizzierten Dilemma herauszukommen, seien
gegenwärtige Tendenzen zu neuen Kooperationsformen im
Gesundheitswesen zu fördern. Ärzte müßten zuvörderst
sensibilisiert werden, rechtzeitig zu erkennen, welche
Berufsgruppen zu konsultieren und hinzuzuziehen seien. Die
Realisierung dieser Kooperation stoße heute aber noch vielfach
auf wirtschaftliche Interessen und Hemmnisse.
Allerdings rieten einige Diskussionsteilnehmer von einem zu
hohen Professionalisierungsgrad im Gesundheitswesen ab. Bei
allerlei Problemen - so auch in der Medizin - würde heute der
Ruf nach Professionalisierung laut. Geflissentlich vergäßen
wir, daß die Zuständigkeit für Gesundheit zuerst bei jedem
einzelnen anzufangen habe. Jedwede Zuständigkeit in der Gesellschaft sei nämlich letztlich von persönlichen Zuständigkei-
ten abgeleitet. Hilfreich sei es auch, sich auf vorgängige Erkenntnisse zu besinnen, z.B. auf Wege einer "ganzheitlichen
Medizin"
In diesem Zusammenhang fiel auch das Stichwort
"Selbsthilfegruppen", zu denen sich häufig Patienten mit einem

chronischen Krankheitsbild zusammenschlössen. Ließe sich die Rolle des Arztes als die eines "Agenten des Wiedergutmachens" umschreiben, so die der Selbsthilfegruppe als die eines "Agenten der Bewältigung". Einer Idealisierung der Selbsthilfegruppen wurde aber widersprochen. Bisherige Erfahrungen mit Selbsthilfegruppen lehrten nämlich auch, daß sie kaum ohne partielle Unterstützung durch professionelle Hilfe zurecht kämen.

Bezüglich der "chronischen Krankheiten" streifte die Debatte noch paramedizinische Erscheinungsformen. Zweifel aber, ob diese zur Steigerung der Lebensqualität beitrügen, wurden laut. Die Diskussion mündete schließlich im - frei nach Walter Benjamin - formulierten Wunschbild eines guten Arztes, der zugleich den "Magier" und den "Magister" in sich vereinen müsse. Dann seien kommunikative und heilende Fähigkeiten gleichzeitig auf eine tragfähige Basis gestellt.

Friedrich Kersting

Reinhold Schwarz

Lebensqualität und Krebs: Onkologische Therapiestudien im Dienste der Überlebensqualität

Bei fast jedem dritten Einwohner der industrialisierten Welt wird im Laufe seines Lebens ein malignes Tumorleiden diagnostiziert und jeder vierte stirbt daran - an einer Krankheit, deren unheilschwangerer Name "Krebs" bei vielen noch immer Angst und Schrecken, Sprachlosigkeit und Resignation verbreitet. Erst ganz allmählich werden Konzepte, die eine Zukunftsperspektive einschließen, wie "Nachsorge", "Rehabilitation", "psychosoziale Betreuung" oder "Selbsthilfe" diskutierbar, als Zeichen dafür, daß nach der Verifikation der, immer noch zu oft verschwiegenen, Diagnose etwas kommen kann, das lebenswert ist. Die Einführung des Begriffes "Lebensqualität" in die Onkologie gehört auch in diesen Zusammenhang - eine positive Entwicklung insofern, weil dadurch ein Beitrag geleistet ist, die Erstarrung gegenüber dem Krankheitskomplex "Krebs" zu lösen.

So vermochten die unbestrittenen Früherkennungs- und Behandlungserfolge der naturwissenschaftlichen Medizin die vormals nahezu 100%ige Letalität an Krebs auf ca. 50 - 60% zu senken, was allerdings verbunden ist mit einem Anstieg an chronischer Morbidität und Behinderung.

I. Medizinische Rahmenbedingungen

In welchem Rahmen bewegen wir uns nun, wenn Lebensqualität in der Onkologie zur Debatte steht?

Bevor ich auf die Konzeptualisierung des Begriffes selbst eingehe, einige Bemerkungen zu den medizinisch-therapeutischen Ansätzen:

Je nach dem Krankheitsstadium werden vier Behandlungsziele
oder -intentionen unterschieden: die kurative mit Heilungsper-
spektive, die palliative zur Symptomlinderung, die adjuvante
als Rückfallprophylaxe und die supportive zur symptombezo-
genen Unterstützung der vorgenannten. Alle Behandlungsmethoden, also die chirurgischen, die radiologischen und interni-
stischen werden in diesen Funktionen eingesetzt. Inzwischen
wurden auch adjuvante und supportive Psychotherapieformen
mit positivem Ergebnis wissenschaftlich erprobt (z.B. Spiegel
et al., 1989).

Die Behauptung hingegen, daß unkonventionelle (naturheil-
kundliche) oder sogenannte "alternative" Behandlungen für die
Lebensqualität bei gleicher Quantität günstiger wären, hielt
wissenschaftlichen Überprüfungen nicht stand (Nagel et al.,
1989).

Jede Therapie steht zumindest dem Wunsche aller Beteiligten
nach im Dienste des Überlebens, der **Kuration**; und nicht selten gewichten Ärzte und auch Patienten selbst vage Überle-
bensaussichten höher als die Behandlungsrisiken, und es gibt
nicht wenige Kranke, die den Tod durch die Behandlung weniger zu fürchten scheinen als den Tod durch die Erkrankung.

Das heißt, in der Entscheidung für oder gegen eine Behandlung wiegt eine noch so geringe Heilungschance oft schwerer
als jede noch so massive Beeinträchtigung des Befindens - also
nach neuer medizinischer Diktion der Lebensqualität - , da
diese Beeinträchtigungen ja (oft fälschlicherweise) als passager
eingeschätzt werden. Die retrospektive Güterabwägung bei Patienten, die zwar potentiell geheilt aber gleichzeitig schwer be-
einträchtigt sind, geht dann oft anders aus, wobei jetzt die psychologische Situation aber auch eine andere ist als vor der Therapie.

Auch das weit verbreitete Sendungsgefühl der Ärzte oder die
Interpretation ihrer Tätigkeit als Werkvertrag im Gegensatz
zum Dienstvertrag läßt oft kein anderes Ziel als die Heilung
mit den eigenen Erfolgsvorstellungen vereinbar erscheinen;

Patienten, die nicht gesund werden, stellen für die Medizin eine Kränkung dar. Diese weit verbreitete Dynamik ist für zahlreiche Konflikte auch zwischen Arzt und Patient verantwortlich - letztlich auch dafür, daß an einem kurativen Ziel vielleicht länger festgehalten wird als es der Lebensqualität zuträglich wäre.

Explizit ist "Lebensqualität" bei kurativer therapeutischer Intention kaum ein Thema, und wenn von Lebensqualität als Zielkriterium die Rede ist, dann höchstens als Ziel zweiter Wahl, es sei denn, es stehen bezüglich der Überlebensraten mehrere gleichwertige Therapieformen zur Verfügung.

Zu diesem Komplex gibt es eine Studie, die ich als Beispiel kurz skizzieren will (Olschewsky et al., 1988), die eine radikale Therapievariante mit einer gleichwertigen konservativeren Behandlung vergleicht: 650 Frauen mit Brustkrebs im Anfangsstadium ("Kleines Mammakarzinom") erhalten das Angebot sich zu zwei Behandlungsmöglichkeiten - brusterhaltende Operation plus Bestrahlung oder Brustamputation ohne Bestrahlung - zulosen zulassen oder eine Behandlungsform zu wählen. 10 % stimmten der Randomisierung zu, von den verbleibenden 90% entschieden sich 30% für die radikale Brustentfernung.

Hinsichtlich der gemessenen Lebensqualitätsdimensionen zeigte sich, daß das globale psychische Befinden und das Sicherheitsgefühl bei den radikal Operierten, die sozialen Aktivitäten und das körperliche Befinden bei den brusterhaltend Behandelten bessere Werte zeigten. Dieses Beispiel zeigt, daß jede von beiden Behandlungsstrategien Vorteile hat und somit von manchen Frauen auch präferiert wird; entgegen den Erwartungen - und vielleicht auch den Wünschen der Gynäkologen - ist es nicht die brusterhaltende Variante, die lebensqualitätsmäßig eindeutig besser ist oder auch bevorzugt würde. Überraschend war allerdings der Nebenbefund, daß die Patientinnen, die sich nicht per Los zuordnen ließen, auf allen Dimensionen eine bessere Lebensqualität aufwiesen als die randomisierten. Dieser Befund entspricht der klinischen Beobachtung, daß die Patienten eine Behandlung, für die sie sich bewußt entschieden haben auch besser vertragen.

Ähnliche Studien, die radikale mit konservativeren Behandlungsalternativen vergleichen, gibt es beim Hoden- und Prostatakarzinom und beim Karzinom des Enddarms. Auch hier sind individuelle Präferenzen bedeutsam.

Die Medizin hat sich den Begriff "Lebensqualität" erst in dem Moment zu eigen gemacht, als die Behandlungsfortschritte im Sinne von Heilungs- bzw. Remissionsraten stagnierten und die Gefahr bestand, daß der therapeutische Schaden den potentiellen Nutzen überstiege ("Übertherapie").

Wenn eine Heilungsaussicht nicht mehr realistisch ist, heißt das Therapieziel "lebensqualitätsadaptierte, optimale Palliation", und dieses ist per definitionem primär symptom- und nicht primär krankheitsbezogen.

Wenn wir also die Behandlungsstrategie als das Ergebnis einer Kosten-Nutzen-Abwägung betrachten, dann gehen hier zwei Nutzenaspekte ein, nämlich verlangsamende Wirkung auf die Grunderkrankung und die "Rest-Lebensqualität".

Damit wäre die medizinische Ausgangssituation beschrieben, die bereits 1949 dazu geführt hat, daß Karnofsky (et al.) - der Vater der Lebensqualitätsmessung - zur zusätzlichen Evaluation von Chemotherapie den nach ihm benannten Index eingeführt hat, um den "performance status" zu erfassen.

Als dann ca 20 Jahre später der Begriff "Lebensqualität" in den medizinischen Sprachgebrauch Eingang fand, wurde "Performance", also "Leistungsfähigkeit" plötzlich in diesem Sinne umgedeutet und pars pro toto gesetzt. Eine solche eindimensionale Betrachtung von Lebensqualität hat dieses Konzept vor allem bei Sozialwissenschaftlern aber auch bei psychosozialen Betreuern von Krebskranken in Verruf gebracht und das Bedürfnis geweckt, sich intensiver der Begriffsbestimmung und schließlich auch der Operationalisierung dieses Konstruktes zuzuwenden.

II. Das Konzept

Kritiker der Wortwahl "Lebensqualität" merken an, daß hier verbale Verschleierungsmanöver getrieben werden: Während das Wort "Qualität" Gewinnaussichten signalisiert, empfinden Krebskranke sich eher als Verlierer. Es geht in der Medizin chronischer Leiden um Schadensbegrenzung und nicht um Zuwachs. Dementsprechend sind Meßverfahren von "Lebensqualität", auf die ich später zu sprechen kommen werde, auch ausschließlich auf Defizite, d.h. Beschwerden und Beeinträchtigungen bezogen.

Solche Euphemismen sind in der Medizin nicht selten - neben "Lebensqualität" z.B. "Heilkunde", "coping", "Gesundheitskasse", "Lebensversicherung" u.a.m. - als sprachlich verfestigte Formen der Verleugnung des Unheils, im Sinne eines Emotionsregulativs.

Historisch gesehen stammt der Begriff "Lebensqualität" aus dem Instrumentarium des Krisenmanagements, war also immer schon ein Ziel zweiter Wahl - so in der amerikanischen Wirtschaftspolitik als Lebens-Qualität bei stagnierendem Wachstum über Markt-, oder Staatsversagen hinweghelfen sollte.

In der Medizin, vor allem der Onkologie, war es ein therapeutischer Stillstand hinsichtlich der Remissionsraten ("Therapieversagen"?) bei hohen Belastungen durch Nebenwirkungen, der "Lebensqualität" als ergänzender Zielvariable Beachtung verschaffte (vgl. Schwarz et al., 1991).

Es scheint eine Regel zu sein, daß immer dann, wenn es an der Quantität, also dem materiellen Fortschritt haperte, hilfsweise Qualität, also das Besinnen auf höhere Werte, beschworen wurde.

Die Einführung der Lebensqualitäts-Metapher ist somit als verdeckter Aufruf zum Verzicht - z.B. auf Heilung - zu verstehen, als Kunstgriff zur Umdeutung materieller Defizite in moralische Gewinne.

Für die Medizin bedeutet das: Die Berufung auf das Be-
handlungsziel "Lebensqualität" zeigt an, daß gegenwärtig kein
nennenswerter Behandlungsfortschritt bezüglich der Lebensspanne möglich erscheint, sondern daß es um eine Schadensbegrenzung geht - was ja auch ein lohnendes Ziel ist, auch wenn
es nicht so gut klingt.

Die verschiedenen Definitionsebenen, die zu diskutieren
sind, machen deutlich, daß Lebensqualität entschieden mehr
umfaßt als in die Zuständigkeit der Medizin gehört.

1. Definition bzw. Konzeptualisierung des Begriffs

Drei Betrachtungsebenen lassen sich unterscheiden:
- eine eklektische, interessengeleitete oder manipulative Verwendung des Begriffes; gemeint ist hier, der Mensch als Kon-
sum-, als Wirtschaftsfaktor.
- die synthetische oder ganzheitliche Ebene mit Betonung auf
dem leidenden Menschen.
- die analytische Ebene, bei der es um die Funktionstüchtigkeit
bzw. Beeinträchtigung geht, entsprechend dem Maschinenmo-
dell vom Menschen.

Vor allem die Pharma-Werbung bedient sich zunehmend des
Begriffes "Lebensqualität", wobei Aspekte hervorgehoben
werden, die dem jeweiligen kommerziellen Interesse entsprechen und von Leiden gereinigte Konsumstimuli darstellen. Im
politischen, im alltäglichen und im Werbejargon ist gedacht an
eine Genußmaximierung - in der Medizin, bei der Behandlung
kranker Menschen, aber um Leidensbegrenzung, eine Tatsache, die die Werbung gern verschweigt.

In einer **synthetischen Auffassung** von "Lebensqualität"
werden die einzelnen Komponenten (körperliches, seelisches,
zwischenmenschliches, ökonomisches, spirituelles etc. Befinden) als zeitlich veränderlich (Vergangenheit, Gegenwart, Zukunft) angesehen und im kulturellen, familiären, gesellschaftlichen Kontext betrachtet, und es wird unterstrichen, daß Le-

bensqualität nicht nur durch Fremdbeurteilung, sondern auch durch Selbsteinschätzung charakterisiert werden muß und daß darüberhinaus die einzelnen Merkmale individuell, gemäß persönlichen Präferenzen, gewichtet sind (Küchler, Schreiber, 1991). Lebensqualität stellt, synthetisch gesehen, die Resultierende einer Reihe von Dimensionen der allgemeinen und speziellen, inneren und äußeren Lebenswelt da, und sie wird als relative Größe verstanden, die dem Quotienten aus den gegebenen Möglichkeiten und den individuellen Ansprüchen entspricht.

Epikur hat das auf die anwendungsbezogene Formel gebracht: "Wenn du einen Menschen glücklich machen willst, dann füge nichts seinen Reichtümern hinzu, sondern nimm ihm einige von seinen Wünschen" (nach Swoboda, 1974) - wobei eine grundlegende, vernünftige Bedarfsbefriedigung nicht ohne Schaden vorenthalten werden kann. Daß Lebensqualität ein relativer Begriff ist, zeigt sich an den uns allen bekannten Widersprüchlichkeiten, daß es Menschen gibt, denen es trotz guter Gesundheit schlecht geht, und solche, die trotz zahlreicher Behinderungen zufrieden erscheinen.

Die **analytische Sicht** löst das Konzept "Lebensqualität" in Einzeldimensionen auf wie z.B. Croog et al. (1986), die in einer querschnittlich angelegten Therapievergleichsstudie bei Patienten mit Bluthochdruck eine umfängliche Testbatterie zu einem psychosozialen Screening herangezogen haben.

2. Sinn der LQ-Betrachtungen

Die medizinischen und psychosozialen Fächer sehen sich in zwei Lagern zugleich; einmal sind sie interessiert daran, in der naturwissenschaftlichen Tradition Probleme der Meßbarkeit zu lösen, um zu Verallgemeinerungen zu gelangen, zum anderen haben wir es mit menschlichen Notlagen zu tun, die individuelle Entscheidungen verlangen, und Lebensqualitätserwägungen sollen die Therapieentscheidungen erleichtern helfen.

Einigkeit besteht hinsichtlich der generellen Fragestellung, die lautet: *In welcher Weise und in welchem Ausmaß beeinflussen Krankheit, Therapie und der Behandlungskontext die Lebensqualität des Kranken.*

Als Anwendungsbereiche ergeben sich folgende Situationen:

1. Ein Screening von Symptomen, die z.b weitere Aufschlüsse geben könnten für den Zusammenhang zwischen der medizinischen und psychosozialen Situation.

2. Eine begleitende Lebensqualitäts-Messung zur ergänzenden Bewertung des Therapieergebnisses in klinischen Studien; also welche Wirkungen und Nebenwirkungen hat die Therapie noch außer den traditionellen krankheitsbezogenen? - und schließlich

3. Die Eröffnung von Entscheidungshilfen im Einzelfall für die Wahl der individuell angemessenen Therapieform, z.B. in Beantwortung der Fragen: durch welche Einbußen an Lebensqualität wird eine Remission erkauft; wie ist die Relation zwischen kurzfristigen Gewinnen und langfristigen Schäden?.

3. Operationalisierung

Im letztgenannten, schwierigsten Fall geht es bei Behandlungsentscheidungen um die **individuelle "Kosten-Nutzen"** Abschätzung in einem persönlichen, non-direktiven ärztlichen Gespräch, besonders dann, wenn Radikalität des Eingriffs, Behinderung und Besserungschancen gegeneinander zu gewichten sind. Die angemessene Methode zur Identifizierung relevanter Lebensqualitäts-Aspekte ist das niedrig-strukturierte Leitfadeninterview und eine qualitative Auswertungsstrategie.

Im Fall einer **ergänzenden Lebensqualitätsmessung** in klinischen Studien geht es um etwas ganz anderes, nämlich um die Bewertung konkurrierender Therapiemethoden hinsichtlich der jeweils durchschnittlich zu erwartenden Belastung mit Nebenwirkungen, die sich auf die Lebensqualität auswirken; die meisten Studien zur Lebensqualität beschränken sich aus Gründen der Meß- und Verallgemeinerbarkeit auf diesen Aspekt, weshalb man dann korrekterweise nicht mehr von Lebensqualität sprechen kann sondern von Befinden oder Beschwerden; inzwischen behilft man sich deshalb mit den Bezeichnungen "gesundheitsbezogene Lebensqualität" oder "Gesundheitsqualität".

Während im vorgenannten Fall patientenbezogene Angaben gemeint sind, geht es jetzt um Eigenschaften von Therapien, ausgedrückt in statistischen Kennwerten wie Mittelwerte und Streuungen. Onkologische Therapievergleichsstudien, die Lebensqualität als Zielkriterium enthalten, sind allerdings extrem selten.

4. Meßverfahren

Die Meßverfahren haben mit der Zeit eine Weiterentwicklung erfahren, so daß wir inzwischen drei aufeinander aufbauende "Generationen" unterscheiden können: Lebensqualität wird gemessen mittels Indizes, an Hand von Profilen und nach Gewichtungsmodellen.

Am Anfang - als Methode der 1. **Generation** - standen eindimensionale, kumulierte Fremdbeurteilungsindizes, die einen einzigen Zahlenwert ergeben. Am bekanntesten ist der Karnofsky-Index, der die körperliche Leistungsfähigkeit (Performance) und die Selbstversorgungsmöglichkeiten von Schwerkranken einstuft. Sowohl der Karnofsky (1948) als auch die ihm verwandten WHO und andere Aktivitätsindizes werden heute nur noch als Bestandteil von umfassenderen Lebensqualitäts-Inventaren eingesetzt, da sie für sich genommen zu wenig reliabel und nicht genügend änderungssensitiv sind.

Einen anderen Weg beschritten die Autoren, die sogenannte Global-Indizes entwickelt haben. Darunter sind Meßinstrumente zu verstehen, die so etwas wie "Netto-Werte" zwischen einer positiven und einer negativen Größe bilden. Die Patienten sollen einschätzen, wieviel Nachteile sie bereit sind für welche Vorteile in Kauf zu nehmen. Man spricht auch von "trade-off"- oder "utility"-Methoden (Methoden des Aushan-

delns oder der relativen Nützlichkeit im Sinne eines Entschei-
dungsdilemmas).

Damit verwandt sind Verfahren bei denen die Lebenszeit
rechnerisch reduziert ("bereinigt") wird um Zeitperioden mit
krankheits- oder therapiebedingten Beschwerden. Am bekanntesten geworden ist in der Onkologie das sogenannte TWIST-
Modell nach Gelber und Goldhirsch (1986). TWIST steht für:
"Time without symptoms or toxicity". Diese Indices erwiesen
sich als geeignet, auch über längere Zeiträume hinweg verschiedene Therapieschemata auch hinsichtlich eines Überle-
bensgewinns zu vergleichen, die mit unterschiedlichen Behandlungsmethoden und Behandlungsrhythmen operierten (vgl
auch den Index nach Rosser u.Kind, 1978).

Meßinstrumente der **zweiten Generation** enthalten mehrere
Dimensionen lebensqualitätsrelevanter Bereiche, die ein Profil
ergeben.

Man hat sich inzwischen darauf geeinigt, daß nur dann von
Lebensqualität gesprochen werden soll, wenn "Mehr-
dimensionalität" vorliegt (Schwarz, 1991). Dabei geht es vor
allem um vier Dimensionen:
- den Leistungsbereich oder den Funktionsstatus (performance),
- das psychische Befinden,
- die Fähigkeit, soziale Beziehungen aufrecht zu erhalten - und
um
- die allgemeine und spezifische körperliche Verfassung.

Eines mehrdimensionalen Meßinstrumentes, das diesen Erfor-
dernissen genügte, bedienten sich A.Coats (et al., 1987), die in
ihrer Studie ein wichtiges praktisches Therapieproblem in der
palliativen Behandlungssituation aufgreifen - nämlich den auch
lebensqualitätsbezogenen Nutzen einer kontinuierlichen Erhal-
tungstherapie gegenüber der intermittierenden, am Krankheits-
fortschreiten orientierten, abwartenden Behandlung. Die er-
stere Variante befriedigt das Sicherheitsbedürfnis, die zweite

folgt dem Prinzip der Sparsamkeit und Nebenwirkungsvermei-
dung.
Bei gleicher Überlebenszeit in den beiden Behandlungsgruppen
zeigte sich, hinsichtlich der meisten Lebensqualitätsparameter
(gemessen auf visuellen Analogskalen), die kontinuierliche Behandlung überlegen - entgegen der Erwartung der Autoren;
Patienten ziehen offenbar die sicherer erscheinende Erhal-
tungstherapie vor und nehmen sogar eine erhöhte psychovegetative Nebenwirkungsrate in Kauf.
    Die Vielzahl der bekannten und auch z.T. bewährten Testin-
ventare haben nun den Nachteil, daß sie oft hinsichtlich der
jeweiligen Krankheit und der Therapieform zu unspezifisch
sind - und daß sie meist nicht in deutscher Adaptation vorliegen. Einen Fortschritt stellt deshalb der Fragebogen der
EORTC (European Organization for Research and Treatment
of Cancer) dar, der in einer gemeinsamen Initiative europäi-
scher Sozialwissenschaftler entstanden ist (vgl. Aaronson et al.,
1991). Der EORTC-Fragebogen besteht aus einem allgemeinen
Teil, dem "core-questionnaire", der durch organspezifische
"Module" ergänzt wird. Enthalten sind sowohl Fremdeinschät-
zungsbereiche wie auch die Möglichkeit zur Selbsteinschätzung
durch den Patienten. Das Instrument ist relativ kurz (ca 32
Fragen) und eignet sich auch für Wiederholungsmessungen in
prospektiven Untersuchungen.
    Vergleichbar sind noch das NHP (Nottingham Health Pro-
file; vgl. Hunt et al., 1981), und der Fragebogen der MOS
(MOS-GHS Medical outcome study short-form General Health
Survey; Stewart et al, 1988); beide Instrumente sind kurz beschrieben bei Westhoff, (1993).

    Gerade in Bezug auf Längsschnittstudien gibt es inzwischen
eine **dritte Generation** von Meßverfahren, die wieder einbe-
zieht, was vorher explizit ausgeschlossen war - nämlich einen
dynamischen Aspekt als Gewichtungsfaktor; d.h. es wird die
persönliche Bewertung berücksichtigt, also die Krankheitsan-

passung bzw. das "coping" und damit die Anspruchs- oder Be-
dürfnisseite der Patienten.

Die Bedeutung dieser Aspekte konnten wir in einer eigenen
prospektiven Studie nachweisen (Schwarz, Ruoff, 1989): Wir
befragten im Rahmen einer Lebensqualitätsstudie 20 Patienten
mit metastasierendem Coloncarzinom 2 mal im Abstand von
ca. 3 Monaten. Dabei setzten wir eine Reihe von standardi-
sierten Skalen ein und ein selbstentwickeltes Instrument zur Erfassung der Lebenszufriedenheit, das es erlaubt, die persönliche Bewertung und die Beeinträchtigung auf verschiedenen
Dimensionen gleichzeitig zu erfassen.

Die Patienten wurden zuerst gebeten, verschiedene Lebensbereiche nach subjektiver Wichtigkeit in eine Rangreihe zu
bringen, und dann Beeinträchtigungsgrade für diese Bereiche
anzugeben, wobei jedem Rangplatz ein Gewichtungsfaktor zu-
geordnet ist.

Dabei haben wir festgestellt, daß bei einer Gruppe von Patienten die Lebenszufriedenheit über den Beobachtungszeitraum
hin gleichblieb, trotz z.T. schlechteren Befindens, während
andere in der selben Situation eine starke Verschlechterung der
Lebenszufriedenheit angaben. Diese Asymmetrie löste sich
auf, als wir die Rangreihen der Lebensbereiche in den beiden
Befragungen verglichen. Wenn die Patienten entsprechend
ihren Behinderungen ihre Präferenzen neu ordneten, die
Rangreihe also änderten, hatten sie bei der Wiederholungs-
messung eine gleichgebliebene oder auch höhere Lebenszufriedenheit, als diejenigen, die trotz Behinderungen an den
alten Bewertungen festhielten.

Damit ist deutlich geworden, daß Lebensqualitätsverläufe in
Zusammenhang mit der Krankheitsbewältigung interpretiert
werden müssen - und daß es zumindest theoretisch möglich
sein müßte, unvermeidbare Einbußen an Lebensqualität durch
geeignete psychotherapeutische Interventionen z.T. wenigstens
zu kompensieren.

Resümierend läßt sich somit feststellen:

1. Lebensqualitätsmessungen sind auf dem Hintergrund einer pragmatischen Definition möglich und haben sich z.b. bei Therapievergleichsstudien als aussagekräftig erwiesen,
2. Lebensqualitäts-Messungen erfordern ein mehrdimensionales und längsschnittliches Vorgehen, das Fremd- und Selbsteinschätzungselemente enthält.
3. Bei Längsschnittstudien sollte die Krankheitsbewältigung in angemessener Weise berücksichtigt werden, da hier ein Ansatz zur psychotherapeutischen Intervention gegeben ist.
4. Wer sich auf Lebensqualitätsaspekte in Therapieentscheidungen beruft, geht damit die Verpflichtung ein, auch adäquate Erhebungsmethoden anzuwenden - wie z.b. das ärztliche Gespräch (vgl. Meerwein, 1986), das manchmal auch eine gewisse Zeit in Anspruch nimmt.

Literatur

Aaronson, N., Ahmedzai, S., Bullinger, M. et al. (1991): The EORTC core quality-of-life questionnaire: Interim results of an international field studie. In Osoba D. (ed.) Effect of cancer on quality of life. Boca Raton, Boston, Ann Arbor, London: CRC Press.

Coats, A., Gebski, V., Bishop, J.F. et.al. (1987): Improving the quality of life during chemotherapy for advanced breast cancer. New Engl.J.Med.317: 1490-1495

Croog, C.J., Levine,S., Tsta, M.A. et al.(1973) Side effects on hypotensive agents evaluated by a selfadministered questionnaire. Br Med J 3:485

Epikur, zitiert nach Swoboda,H.(1973): Die Qualität des Lebens. Vom Wohlstand zum Wohlbefinden, Frankfurt: Suhrkamp, S.87

Gelber, R.D., Goldhirsch A.(1986) A new endpoint for the assessment of adjuvant therapy in postmenopausal women with operable breast cancer. J Clin Oncol 4: 1772-1779

Hunt, S.M., McKenna, S.P., McEwen, J. et al.(1981) The Nottingham health profile: Subjective health status and medical consultations. Soc Sc Med 15: 221

Karnofsky, D.A., Abelmann, W.H. (1948) The use of nitrogen mustards in the palliative treatment of carcinoma. Cancer 56: 634

Küchler, Th. Schreiber, HW (1991) Lebensqualität in der Allgemeinchirurgie. Hamburger Ärzteblatt: 246-250

Meerwein, F. (1986) Das ärztliche Gespräch. Huber, Bern, Stuttgart, Toronto (3.Auflage)

Nagel, G.A., Schmähl,D.,Hossfeld,D.K. (1989) Krebsmedikamente mit fraglicher Wirksamkeit. Zuckschwerdt, München, Bern, Wien, San Francisco

Olschewsky,M.,Verres,R.,Scheurlen,H.,Rauschecker,H. (1988) Evaluation of psychosocial aspects in a breast preservation trial. Recent Results in Cancer Research 111: 258-269

Rosser, R. and Kind, P.(1978) A scale of valuations of states of illness: is there a social consensus? Int J Epidemiol 7: 347-358

Schwarz, R. (1991) Die Erfassung von Lebensqualität in der Onkologie. Deutsches Ärzteblatt 88 (A) 316-320,

Schwarz,R., Ruoff,G. (1989) Meßmethoden der postoperativen Lebensqualität. Der Chirurg 60: 871-975

Schwarz, R., Flechtner, H., Küchler, Th., Bernhard, J. (1991) Stellenwert des Begriffes "Lebensqualität" in der Onkologie. In: Schwarz, R., Flechtner, H., Küchler, Th., Bernhard, J, Hürny,Ch. (1991) Lebensqualität in der Onkologie. Zuckschwerdt, München, Bern, Wien, San Francisco

Spiegel, D., Bloom, J., Kraemer, H. C. et al. (1989) Effect of psychosocial treatment on survival of patients with metastatic breast cancer. Lancet 2: 888-891

Stewart, A.L., Hays, R.D., Ware, J.E.(1988): The MOS short-form general health survey: Reliability and validity in a patient population. Medical care 26:724

Swoboda, H. (1974) Die Qualität des Lebens. Vom Wohlstand zum Wohlbefinden. Suhrkamp, Frankfurt

Westhoff, G.(1993) Handbuch psychosozialer Meßinstrumente. Göttingen: Verl.f.Psychologie Springer, Berlin, Heidelberg, New York

Diskussion

Im Vortrag hatte der Referent dargelegt, wie ein Behandlungsentscheid nachhaltig die Einschätzung der Lebensqualität beeinflussen würde. Auf diese Ausführungen rekurrierte ein Großteil der Beiträge im Verlauf der sich anschließenden Diskussionsrunde, die Alfred Bellebaum moderierte.

Ausgehend von dem auffallenden Befund, daß Patienten, denen anheim gestellt werde, eine Behandlungsmethode auszuwählen, deutlich positiver hernach ihre Lebensqualität beurteilten, drängte sich die Frage nach dem Ausmaß der sozial erwünschten Antworten auf. Aufgrund der vorgängigen Entscheidung bestünde kaum eine Alternative im Antwortverhalten. Der Referent schloß diesen Placeboeffekt in den onkologischen Therapiestudien nicht aus, die - wie er auf eine Nachfrage hin darlegte - durchgehend auf eine hervorragende Kooperation mit Patienten, die dergleichen Untersuchungen dankbar annähmen, und auf eine extrem schlechte Zusammenarbeit mit Ärzten zurückblicken könnten. Angesichts der so deutlich zutage tretenden Korrelation von Beteiligungsmöglichkeit und höherem Lebensqualitätsempfinden wurden Bedenken laut, ob randomisierte Studien überhaupt unter methodischen Gesichtspunkten erlaubt seien. Der Referent legte dar, daß nicht alle Fälle so wie beim "Mammakarzinom" - bei dem zwischen Brustamputation und Brusterhaltung entschieden werden müsse - gelagert seien. Meist handle es sich um Therapie-Vergleichsstudien mit medikamentösem Hintergrund. Dort fehlten den Patienten häufig die Präferenzen, um zu entscheiden, ob Medikament A oder Medikament B zu bevorzugen sei. Grundsätz-

lich unterstrich er - auf eine ergänzende Nachfrage hin - die
Bedeutung der Dimension "aktiv - passiv". Durchweg nehme
die Behandlung einen erfolgreicheren Verlauf, wenn sie auf
eine aktive Entscheidung des Patienten fußen könne.
   Ein Desiderat dieser Studien wurde im Verlaufe der Aussprache erkennbar. Die Befunde stützten sich auf konkurrierende Therapien, die den Patienten offeriert würden. Die konkurrierenden wie persönlichkeitsabhängigen Vorstellungen über
Leben und Sterben würden dabei, wie eine Teilnehmerin unterstrich, ausgeblendet. Sie schlug vor, mittels einer Randomisierung die Wünsche der Patienten und deren bisherigen Weisen,
Schwierigkeiten im Leben zu bewältigen, aufzunehmen. Der
Referent räumte ein, daß ein so differenzierter und auch sinnvoller Ansatz bislang noch nicht angegangen worden sei.
   Zielte dieser Beitrag auf eine stärkere Berücksichtigung der
die Entscheidung bestimmenden Beweggründe ab, so äußerten
andere Teilnehmer und Teilnehmerinnen Zweifel, ob angesichts einer so existentiellen Situation überhaupt von einer eigenen Entscheidung des Patienten die Rede sein könne. Letztlich - so der Einwand - handle es sich um eine Überzeugung
durch den Arzt, der in den Augen des Patienten der "Experte"
bleibe. Dem widersprach der Referent nicht und blendete die
Erfahrung ein, daß ein längeres Aufklärungsgespräch mit der
Frage an den behandelnden Arzt, was nunmehr zu machen sei,
geendet habe. Es gelte aber, von der Fiktion, daß solch ein
Gespräch nur einmalig stattfinde, Abschied zu nehmen. Das
Gespräch zwischen Arzt und Patient wirke sich nur fruchtbar
aus, wenn es zur kontinuierlichen Einrichtung werde, in dem
sich ein Vertrauensverhältnis aufbauen könne. Vieles hänge
auch beim einzelnen Patienten von der Phase - er erinnerte an
die Untersuchungen von Kübler-Ross - des Krankheitsverlaufes
ab.
   Weitere Aussprachebeiträge gingen auf den Begriff
"Lebensqualität", der den Studien zugrunde liegt, und auf
neuere Behandlungsmethoden in der Onkologie ein.

Es entstand nämlich der Eindruck, als gehe "Lebensqualität" primär mit "Beschwerdefreiheit", weniger mit "Wohlbefinden" einher. Der Referent konzedierte, daß der Begriff "Lebensqualität" in den onkologischen Therapiestudien eigentlich ein "Etikettenschwindel" sei. Faktoren, wie Wohlbefinden und Abwesenheit von Beschwerden würden einzelne Facetten vermitteln, ein umfassender Lebensqualitätsbegriff sei damit aber nicht gewonnen.

Bezüglich der neueren Behandlungsmethoden wurde die "Stärkung des Immunsystems" ins Gespräch gebracht, die der Referent eher in den Bereich der Alternativmedizin verortete. Bislang lägen aber keine sicheren Erkenntnisse über deren Therapie-Erfolge vor.

Angesichts der mit viel Phantasie und Methodenreichtum betriebenen und beeindruckend wirkenden Lebensqualitätsforschung schilderte schließlich ein Teilnehmer seine gegensätzlichen Erfahrungen als Seelsorger in einem Allgemeinkrankenhaus. Der hohe Anspruch, der mit dem von der psychosomatischen Medizin im Vortrag vermittelten Bild einhergehe, ließe sich vor Ort nicht einlösen und führe gar zu erschwerenden Verhältnissen. Zudem geriete mit fortschreitender Effektivität der Medizin die Sinnfrage zunehmend ins Abseits. Er unterstrich die Bedeutsamkeit solch - in den Augen eines Mediziners möglicherweise - reduziert klingender Begriffe und Ansätze. Der Referent rückte in seiner Antwort vielfach grassierende Mißverständnisse in puncto psychosomatischer Medizin zurecht. Psychosomatische Medizin werde alltagssprachlich mit "Trösten" und "Mitmenschlichkeit" - sprich "Familienfunktionen" - ineins gesetzt. Laienhelfer ebenso wie Selbsthilfegruppen siedelte er auf diese Ebene des Familiensystems an, das lediglich ergänzend tätig werde und nicht mit dem professionellen System verwechselt werden dürfe.

Mit Blick auf den zweiten Teil des Diskussionsbeitrages hob er
die legitime Funktion beider Professionen im Krankenhaus
hervor und unterstrich die je eigenen Aufgabenfelder.

Klaus Barheier

Ute Leitner

Lange leben: Die Praxis von Altersbildern

> "If men define situations as real,
> they are real in their consequences."
> W.I.Thomas

1. "Von hinten ein Lyceum, von vorne ein Museum": Meine Oma und Marlene D.

Vor 40 Jahren hatten ältere Damen Löckchen auf dem Kopf oder einen Dutt im Nacken. Sie waren Omas und manchmal alte Mütterchen. An alte Väterchen kann ich mich nicht erinnern, wohl aber an nette Opas, griesgrämige alte Männer und würdige ältere Herren. Außerdem gab es ältere Fräuleins, die unauffällig und offenbar weniger wichtig waren als ältere Frauen. Ein Fräulein, das seinen 50. Geburtstag schon hinter sich gelassen hatte und mit "Bubikopf" unter die Leute ging, wurde mit dem Spruch bedacht: "Von hinten ein Lyceum, von vorne ein Museum". Meine Freundin und ich, wir waren damals 10 Jahre alt, konnten uns nicht halten vor Lachen: Was es nicht alles gab! Ungefähr zur selben Zeit muß es gewesen sein, daß ich in einer "Illustrierten" ein Foto von Marlene Dietrich entdeckte, das mit der Überschrift versehen war: "Die schönste Großmutter der Welt!" Ich konnte dann überhaupt nicht verstehen, was die ganze Familie so lustig fand, als ich sagte: "Ich finde meine Oma aber schöner!" Das war ehrlich und ernst gemeint, denn meine Oma hatte silbergraue Löckchen und lustige Augen und sah aus wie eine richtige Großmutter.

2. Neue Alte - alte Alte: Gewinner und Verlierer?

In der neueren Literatur zum Thema "Altersbilder" ist zu lesen, daß die bisher gültige Aussage, das Bild des alten Menschen in unserer Gesellschaft sei überwiegend negativ getönt, heute differenzierter formuliert werden müsse. Dies sei zum einen auf methodische Mängel früherer Untersuchungen zurückzuführen - darauf will ich hier nicht weiter eingehen - zum anderen aber auf die veränderten realen Verhältnisse.[1]

In den letzten Jahrzehnten hat sich der Anteil der älteren Menschen an der Bevölkerung verändert. "Ältere Menschen" sind, wenn von ihnen als Teil der Bevölkerung gesprochen wird, meist die über 65-Jährigen; häufig werden aber auch schon die über 60-Jährigen zu den "Älteren" gezählt.[2] Im Jahre 1950 waren 14% der Bevölkerung der Bundesrepublik Deutschland über 60 Jahre alt, 1989 bereits 21%. Der Anteil soll im Jahr 2025 auf etwa 34% angewachsen sein. Dann wird sich darunter auch eine stattliche Anzahl von über 100-Jährigen befinden.[3]

Die Alten werden nicht nur mehr, das Alter wird auch länger und währt, wenn es hoch kommt, bald an die 40 Jahre. Alt und alt ist schon heute nicht mehr dasselbe, wenn der 90jährige Vater und seine 60jährige Tochter gemeinsam die "ältere Bevölkerung" repräsentieren. Seit einigen Jahren wird deshalb auch häufig unterschieden zwischen "jungen Alten" und "alten Alten". Die graue Grenze in dieser Alterslandschaft wird dabei etwa zwischen dem 75. und 80. Lebensjahr angenommen, die Grenzverläufe sind nicht immer deutlich markiert.

Das Land der jungen Alten ist auch ein Land der "verjüngten Alten" geworden. Die 60- bis 80-Jährigen sehen heute jünger aus als ihre Eltern und Großeltern zu ihrer Zeit. Hans Peter Tews spricht hier ausdrücklich von der "Verjüngung des Alters".[4] Diese "Verjüngung" des Alters bewirke zugleich eine positivere Bewertung des Alters - und ein positiver getöntes Altersbild. Andererseits - so Tews - käme es zu einer Polari-

sierung des Alters und der Altersbilder: "Meine Hypothese ist,
daß es zu zwei voneinander unterscheidbaren Altersbildern ...
zu einem eher positiv gefärbten Altersbild des jungen und einem eher negativ gefärbten des alten Alters kommen wird."[5]
   Sollte das bedeuten, daß diejenigen, die "lange leben" den
Preis zahlen werden für den Zugewinn verlängerter Jugend?
Gilt es, sich rechtzeitig dagegen zu versichern? Wäre es Aufgabe der (noch) jungen Alten, ihr künftiges Bild vor dem Verfall zu bewahren? Sollten sie es - unter möglichst fachkundiger
Anleitung - frühzeitig präparieren, reparieren, restaurieren,
konservieren? Doch was wird sein, wenn es - vom Morbus
Alzheimer gezeichnet - trotz allem aus dem Rahmen fällt? Was
bleibt, wenn sie den Kreis der jungen, verjüngten Alten verlassen müssen?

3. Schöne neue Seniorenwelt?

Nie sahen Alte so jung aus wie heute. Vermutlich - so sagt
Hans Peter Tews - würde das kalendarische Alter alter Menschen auf alten Bildern heute systematisch überschätzt, auch
von erfahrenen Gerontologen und "professionellen Kennern".[6]
In den Arztpraxen werden heute weniger sog. "Vorgealterte"
oder "frühzeitig Verbrauchte" wahrgenommen; als Begründung
wird u.a. die Abnahme schwerer körperlicher Arbeit angegeben. Insbesondere seien aber "gezielt herbeigeführte Veränderungen"[7] im Erscheinungsbild von Bedeutung. Haare werden
getönt, gefönt und gestylt, dezente Make-ups aufgelegt, sport-
lich-elegante Lesebrillen aufgesetzt, Diäten angesetzt und ab-
gesetzt. Und wenn es schon "Mode für Ältere" sein soll, dann
ist auch sie "schwungvoll und farbig, lieber sportlich als ele-
gant, frische Farben, nur kein Schwarz, das scheuen sie wie
der Teufel das Weihwasser" - so kommentierte jedenfalls die
Zeitschrift "Brigitte" eine Modenschau für die "neuen Alten",
die (1989) auf Initiative der Grauen Panther von der FH Ham-

burg im Fach Modedesign veranstaltet wurde.[8] Auch die
Zahnärzte haben ihren Anteil zur Verjüngung beigetragen.
Dritte Zähne, meist schöner als die zweiten je waren, zieren
die Münder der Alten; zahnlose Alte sind im öffentlichen Leben so gut wie ausgestorben. Wie weit verbreitet sog. ge-
sichtschirurgische Korrekturen sind, ist nicht genau bekannt;
sicher aber sind sie häufiger als vor 20 Jahren.

So aufbereitet sind die neuen jungen Alten in verstärktem
Maße fernseh- und werbetauglich geworden. Dabei werden sie
als "gutsituierte Genießer dargestellt, in Verbindung auch mit
einem gewissen Luxus bzw. entsprechenden Gütern, mit Kulti-
viertheit, Expertentum, Erfolg und Seriosität."[9] Junge Alte
werben für Produkte, die ihre Güte durch lange Reifezeit erhalten, wie Käse, Wein, Cognac und Rum und für Arzneimit-
tel. Sie werden im Kreise ihrer Familie, mit Kindern und En-
keln abgebildet, befinden sich in wohlsituierten Verhältnissen
und erfreuen sich guter Gesundheit.[10] Neuerdings wurden die
neuen jungen Alten auch als "Markenwechsler" entdeckt: 74%
aller Werbefachleute trauen vor allem "älteren Models" zu,
ältere Käufer zu einem Markenwechsel zu bewegen. Erster
Vorläufer des Trends in Deutschland: Nach 10 Jahren Werbe-
pause durfte Johanna König - mittlerweile 72 - ein comeback
als "Ariel-Kultwäscherin Klementine" feiern.[11]

So verfließen die Konturen der Bilder im Fernsehen mit
denen im "wirklichen Leben" zu jenem "verjüngten Erscheinungsbild des Alters". Dazu noch einmal Tews: "Dessen Entwicklungsmöglichkeiten erscheinen jedoch keineswegs ausge-
reizt. Die extraordinären Einzelnen und die abweichenden Mi-
noritäten sind Pioniere, die ausloten, was altersgemäß sein
kann. Aber sie altern auch innovativ, indem sie sich abheben
vom vielleicht nach wie vor noch zu grauen Alters-Durch-
schnitt, jahreszeitliche Unterschiede zudem berücksichtigt. Mi-
noritäten haben aber durchaus in Grenzen oder in modifizierten
Formen die Chance, zu Majoritäten zu werden."[12]

Also gilt die Devise: Mit 60 so hübsch und nett wie Carolin Reiber, mit 70 ein Golden Girl und mit 80 Titelverteidiger im Senioren-Spiel. Nach Befragungsergebnissen werden zu den Senioren zwar überwiegend nur die 60 bis 69-Jährigen gezählt, aber fast alle Älteren schätzen sich im Vergleich mit Gleichaltrigen als jünger aussehend ein. Auch die Mehrheit der 70 bis 80-Jährigen schätzt sich noch nicht als alt ein. Wahrscheinlich - so wiederum Tews - "bezeichnet sich heute erst die Mehrheit der über 80-Jährigen als alt."[13]

Da liegt es nahe, daß jemand fragt: Wohin mit all der Schönheit, mit all der Zeit und all dem Geld? Denn, so war kürzlich zu lesen: Flinke Manager hätten ausgerechnet, daß deutsche Lebensversicherungen den "Oldies" über 60 Jahren im Jahr 1993 47 Mrd. DM ausgezahlt haben und 1994 der Betrag noch einmal um 5 Mrd. DM höher liegen wird. In diesem Jahrzehnt sollen den "jungen Alten" neben Renten und Pensionen rund 350 Mrd. DM zufließen. Die Tourismusbranche, so war dann weiter zu lesen, hat daraus bereits den Schluß gezogen, daß sie den jungen Alten künftig noch mehr Aufmerksamkeit schenken muß! Auf der Münchner Freizeitmesse 1994 wurde darauf verwiesen, daß Senioren "heute überall aktiv im Leben stehen - ob als Studenten an Universitäten oder als Kunden in Fitneß-Centern und Sporteinrichtungen. Senioren von heute ... seien mündiger, kritischer, fordernder und agiler als Gleichaltrige früher."[14] Ein "intelligenter, interaktiver Tourismus für Ältere" wurde auf eben dieser Messe gefordert: In "sinnstiftenden Aktionen" könnten oder sollten die jungen Alten "eingebunden" werden, z.B. nach dem bereits praktizierten Modell: "emeritierte Professoren aus Deutschland gründen auf Gomera eine Urlauber-Universität."[15]

Im Sommer wird mit dem Bau des ersten "Senior-Dorfes" begonnen. Nahe der Nordsee entsteht dann ein 12.000 qm großer Wohnpark mit 80 barrierefreien Wohnungen, Gesundheitszentrum, Kunst- und Handwerkerhof, Wasser und viel Grün. Außerdem ist eine "Senior-Akademie" geplant: Eine

Schule fürs Älterwerden mit Wohnrecht für ein, zwei oder drei
Jahre. Danach kann der "Gelernte Senior" wieder, wenn er
will, in sein gewohntes soziales Umfeld zurückkehren, als
"Selbständiger" sozusagen.[16]
  Vor einigen Jahren erschreckte Reimer Gronemeyer seine
Leser mit der Vision eines "homunculus senex, eines Retorten-
Alten". Gronemeyer schrieb: "Der homunculus senex wird
sich in Kursen auf das Alter vorbereiten. Er wird den Anwei-
sungen der Ernährungsexperten folgen und sich durch Senio-
ren-Gymnastik fit halten. Er wird altengerecht wohnen, alters-
gerecht reisen und ein altersgerechtes Hobby pflegen. Gegebenenfalls wird er einen Altentherapeuten oder Geragogen aufsu-
chen. Er wird mit Hilfe von 'Essen auf Rädern' ... so lange
wie möglich in seiner Wohnung ausharren und schließlich,
wenn keine Krankheit den planmäßigen Verlauf stört, in
Kenntnis der Kübler-Ross'schen Sterbestufen auch den letzten
Lebensabschnitt erfolgreich und kompetent absolvieren."[17]
- Alptraum, Karikatur oder Abbild erfolgreicher wissenschaftlicher Erkenntnisse?

4. "Erfolgreiches Altern" im Bild der Wissenschaft

Das Wort Gerontologie habe ich zum ersten Mal im Jahre 1967
gehört und zwar aus dem Radio: Da wurde von der Gründung
einer "Deutschen Gesellschaft für Gerontologie" berichtet und
gesagt, daß die Erforschung des Alters so wichtig sei, daß sie
nicht mehr nur den Medizinern überlassen, sondern künftig im
Verein mit Psychologen und Soziologen, betrieben werden
sollte. Ich hatte damals angefangen, Soziologie zu studieren,
konnte mir aber nicht recht vorstellen, was am Alter er-
forschenswert oder sonderlich interessant sein könnte. (Interessant waren damals schon eher die Bildungschancen von
Mädchen und Arbeiterkindern.) Alte hießen noch Rentner oder
- wenn sie "etwas Besseres" waren - Pensionäre. Einige ereilte

der "Rententod", andere flogen schon nach Mallorca, um dort preisgünstig zu überwintern. Im Frühjahr saßen sie auf einer Bank im Park und genossen die ersten wärmenden Sonnenstrahlen, wobei sie der Lokalredakteur fotografierte. Im Advent wurden sie vom Pfarrer nebst Kinderchor und einem Vertreter des öffentlichen Lebens im Altersheim besucht und waren dankbar, daß etwas Farbe in ihren grauen Alltag gebracht wurde. "Bloß nicht so alt werden", sagte meine Mutter dann immer.

Als sich Soziologen und Psychologen an die Erforschung des Alters machten, gab es erst einmal Streit. Dabei ging es um die Frage, ob und wie man erfolgreich (successful) altern, glücklich und zufrieden im Alter leben könne. Kontrahenten waren einerseits die Verfechter der sog. Disengagementtheorie, andererseits die der sog. Aktivitätstheorie, deren Aussagen jeweils das Gegenteil der anderen zum Inhalt hatten: Glück und Zufriedenheit seien nur dem beschieden, der aller Rollen und Pflichten ledig, dem endgültigen Disengagement, nämlich dem Tod, sich annähern dürfe, oder aber dem, der mit neuen Rollen ausgestattet, in die nächste Runde aktiven Lebens starten könne, um dann eines fernen Tages "in den Stiefeln zu sterben" - Joggingschuhe waren noch nicht in Gebrauch.

Etwas seriöser formuliert hörte sich das so an: Die Aktivitätstheorie "läßt sich auf die einfache Formel bringen, daß Zufriedenheit im Alter nur dann resultieren kann, wenn man in der Lage ist, den durch die Pensionierung erzwungenen Verlust an (beruflicher Leistungs-) Aktivität und sozialem Kontakt - was gleichbedeutend ist mit Rückzug aus der Gesellschaft - durch andere Beschäftigungen, Kontakte und Kommunikation zu kompensieren. ... Zufriedenheit im Alter, so postuliert die Theorie, könnte durch den altersgemäßen Ausgleich früherer Aktivitäten erreicht werden."[18] Demgegenüber postulierte die Disengagement-Theorie, "daß mit zunehmendem Alter eine Einengung des Lebensraumes und der sozialen Kontakte stattfinde, die von den Betroffenen akzeptiert und sogar gewünscht

werde."[19] Der Kampf um die Wahrheit der einen oder der anderen Theorie wurde in der amerikanischen und in der hiesigen
Literatur mit großem Materialaufwand geführt. Viele Korrela-
tionskoeffizienten wurden bemüht bis zu dem Eingeständnis,
daß wohl keine ganz und gar stimmig sei, sondern beide - in
welcher Form auch immer - zu differenzieren und zu modifi-
zieren seien.

Es scheint aber hierzulande die Aktivitätstheorie zumindest
einen Sieg nach Punkten errungen zu haben, was sicher auch
den Bemühungen der Psychologen zu verdanken war, insbesondere jener, die an der Universität Bonn tätig waren. Das erscheint auch konsequent im Zusammenhang mit den Ergebnissen der zahlreichen Studien über die "Veränderung der geistigen Leistungsfähigkeit", - kurz: Kritik bzw. Zurückweisung
des sog. Defizit-Modells - die aus diesem Hause kamen und
die allesamt dem Nachweis dienten, daß es keinen natürlichen
generellen und universellen Abbau der geistigen Fähigkeiten
im Alter gebe - also weder alle Fähigkeiten noch alle Menschen gleichermaßen betreffe. Nicht das Alter sei dafür maßgebend, ob - und wenn ja, in welchen Formen - ein Abbau
stattfinde, sondern eine Vielzahl und Kombination von inter-
venierenden Variablen wie z.B. Ausgangsbegabung, Schulbil-
dung, berufliches Training, stimulierende Umgebung, biogra-
phische Momente, motivationale Bedingungen - keinesfalls
aber ein biologisch determiniertes Programm. Geistige Fähigkeiten sind durch Training - durch Aktivität - nicht nur aufzu-
halten, sie sind auch im Alter noch steigerbar.[20] Erfolgreiches
Altern ist zumindest "kognitiv aktives Altern". Dazu Ursula
Lehr: "Fest steht, daß zu einem psychophysischen Wohlbefinden kognitive Aktivität gehört. Man muß auch dem älteren
Menschen geistige Aufgaben stellen, muß ihm Informationen
zukommen lassen und ihn zu geistiger Aktivität herausfordern.
... Es ist eine Aufgabe für jeden einzelnen, auch im hohen Alter orientiert und informiert zu sein. ... Es ist aber auch eine
Aufgabe der Altenpolitik, adäquate - d.h. auf die Bedürfnisse

der älteren Generation abgestimmte Lehr- und Lernmöglich-
keiten bereitzustellen und zu unterstützen - sei es in der Form
spezifischer Sendefolgen im Radio und Fernsehen, sei es in der
Bereitstellung besonderer kultureller Programme (vom Thea-
terbesuch über den Besuch von Museen bis hin zu Vortragsfol-
gen und Bildungsreisen)."[21] So sei es auch Aufgabe der Politik, eine "Korrektur des verzerrten Altersbildes vorzunehmen."
Der ältere Mensch sollte als kompetenter und mündiger Bürger
dargestellt werden. Man sollte ihn "fördern durch fordern",
ihm sollten Wege zu neuen Aufgaben gezeigt werden.[22]

5. Altwerden als Aufgabe: Was ist Interventionsgerontologie?

Im Jahr 1979 erschien ein Buch mit dem Titel Interventionsgerontologie.[23] Der Klappentext erläutert den bis dato eher un-
bekannten Begriff so: Damit sei das "Insgesamt der Bemühungen, ein hohes Lebensalter bei psychophysischem Wohlbefinden zu erreichen" gemeint. Ergebnisse der psychologischen
Grundlagenforschung hätten den "Nachweis erbracht, daß Ver-
haltensänderungen im Alter im Sinne eines Abbaus und Verlusts von Fähigkeiten und Fertigkeiten nicht unbedingt eintreten müssen, sondern sich durch Optimierung der Entwick-
lungsbedingungen und vor allem durch präventive Maßnahmen
im psychophysischen Bereich (Training, Aktivierung) weitgehend verhindern" ließen.[24] Es gelte nun - so heißt es weiter -
die gewonnenen Erkenntnisse in "praktische Maßnahmen zum
Wohle der älteren Bürger umzusetzen".[25] Es müsse stärker als
bisher gefragt werden: "wie kann man intervenieren, was kann
man tun, um möglichen Abbauerscheinungen vorzubeugen, sie
zu verhindern, sie abzubremsen oder gar rückgängig zu machen".[26]

Haben die Gerontologen - so darf man zurückfragen - die
Alten nun genug erklärt, und kommt es jetzt darauf an, sie zu

verändern? Antworten auf diese Frage finden wir im Innern des genannten Buches an verschiedenen Stellen. Wir finden sie in den Schilderungen von Therapieprogrammen, die eigens für alte Menschen komponiert oder variiert, z.t. auch schon erfolgreich praktiziert worden sind. Vorgestellt werden: Gestalttherapie, Kunsttherapie, Musiktherapie, Selbstbildtherapie, Logotherapie; Revitalisierung, Remobilisation, Resozialisierung und Resensibilisierung, Realitätsorientierung und Verhaltensmodifikation.

Im letztgenannten Fall handelt es sich um Techniken des operanten Konditionierens, das, wie auch gesagt wird, "in seiner klassischen Form auf Pawlow, in modifizierter Form auf Skinner zurückgeht."[27] Einschränkend wird zwar gefragt, " ... ob man nicht bei bestimmten derartigen Interventionen das Ziel, die Erhöhung des psychophysischen Wohlbefindens des älteren Menschen, aus den Augen ... verliert"[28] Gleichwohl wird dann aber von "ganz eindrucksvollen Fallbeispielen" berichtet, "wie z.B. ein älterer männlicher Patient, der sich nicht ankleiden wollte, für jedes Kleidungsstück, das er sich richtig angezogen hatte, zunächst ein kleines Glas Bier bekam, später nur für vollständiges, richtiges Anziehen eine Flasche Bier; bei einer 72-jährigen Patientin hingegen konnte man das gleiche unerwünschte Verhalten (Weigerung, sich anzuziehen) durch eine Motivation für andere Tätigkeiten erreichen."[29] Andere Belohnungsgegenstände, die sich - hier wörtlich: bei "Konditionierungsversuchen" - als erfolgreich erwiesen haben, waren Süßigkeiten, beliebte Desserts, Zigaretten, und auch einmal die Erlaubnis zum Klavierspielen.[30]

Ein anderes Therapieprogramm, das sog. Realitätsorientierungsprogramm, möchte ich hier etwas ausführlicher vorstellen. Es ist gedacht für Personen, die unter Gedächtnisverlust leiden, Verwirrtheitszustände haben, im Hinblick auf Zeit und Raum desorientiert sind. Dazu heißt es in der "Interventionsgerontologie": "Man unterscheidet bei dieser Therapie 1. das sog. 24-Stunden-Programm, 2. ergänzende Gruppensitzungen und 3. die Einstellungstherapie. Dabei sollte man mit der Einstellungstherapie, die sich an alle Pflegekräfte richtet, beginnen. ... So beginnt ein solches Programm mit einem Kurs für das Pflegepersonal mit der Instruktion, dem Patienten bei jeder Gelegenheit Zeit- und Raum-Information zu geben. Bei jeder Interaktion mit dem Patienten gilt es, ihm Grundinformationen zu vermitteln ("Guten Morgen, Frau Müller, es ist heute Montag, jetzt ist es 8 Uhr und die Sonne scheint"). Ergänzt werden soll dieses Grundverhalten der Pfleger, das der Patient über 24 Stunden hinweg erfährt, durch verschiedene Hilfsmittel: große Kalender verschiedenster Art (Abreiß-, Steck-, Drehkalender, große Uhren, die der Patient selbst immer auf den neuesten Stand bringen sollte: ein Realitätsorientierungs-Board mit den wichtigsten Angaben über Ort und Raum; Spiegel, Poster mit realistisch abgebildeten Gegenständen aus dem Alltag. In den strukturierten Gruppensitzungen, jeweils nur 4 bis 8 Personen, 30 bis 60 Minuten lang, jeden Tag über einen längeren Zeitraum hinweg, soll eine Reorientierung geübt werden, durch die Wiederholung von Grundinformationen: Begrüßung jedes einzelnen mit Handschlag und Namen durch den Therapeuten, Erwähnen von Datum, Zeit und Wetter unter Hinweis auf die Realitätsorientierungstafel. Jeder einzelne wird gebeten, diese Angaben zu wiederholen. Es folgt eine 15minütige Gruppendiskussion über ein konkretes Thema ... Nach einer 10minütigen Erfrischungspause eine weitere 15-Minuten-Diskussion über konkretes Tagesgeschehen. ... Alle Diskussionen sollen Unterstützung durch Anschauungsmaterial erfahren."[31]

Dieses Trainingsprogramm - abgekürzt: ROT - hat seit Mitte der 80er Jahre Einzug in viele Alten- und Pflegeheime in unserem Land gehalten. Dazu muß man wissen, daß in jenen Jahren der Anteil "Verwirrter", "dementiell erkrankter und psychisch veränderter" älterer Menschen in den Heimen dramatisch angestiegen war und die in der Altenpflege Beschäftigten dieser Entwicklung zumeist hilflos und verständnislos gegen-

überstanden. Wer "verwirrt" (räumlich, zeitlich, sozial ...
desorientiert) war, wurde, sofern möglich (und wenn er nicht
gerade von dort kam), in die Psychiatrie überwiesen. Unru-
hige, aggressive Verwirrte wurden "sediert" (mit Psychopharmaka "ruhiggestellt"), "fixiert" (festgebunden) und in
"geschlossenen Abteilungen" verwahrt. Viele Heimleiter, die
sich mit dieser Praxis nicht anfreunden oder zufriedengeben
wollten, sahen in diesem Therapieprogramm eine willkommene
Alternative. In einem Frankfurter Altenzentrum wurde intensiv
an der methodischen Ausgestaltung des ROT gearbeitet und
1987 eine umfangreiche Kartei mit Vorschlägen zur Durchfüh-
rung von Gruppenstunden vorgelegt. Dazu kamen 1990 3 Vi-
deofilme, in denen demonstriert wird, wie diese Gruppenstunden abgehalten werden sollten.[32]

Im ersten dieser Filme werden Szenen aus einer Gruppensit-
zung mit 7 Heimbewohnerinnen, die als "leicht dementiell"
eingestuft wurden, gezeigt. Das sieht und hört sich etwa so an:
Die Bewohnerinnen sitzen an einem Tisch, auf dem ein Ad-
ventskranz mit zwei brennenden Kerzen steht. Der Therapeut,
männlich, Alter ca. 30 Jahre, blickt freundlich in die Runde
und beginnt:
"Ich darf Sie jetzt erst mal begrüßen zu unserer Gruppenstunde. Guten Morgen, es ist ja noch recht früh am Morgen, es
ist jetzt Viertel vor Zehn - da oben ist auch eine Uhr und Sie
haben ja sonst zweimal in der Woche Gruppenstunde, heute
haben Sie dann nochmal Gruppenstunde. Dann stell ich mich
erst mal vor, mein Name ist ... Wir kennen uns ja schon von
der Gruppenstunde und ich arbeite im J.K. Heim. Vielleicht
können Sie sich jetzt auch mal der Reihe nach vorstellen, wie
Sie heißen, wo Sie herkommen ... "
(Das geschieht dann reihum, der Therapeut fragt auch nach
Mädchennamen und Geburtsdatum, bietet an, das Alter auszu-
rechnen ... "Soll ich Ihnen denn mal ausrechnen, wie alt Sie
sind?" ... "Dann sind Sie jetzt 89! - Ja, die Zeit geht um ... ")

Therapeut: "Weil wir grad bei der Zeit sind. Haben Sie heute schon mal auf Ihren Kalender geguckt? Wissen Sie, was wir für einen Tag und Datum haben? Sie haben ja in Ihrem Zimmer so einen schönen Kalender zum Abreißen ... "

Bewohnerin zur anderen: "Haben wir schon geguckt? - das weiß ich nicht!" (Gemurmel).

Therapeut: "Weiß jemand, was wir für ein Datum haben? Das sehen Sie auch noch mal hier auf dieser blauen Datumstafel. Die Frau K. hat es schon mal vorgelesen. Können Sie es noch mal vorlesen?"

Frau K.: "Montag 11.Dezember 1989."

Therapeut: "Und was ist das für eine Jahreszeit, die wir jetzt haben?"

Bewohnerin: "Winter!"

Therapeut: "Ja, Winter, fast Winter. Der Wintersanfang ist ..."

Bewohnerin: "Am 21.Dezember ist Wintersanfang!"

Therapeut: "Vom Wetter her ist es draußen schon sehr winterlich - morgens ist es immer weiß gereift, - draußen - und hier hab ich auch ein Bild von einem winterlichen Baum, so wie die Natur jetzt im Winter aussieht!"

Bewohnerin: "Schöner Baum, wunderbarer Baum!"

Therapeut: "Im Winter aufgenommen, liegt auch noch ein bißchen Schnee - ein Baum ohne Blätter - "

Bewohnerin: "Was ist denn das für ein Baum?"

Therapeut:"Das ist ein Baum, typisch für die winterliche Jahreszeit."

Bewohnerin: "Aha"

Therapeut: "Was das für ein Baum ist - ich glaub', das is' ne Buche ... "

Bewohnerin: "Hat aber einen kurzen Stamm!"

Therapeut: "Ich glaub', das is' ne Buche, bin mir aber auch nicht ganz sicher, was das für ein Baum ist. - Ja, jetzt im Winter, wo es so kalt draußen ist, muß man sich auch dement-

sprechend anziehen - kleiden. Wenn Sie jetzt rausgehen, was
würden Sie denn noch anziehen?"
Bewohnerin: "Mantel!"
Therapeut: "Wintermantel - und was noch? ... " (Es folgen
jetzt weitere Nennungen wie Handschuhe, warme Schuhe
usw., dann Überleitung zum Thema Kleidung früher, Schürzen
über den Kleidern, Strümpfe stopfen, stricken, Kleidung aus-
bessern, nähen.)
Therapeut: "Gut, dann hören wir mal auf damit - wir machen
in der Gruppenstunde ja auch immer ein paar Ratespiele ... "
(Heute sind Sprichwörter an der Reihe. Der Therapeut sagt zur
Bewohnerin: "morgen, morgen", die Bewohnerinnen sagen:
"nur nicht heute"; Therapeut: "viele Köche", Bewohnerinnen:
"verderben den Brei"; Therapeut: "eine Schwalbe", Bewohne-
rinnen: "macht noch keinen Sommer" ...)
Dann Therapeut: "Ich weiß, Sie haben früher viel gesungen.
Sie haben sicher sehr viel mehr Lieder gelernt als wie ich in
meiner Schulzeit."
Bewohnerin: "Soso"
Therapeut: "Ich les' jetzt immer mal die erste Zeile vor ..."
Bewohnerin: "Ja, und wir müssen ergänzen!"
Therapeut: " - ob Sie das Lied kennen und vor allem auch die
Melodie kennen - "
Bewohnerin: "Wir kennen: O, du wunderschöner deutscher
Rhein"
Therapeut: "Ja, und wie geht das?"
Bewohnerinnen fangen an zu singen.
Therapeut: "Aha". Bewohnerinnen singen weiter, Therapeut
blättert derweil in seinen Unterlagen, sieht seine Karteikarten
durch, Bewohnerinnen singen weiter, Therapeut sagt
"wunderbar" und "hmh". Die 1.Strophe ist zu Ende. Therapeut
sagt (lobend): "Sie kennen wirklich fast jedes Lied!" Darauf
beginnen die Bewohnerinnen zu singen: "Ich weiß nicht, was
soll es bedeuten ... "

Therapeut sieht zu, sagt "wunderbar" und packt seine Unterlagen zusammen. Die 1.Strophe ist zu Ende, die Bewohnerinnen beginnen mit der 2. Strophe, der Therapeut sagt noch einmal "wunderbar" und: "Jetzt muß ich aber noch was sagen!" (Der Gesang hört auf.) "Es ist fünf vor halb elf, da ist Ihre Gruppenstunde schon bald zu Ende, ich wollt Ihnen noch was zeigen (hält eine gerahmte Fotografie des Heimes hoch), kennen Sie das?" Und: "Wer von Ihnen wohnt denn in diesem Haus?" Die Antworten gehen jetzt etwas durcheinander - dann laut und scharf artikuliert aus dem Hintergrund: "Ach Sie sind ja nicht gefragt worden, es ist ja eine andere Dame gefragt worden!" Dann wieder der Therapeut: "So, und nun zum Schluß Ihrer Gruppenstunde leg' ich noch einen Schlager auf aus Ihrer Jugendzeit, an den können Sie sich ja noch alle erinnern - und dann gehen wir alle nach Haus."

Plattenspieler: "Jawohl meine Herren, das haben wir gern, jawohl, jawohl, jawohl." Alle singen mit. Abblende.

Im dritten Film wird eine Gruppenstunde vorgeführt, in der Realitäts-Orientierung mit Heimbewohnern, die - wie gesagt wird - unter schweren dementiellen Erkrankungen leiden, trainiert wird. Hier ist u.a. zu sehen, wie die Therapeutin (ca. Mitte 30, freundlich, sympathisch) einer Bewohnerin ein Tablett mit Toilettenartikeln vorhält und dreimal fragt: "Wo liegt der Kamm?" Als keine Antwort kommt: "Schauen Sie mal, wo könnte der Kamm liegen?" Dann nimmt sie den Kamm und fragt: "Was ist denn das hier?" Antwort: "Das is' a Mantel!" In der nächsten Szene rollt die Therapeutin einen hohen Ankleidespiegel heran und sagt: "Herr B., ich hab' Ihnen einen ganz großen Spiegel mitgebracht!" Herr B., sichtlich verwundert: "Einen großen Spiegel haben Sie mir mitgebracht?" Dann die Aufforderung: "Schaun Sie mal da rein, wen sehen Sie da drin? Wer ist das?" Antwort: "Seh' ich einen alten Mann!" Sie beugt sich zu ihm herab: "Und wer ist noch drin? Wer ist noch drin?" Antwort: "Außer dem alten Mann ist niemand mehr drin!" Die Therapeutin wiederholt: "Ist niemand mehr drin?"

Herr Bewohnerin: "Nein!" Therapeutin: "Herr B., das sind
Sie!" Herr Bewohnerin: "Ich bin das?" Therapeutin: "Ja, das
sind Sie!" Herr B. sagt leise: "Ach Gott nochmal", er beginnt
zu weinen. Therapeutin, aufmunternd: " Herr B. - Sie sind so
alt geworden, hm? Was meinen Sie denn, wie alt Sie sind,
Herr B.?" Antwort: "So alt bin ich noch net, wie ich da aus-
seh'!" Therapeutin: "So alt noch nicht?" - "Nein!" Therapeutin: "Sie sind aber alt geworden!" Herr B., leise und traurig:
"Ich bin alt geworden, jawohl, und zwar bin ich mit Ehren alt
geworden." Sie wiederholt: "Mit Ehren!" Kurze Pause, dann
die Therapeutin: "Sie haben mir mal erzählt, Sie waren Karos-
seriebauer, gell, ja, das war sicher ein feiner Beruf!" Szenen-
wechsel.

**6. "Ein Kaleidoskop aus Zeitkristallen": Bilder aus einem
anderen Leben**

Gedächtnis- und Orientierungsstörungen gehören auch im
"normalen Leben" zur alltäglichen Erfahrung. Die Fähigkeit,
Erinnerungen durch gezielte Anstrengungen hervorzuholen,
Situationen durch Analysieren und Schlußfolgern zu rekon-
struieren, geht jedoch bei dementiellen Erkrankungen zunehmend verloren. Selbstbeobachtung und Selbstwahrnehmung
werden ebenfalls vom Abbauprozeß betroffen. Dementiell Erkrankte verlieren ihr Selbstbild. Es kommt vor, daß sie sich
auf Fotos oder im Spiegel nicht erkennen. In seinem "Versuch
einer Einfühlung in die Wahrnehmung Desorientierter"[33]
schreibt Ralf Oberle: "Dementiell Erkrankte erleben die Welt
als etwas, das unberechenbar und chaotisch über sie herein-
bricht. Sie können weder Vergangenheit noch Zukunft über-
blicken. Ihre Gegenwart besteht aus einem zusammenhanglo-
sen Aufblitzen von Eindrücken, die sie bewußt zu ordnen nicht
die Fähigkeit haben. Ihre Wahrnehmung ist daher zersplittert
in eine Vielzahl von Einzelteilen, 'Zeitkristallen', die sich wie

in einem Kaleidoskop zu immer neuen Weltwahrnehmungen zusammensetzen und so, über Zeit und Raum hinweg, dem Betroffenen Handlungsimpulse geben."[34] Verhaltensweisen dementiell Erkrankter sind Versuche, adäquat auf eine ihnen unübersichtliche Situation zu reagieren: "Insofern handelt es sich dabei um einen unendlich kreativen Kompensations-versuch ihres Gehirns. Während dieser Versuche ständig korrigiert zu werden, ist eine beschämende, eine kränkende Erfahrung für Menschen, die sich trotz aller Ausfälle darum bemühen, irgendetwas von dem, was um sie vorgeht, festzuhalten. ... Selbst-Isolation durch das Einstellen jeder verbalen Kommunikation, regressives, abhängiges Verhalten, Flucht in Halluzinationen und aggressive Unnahbarkeit sind, so gesehen, oft Auswirkungen unserer Verweise auf die Realität."[35]

Einen eigenen Weg, "verwirrtes Verhalten" zu verstehen und als ein für den "Verwirrten" sinnvolles Verhalten zu akzeptieren, weist Erwin Böhm, seit Jahren geriatrischer Kranken-pfleger in Wien. In seinem Buch "Verwirrt nicht die Verwirrten"[36] beschreibt er, wie es gelingen kann, "unverständliche" Verhaltensweisen zu entschlüsseln. Böhm verwendet hier den Begriff "Prägung" und meint damit die in Kindheit und Jugend "eingeprägten" Wert- und Ver-haltensmuster, die im sog. "Altgedächtnis" überleben und dem "Verwirrten" auch nach 50 - 60 Jahren noch - oder wieder! - Sinn und Handlungsorientierung bieten. Weiß man etwas über die Lebensgeschichte des einzelnen und kennt sich aus in der Geschichte der Zeit, in der die heute 80 oder 90-Jährigen jung waren, dann erscheinen deren heutige Verhaltensweisen durchaus einsichtig und vernünftig. So wird das nächtliche "Herumgeistern" eines Heimbewohners verständlich - er war früher Bäcker und mußte um 2 Uhr nachts aufstehen; das Hamstern und Horten von verschimmelten Lebensmitteln im Nachtschrank: es war ungewiß, ob es morgen wieder etwas zu Essen gab; die standhafte Weigerung, das Komfort-Bad mit

Hydraulik-Lifter zu benutzen: gewaschen wurden nur das
Gesicht und die Hände in der Waschschüssel ... ; die
angebliche Zwangsvorstellung, den Gasherd kontrollieren zu
müssen, obwohl doch Zentralheizung im Zimmer ist: aber
Gasexplosionen waren vor 60 Jahren eine täglich drohende
Gefahr; die vermüllte, vollgestopfte, "verwahrloste"
Wohnung: weggeworfen wurde nichts, eng war es sowieso.
Böhm sagt, daß sich manche alte Leute in von Gerümpel
vollgestopften Wohnungen wohlfühlen und im Dreck
Sicherheit finden, ein Phänomen, das in etwas edleren Formen
auch in Mittelschichtwohnungen anzutreffen sei; nur daß deren
Bewohner nicht auf Mülldeponien nach Brauchbarem suchen,
sondern zum Trödler gehen.

Böhm erinnert auch daran, daß viele alte Menschen in ihren
Kindertagen am liebsten auf Müllplätzen gespielt haben. Er
schreibt: "Das Spielen mit alten Dosen, Bauschutt, und anderem Gerümpel war der optimale Tummelplatz der Kinder
ungefähr bis zum Jahre 1950. ... Erdlöcher, Höhlen, Bomben-
ruinen, in denen man auch manchmal Messingtürschnallen ab-
montieren konnte (und aus dem Erlös ins Kino ging) wurden
zum Inbegriff der Freiheit und Kindheit. Diese Plätze strahlten
Sicherheit, Geborgenheit, Freundschaft aus, auf die man sich
in depressiven Stimmungen zurückziehen konnte. Auf solchen
Plätzen wurde 'Vater, Mutter und Kind' gespielt, trafen sich
die Kinder der Umgebung. Auch ich habe schöne Erinnerungen an solche Plätze. Auf einem, dem 'Schirach-Bunker',
rauchte ich die erste Zigarette."[37]
Böhms "Geschichten von der Reaktivierung" lesen sich dann
auch fast ein wenig trivial, aber sehr einleuchtend. Der ehemalige Bäcker bekommt kein Schlafmittel mehr, sondern kann
von 2 Uhr bis morgens um 8 Uhr in der Ambulanz der Klinik
spazierengehen; die ehemalige Gastwirtin wird ermuntert, ihre
Kochrezepte (aus dem Gedächtnis!) aufzuschreiben; eine 80-
Jährige, die früher Varieté-Tänzerin war, zeigt den jungen
Krankenschwestern wie man sich damals geschminkt hat; ein

ehemaliger Englischlehrer gibt Pflegern und anderen Patienten Nachhilfeunterricht.[38]

In ihrem Bericht "Sperrt uns nicht ein"[39] beschreibt die Leiterin eines Dortmunder Alten- und Pflegeheimes wie - aus der Not geboren und durch ein "Aha-Erlebnis" befördert - ein ehemals ungenutzter Andachtsraum in eine "Wohnküche" verwandelt wurde und nun dem Tagesaufenthalt verwirrter Heimbewohner dient. Die besonders umtriebigen, "heimflüchtigen" Verwirrten sollten einmal zu einem gemeinsamen Kaffeetrinken zusammengebracht werden, und weil die Pflegerinnen mit dem Einsammeln und der Beaufsichtigung der Bewohnerinnen so viel zu tun hatten, war vergessen worden, den Tisch zu decken. Irmgard Göschel schreibt: "Und jetzt geschah ein Wunder: die alten Frauen begannen, den Tisch zu decken, Kaffee einzuschenken und Brötchen zu streichen. Man trank Kaffee, schwatzte, trank wieder Kaffee, schwatzte weiter. Alle Bewohner blieben sitzen, keiner lief weg und jeder schien zufrieden zu sein. Wir trauten unseren Augen nicht."[40] Heute werden die verwirrten Heimbewohner täglich von morgens bis zum Abend (mit Ruhepausen in den Zimmern) in diesem Wohnraum betreut und mit Tätigkeiten beschäftigt, die auch früher ihren Alltag ausfüllten. Da es sich ganz überwiegend um Frauen handelt, die ja früher fast alle auch "Hausfrauen" waren, sind das Tätigkeiten wie Frühstück zubereiten, Tisch decken, abräumen, aufräumen, Geschirr spülen, Mittagessen vorbereiten, Kochen, Backen, Bügeln, Blumen versorgen usw. Die (wenigen) Männer helfen oder schauen zu - so ähnlich wie früher auch. Daneben wird auch über Lebenserinnerungen gesprochen, werden Fotoalben angeschaut, finden Kreis- und Bewegungsspiele statt; Spaziergänge bei Wind und Wetter mit Regenschirm gehören ebenso zum Tagesprogramm - früher gingen die Hausfrauen auch bei jedem Wetter zum Einkaufen ... Das Erstaunliche an diesem Modell - von seiner Erfinderin immer noch eher als Provisorium bezeichnet - ist, daß verwirrte Heimbewohner plötzlich Handlungen ausführten, die ih-

nen niemand mehr zugetraut hatte, weil sie zu selbständigen
Verrichtungen nicht mehr fähig schienen, überhaupt als nicht
ansprechbar galten.

Ihre Lebensgeister erwachten wie aus einem Dämmerschlaf,
wenn auch nicht in dem Sinn, den wir vielleicht "normal" nennen würden - immerhin: Personen, die vorher am Weglaufen
gehindert werden mußten, fanden keinen Grund mehr zum
Fortlaufen, Psychopharmaka und Schlafmittel wurden überflüssig.

Um Mißverständnissen vorzubeugen, sei ausdrücklich festgestellt, daß es in beiden genannten Beispielen nicht darum gehen soll, für eine neue, bessere Therapie zu werben, die das
Ziel verfolgt, mit intelligenteren Einsichten und klügeren
Tricks Verwirrte in unser nicht-verwirrtes Leben zurückzuholen oder dort festzuhalten. Es sind Versuche, Brücken zu
bauen, die von beiden Seiten her betreten und - manchmal -
auch überschritten werden können. "Verwirrtheit" ist eine
Form der Menschlichkeit, die uns näherrückt, je länger wir leben.

7. Lange leben: Anders leben (dürfen)?

Lange leben heißt auch: überleben, zurücklassen, "übrig bleiben". Viele sind gestorben, die im vergangenen Leben wichtig
waren. Sie haben Spuren und Erinnerungen zurückgelassen,
die den Nachgeborenen fremd oder unbekannt sind. Sprache
und Symbolik des täglichen Lebens haben sich verändert. Und
wenn ein 90-Jähriger die Welt nicht mehr versteht, dann kann
das heißen, daß er sie nicht mehr verstehen kann, oder es kann
heißen, daß er sie nicht mehr verstehen mag und es ihm nicht
der Mühe wert scheint, sie zu verstehen wie ein 30- oder 50-
Jähriger, weil sie nicht mehr seine Welt ist. Was spricht dagegen, Wert- und Handlungsmuster einer noch gar nicht so fernen Vergangenheit zu respektieren, wenn sie sich nicht aggres-

siv und missionarisch gegen die "Normalität" der Gegenwart
wenden - zumal in einer Gesellschaft, die sich gern als "multi-
kulturell" bezeichnen läßt?

Die Achtung vor der Würde des Menschen ist nicht an
"Kompetenz" und "Mündigkeit" gebunden. Seit 1992 gibt es
auch keine Entmündigung oder Vormundschaft für Volljährige
mehr. Mit dem neuen Betreuungsgesetz wurden explizite
Rechtsvorschriften erlassen, die insbesondere auch dem verwirrten Menschen den "Schutz seiner Rechte und Freiheiten
und die Förderung von Selbstbestimmung"[41] garantieren. Ver-
wirrtheitssymptome gilt es nicht zu bekämpfen, sondern zu
verstehen. Dazu verpflichtet das neue Betreuungsrecht die
"anderen" und, so kommentiert Thomas Klie, "... räumt den
Betroffenen - oft auch als Zumutung für die anderen - ein
Recht darauf ein, sich anders zu verhalten und anders zu leben
als 'andere' es für richtig halten."[42]

Ein gesetzlicher Betreuer ist gehalten, das Wohl des Betroffenen zu fördern und seine Wünsche ernstzunehmen und ihnen
bis zur Grenze der Zumutbarkeit und erheblichen Selbstgefähr-
dung auch zu folgen.[43] Es gilt hier, so schreibt Klie, "der Satz
von Georg Büchner: 'Wir sind alle Narren und keiner von uns
hat das Recht, seine eigentümliche Narrheit einem anderen
aufzudrängen'"[44]

Sicher wird niemand herbeisehnen, seinen Verstand zu verlieren. Die statistische Wahrscheinlichkeit spricht auch dafür,
daß dies eher nicht geschieht. Aber weder berufliches Training
noch Senioren-Studium können das garantieren. Ich fände es
tröstlich zu wissen, daß es auch dann ein Leben vor dem Tode
geben kann, das geschützt und geachtet wird und uns die Freiheit läßt, "in Ruhe verrückt zu werden". Oder auch nur ein
wenig "wunderlich", ganz gleich wie es im Kopf oder auf dem
Kopf aussieht.

Anmerkungen

[1] Vgl. z.B. Hans Peter Tews, Altersbilder. Über Wandel und Beeinflussung von Vorstellungen vom und Einstellungen zum Alter, herausgegeben vom Kuratorium Deutsche Altershilfe, Köln 1991.
[2] Vgl. Statistisches Bundesamt (Hg.), Im Blickpunkt: Ältere Menschen, Wiesbaden 1992.
[3] Vgl. ebenda, S. 12 und S.23.; sowie Perspektiven zur Zukunft: Noch mehr Alte Menschen erwartet. Statistisches Bundesamt legt neue Modellrechnung vor, in: KDA Presse- und Informationsdienst 7/1986, S.4-9.
[4] Tews, a.a.O.
[5] Ebenda, S.10.
[6] Ebenda, S.33.
[7] Ebenda, S.34.
[8] Ebenda, S.35 f.
[9] Ebenda, S.81.
[10] Ebenda.
[11] Heidenheimer Zeitung, 15.2.1994.
[12] Hans Peter Tews, Altersbilder, a.a.O. S.39.
[13] Ebenda, S.55; vgl. auch S.49-67; und: Rentner oder Pensionäre? Alte oder Senioren? Umfrage zeigt, welche Vorstellungen hinter den Begriffen stehen, in: KDA Presse- und Informationsdienst 7/1989, S.4-7.
[14] Heidenheimer Zeitung, 8.2.1994.
[15] Süddeutsche Zeitung, 15.2.1994.
[16] Ebenda.
[17] Reimer Gronemeyer, Die Entfernung vom Wolfsrudel. Über den drohenden Krieg der Jungen gegen die Alten, 3.A. Düsseldorf 1990, S.162.
[18] Ursula Koch-Straube, Hans-Bernd Koch, Reiner Leisner, Alternsforschung. Ein Lernprogramm für die Praxis, Stuttgart u.a. 1973, S.27.
[19] Ebenda, S.29.
[20] Vgl. z.B. Ursula Lehr, Psychologie des Alterns, 2.A. Heidelberg 1974.
[21] Ursula Lehr (Hg.), Altern - Tatsachen und Perspektiven. Ergebnisse interdisziplinärer gerontologischer Forschung, Bonn 1983, S.20
[22] Ebenda, S.21 f.
[23] Ursula Lehr (Hg.), Interventionsgerontologie, Darmstadt 1979.
[24] Ebenda, Klappentext.
[25] Ebenda.
[26] Ebenda.
[27] Ebenda, S.35
[28] Ebenda, S.36.
[29] Ebenda, S.37.
[30] Ebenda, S.38.
[31] Ebenda, S.25 f.

[32] Esther Weitzel-Polzer, Helga Rasehorn, Eckard Rasehorn, Christof Brühl (Hgg.), Therapie: Kartei praktischer Vorschläge zur psychosozialen Therapie mit verwirrten alten Menschen, Hannover: Curt R.Vincentz Verlag 1987.
[33] Ralf Oberle, Ein Kaleidoskop aus Zeitkristallen. Versuch einer Einfühlung in die Wahrnehmung Desorientierter, in: Altenpflege 3/1992, S.174-176.
[34] Ebenda, S.174.
[35] Ebenda, S.176.
[36] Erwin Böhm, Verwirrt nicht die Verwirrten. Neue Ansätze geriatrischer Krankenpflege, 6.A. Bonn 1992.
[37] Ebenda, S.177.
[38] Vgl. auch Erwin Böhm, Alte verstehen. Grundlagen und Praxis der Pflegediagnose, Bonn 1991.
[39] Irmgard Göschel, Sperrt uns nicht ein. Erfahrungsbericht aus einem Pflegeheim, Hannover 1990.
[40] Ebenda, S.15.
[41] Thomas Klie, Recht auf Verwirrtheit? Das Betreuungsrecht für die Altenarbeit. Eine Arbeitshilfe, Hannover 1993, S.V.
[42] Ebenda.
[43] Vgl. ebenda, S.8.
[44] Ebenda, S.8f.

Diskussion

Das von Frau Leitner angeprangerte Modell der Förderung von Lebensqualität im Alter durch verhaltenstherapeutische Aktivierungsprogramme wie ROT hat zunächst Betroffenheit und Einverständnis mit ihrer Kritik ausgelöst.

Dann fragten wir uns allerdings, ob dies wirklich ein repräsentatives Bild unserer Altenbetreuung ist, ob dies nicht ein die Ausnahme darstellendes Primitivprogramm sei und vor allem, ob solche Programme - wie von Frau Leitner angedeutet - von der gerontologischen Wissenschaft gedeckt sind. Eine Aktivitäts- oder Kompetenztheorie des Alterns führt nicht notwendig zu solchen Programmen; auch wurden in der Bonner gerontologischen Schule (Thomae, Lehr) - wie auch in anderen gerontologischen Arbeitsgruppen - Modelle des Alterns entwickelt, die nicht ausschließlich aktivitätstheoretisch begründet sind.

Hier schloß sich die Diskussion alternativer Modelle in der Altenarbeit an. Die Nachfrage nach konkreten Projekten (Tagesbetreuung, Beschütztes Wohnen) führte zum Problem der Finanzierbarkeit solcher Maßnahmen. Auch hier setzte sich die Meinung durch, daß nicht die Programme allein, sondern die Umsetzung durch erfahrene, einfühlsame Betreuungspersonen wichtig ist.

Es bleibt das Grundproblem der Funktionalisierung und Pädagogisierung von Lebensqualität im Alter. Wenn es darum geht, Menschen zu helfen, in Würde alt zu werden, so sind nicht sozialtechnologische Programme, sondern Einfühlung und Zuwendung primär gefragt. Läßt sich Lebensqualität und Glück überhaupt sozialtechnisch herstellen? Höchstens notwendige aber nicht hinreichende Bedingungen können wohl geschaffen werden.

Wichtig ist hier wohl auch, so wurde angeregt, die Betonung der sozialen Komponente. In der Theorie darf es nicht nur um psychophysisches Wohlbefinden gehen, für Lebensqualität ist auch soziales Wohlbefinden alter Menschen zentral. Ebenso für die Praxis zeigt sich die Bedeutung der sozialen Dimension, von der Berücksichtigung der familiären Einbindung vor allem pflegebedürftiger älterer Menschen bis hin zur Vernetzung und Interessenartikulation in Rentnergewerkschaften.

Zusammenfassend haben Vortrag und Diskussion der Lebensqualität im Alter wohl gezeigt, daß ein differenzierter Lebensqualitätsbegriff nötig ist, der auf objektive Bedingungen, subjektives Wohlbefinden, Selbstbestimmung und soziale Einbindung gleichermaßen gegründet ist.

Philipp Mayring

C

Gerhard Schmied

Der Tod in der modernen Gesellschaft und die Frage eines menschenwürdigen Lebensendes

I.

Das Thema, das an dieser Stelle im Tagungsprogramm ausge-druckt ist, lautet "Menschenwürdig sterben. Institutionelle Zwänge und Widerstände".[1] Ich werde schwerpunktmäßig über kulturkritische Äußerungen zum modernen Tod sprechen, die ich mit soziologischen Befunden konfrontieren will. Das tangiert nicht so deutlich wie das vorgesehene Thema den Leitgedanken dieser Veranstaltung, nämlich Lebensqualität. Ich werde aber die Zentralbegriffe in dem ursprünglich an dieser Stelle vorgesehenen Vortrag, nämlich "Institution" und "menschenwürdig", auch in meinem Referat aufgreifen und sie zunächst zum Rahmen für die zentralen Darlegungen machen. Gleichzeitig soll auf sie immer wieder bei Details zurückge-griffen werden; meine zentralen Ausführungen sollen also für diese beiden Zentralbegriffe offen sein.

Spätestens seit Arnold Gehlens Ausführungen in seiner Phi-losophischen Anthropologie wird der Begriff "Institution" im Sinne von wiederkehrenden, eingeschliffenen, als selbstver-ständlich erachteten Handlungen, aber auch Vorstellungen be-nutzt.[2] Der Alltagssprache näher steht der Begriff der Institu-tion, der im großen und ganzen mit dem der Organisation identisch ist. Obwohl der Terminus "Institution" mit diesem Bedeutungsinhalt nicht unbedingt zum Kanon der Begrifflich-keit in der Soziologie gehört, soll er in dem vorliegenden Refe-rat verwendet werden.

Wir wissen es vom Buchtitel: Jeder stirbt für sich allein.[3]
Auf diese Weise hat jeder Mensch seinen eigenen Tod. Auch
in diesem zweiten Satz ist wieder ein literarischer Bezug enthalten. Eines der Gedichte von Rainer Maria Rilke beginnt: "O
Herr, gib jedem seinen eignen Tod".[4] Im Gegensatz zu der
Selbstverständlichkeit, die ich mit dem eigenen Tod ver-
knüpfte, ist bei Rilke dieser eigne Tod etwas, das erbeten werden muß, damit es vielleicht eintritt. Dichterworte sind vielfach deutbar, und es ist sicher möglich, das, was man heute
den menschenwürdigen Tod nennt, mit diesem eignen Tod zu
identifizieren. Menschenwürdiger Tod: ein frommer Wunsch?
Ein von niemandem bestrittenes Postulat, und letztlich doch
leere Formel? Ich will gleich an dieser Stelle eine nähere, mit
Inhalt füllbare Bestimmung riskieren: Der menschenwürdige
Tod wäre der, der dem Sterbenden nicht mehr Belastungen
auferlegt, als sie durch seinen körperlichen und psychischen
Zustand als Sterbender unvermeidlich sind.[5] Das bedeutet, daß
möglichst viele Faktoren, die den Sterbenden beeinträchtigen,
zu identifizieren und zu eliminieren sind.

Jeder Mensch hat seinen eigenen Tod, aber   - und hier
kommt die kulturgeschichtliche Dimension ins Spiel - auch
jede Zeit hat ihren eigenen Tod. Nach dem bekannten französischen Todesforscher Philippe Ariès dominierte im Mittelalter
der gezähmte Tod, der Tod, der vom Sterbenden gefühlt, angenommen und der rituell begleitet wurde.[6] Aus dem 19. Jahrhundert werden Geschichten kolportiert, nach denen Sterbende
verzückt ihr Ende erlebten. Ariès nennt das die schönen Tode.[7]
Und was ist unser Tod; was ist typisch für das Sterben in der
modernen Gesellschaft? Da scheint es nur eine Antwort zu geben. Aus dem Munde der Kulturkritiker, aus ihren Beiträgen in
den Medien und auf Symposien schallt es uns einhellig entgegen: Sterben und Tod werden in unseren modernen Gesellschaften verdrängt. Man ist sich selten so einig wie in diesem
Fall. Und doch wollen wir uns erlauben, diese anscheinend so
selbstverständliche Antwort zu hinterfragen. Ist es zutreffend,

daß Sterben und Tod heute primär dadurch charakterisiert sind, daß sie verdrängt werden?

Ein Ansatzpunkt der Auseinandersetzung mit diesen Fragen könnte der Ursprung dieser Rede vom <u>verdrängten Tod</u> sein. Der Weg zu diesem Ursprung endet bei Max Scheler. Der 1928 verstorbene Philosoph, einer der großen Anreger des Geisteslebens in diesem Jahrhundert, verstand es, Problemgehalte in eine Formel zu gießen, die intuitiv einsichtig und für die Zeitgenossen unbefragbar richtig erschien. Und in seiner nachgelassenen Abhandlung "Tod und Fortleben" hat er die zeitgenössische Vorstellung von Sterben und Tod auf den Punkt, auf das Schlagwort schlechthin, nämlich auf das vom Tod als dem verdrängten Phänomen gebracht. Es heißt dort vom modernen Menschen: Er sei "umschrieben durch die 'Struktur seines Erlebens'. Ich nehme aus dieser Erlebnisstruktur des modernen Menschen nur ein Element: **Arbeit** und **Erwerben**, für den älteren Typ mehr oder weniger durch den Lebensbedarf diktierte willkürliche Betätigungen, werden für ihn **triebhaft** und, weil triebhaft, damit grenzenlos. ... Diese neuen triebhaft gewordenen Impulse des grenzenlosen Arbeitens und Erwerbens sind es vor allem, die eine **neue innere Gesamtstellung zum Tode** begründen; und hieraus erst als eine beiläufige Folge auch die Idee, die sich die Wissenschaft dieses Typus vom Tode macht. Dieser neue Menschentyp fürchtet nicht mehr den Tod, wie der antike Mensch; sondern so, wie sein grenzenloser Arbeits- und Erwerbstrieb ihn hinausdrängt über alle Kontemplation und allen Genuß Gottes und der Welt, so narkotisiert er ihn auch gegen den Todesgedanken in einer ganz besonderen Weise. Der Sturz in den Strudel der Geschäfte um der Geschäftigkeit selbst willen, das ist, wie schon Blaise Pascal sagt, die neue fragwürdige Medizin, die dem modernen Menschentypus die klare und leuchtende Idee des Todes **verdrängt** und die Illusion eines endlosen Fortganges des Lebens zur unmittelbaren Grundhaltung seiner Existenz werden läßt".[8] Um es zusammenzufassen: Unsere Lage in den modernen industriellen Gesellschaften bringt es nach Scheler mit sich, daß der Tod verdrängt wird. Die Art des in ihr gepflegten Besitzstrebens, die für sie typische Rastlosigkeit, sie sind es, die den Tod vergessen lassen, die es gestatten, das Sicherste in unserem Leben, nämlich daß wir sterben müssen, zu dem zu machen, mit dem nicht gerechnet wird. Der moderne Tod ist demnach der verdrängte Tod.

II.

Max Scheler hat mit dem Begriff der Verdrängung des Todes ein Schlagwort kreiert, das in der modernen Kulturkritik immer wieder aufgegriffen und schier endlos gewendet wird. Es wird aber auch durch immer neue Begriffe ergänzt, die ebenfalls globale Charakterisierungen des Umgangs mit dem Phänomen "Tod" erlauben sollen. Werner Fuchs hat eine Auflistung solcher Begriffe vorgelegt. Neben "Verdrängung" nennt er "Tabuisierung, Banalisierung, Bagatellisierung, Privatisierung, Entöffentlichung".[9] Bei all diesen Begriffen wird immer eine Nähe zum Begriff der Verdrängung angenommen. Wir wollen im folgenden so vorgehen, daß wir uns zuerst diesen rund um das Zentrum "Verdrängung" gruppierten Begriffen zuwenden und sie mit der Wirklichkeit, wie sie sich uns alltäglich, aber auch in anerkannten Zahlenwerken darbietet, konfrontieren. In dieser Konfrontation werden sich die Begriffe als nur teilweise richtig oder sogar unzutreffend erweisen. Dabei werden aber - oft im Kontrast zu den kulturkritischen Vorgaben - die Umrisse von tatsächlichen Charakteristika modernen Sterbens sichtbar werden. Danach werden wir uns wieder dem Ausgangspunkt, der Verdrängung, zuwenden.

Greifen wir zunächst den Begriff der Bagatellisierung auf! Als Grundlage aller Überlegungen bietet sich an: Todesfälle in der engeren Familie haben schon immer die Menschen am meisten bewegt, und das gilt auch für die Gegenwart in den modernen Gesellschaften. Die Familie - und zwar sowohl die Herkunfts- als auch die Eigenfamilie - ist auch heute noch für die meisten der wichtigste Faktor ihres sozialen Lebens. Gewiß hat die Familie Funktionen verloren; das gilt etwa für den Bereich des Wirtschaftens und auch für die Erziehung. Aber gleichzeitig ist die Intensität des Gefühlslebens in der Familie gewachsen. Die Familie ist der Raum schlechthin, in dem Gefühle ausgelebt werden können, während die Arbeitswelt einen Bereich darstellt, der in der Regel gefühlsmäßig neutral definiert wird. Das emotionale Klima in der Familie, das übrigens von der Zuneigung zwischen den Ehepartnern, von Liebe zwischen Eltern und Kindern ebenso bestimmt sein kann wie vom Haß der Gatten aufeinander oder von tiefgreifenden Generationenkonflikten, läßt enge Verbindungen in der Familie entstehen. Sind gefühlsmäßig tiefe Verbindungen, die im ganzen positiv erlebt werden, zu lösen, und der Tod ist die radikalste Lösung einer Bindung, so schmerzt diese Lösung unvergleichlich. Der Tod eines der Mitglieder der engeren Familie ist im Normalfall keine Bagatelle, sondern eine der großen Lebenskatastrophen. Dabei orientiert sich die Wucht dieser Katastrophe in der Regel auch am Verwandtschaftsgrad. Kinder, Gatte oder Gattin, Elternteile und Geschwister, diese Reihenfolge ist oft für Erwachsene auch ein Gradmesser für die Schwere des Verlusts.

Zu einer solchen Erlebnisdimension, wie er mit dem Begriff der Katastrophe vermittelt werden soll, werden Todesfälle durch einen weiteren Zug modernen Sterbens. Und zwar erleben Menschen heute Todesfälle in der engeren Familie relativ selten. Der moderne Tod ist für die meisten der seltene Tod, und dies in erster Linie, weil die für frühere Gesellschaften typische Säuglings- und Kindersterblichkeit entscheidend zurückgegangen ist. Alois Hahn schätzt, daß innerhalb dieser engeren Familie nur alle zehn bis 15 Jahre ein Todesfall vorkommt.[10] Stirbt eines der Mitglieder in der Familie, so kommt neben dem Verlust als solchem eine selten oder noch nie wahrgenommene Dimension hinzu, eben der Tod als Erlebnis, daß eine Person, die wichtig und gar unersetzbar ist, endgültig, unwiederbringlich aus unserem Leben getreten ist. Familienangehörige sind in der Regel beim Tod innerhalb der engsten Verwandtschaft zutiefst getroffen, im Durchschnitt der Fälle mehr als zu den Zeiten, in denen die Gefühlskultur innerhalb der Familie nicht so stark entwickelt war, wie sie es gegenwärtig ist.

Die Konzentration der Betroffenheit beim Tode eines Menschen auf die nächsten Angehörigen und Freunde könnte so interpretiert werden, daß sie zwingend das Akzeptieren der Formel von der Privatisierung und Entöffentlichung des Todes nach sich zieht. Und auch hier könnte wieder das Argument herangezogen werden, daß dort, wo der einzelne in die Öffentlichkeit tritt, nämlich an seinem Arbeitsplatz, das Sterben und der Tod der Angehörigen nichts ist, das in gleicher Weise berücksichtigt werden muß wie eine Krankheit oder eine sonstige Beeinträchtigung. Aber dennoch ist der Vorwurf der Privatisierung und Entöffentlichung viel zu ungenau und pauschal. Denn im Gegensatz zu dieser Charakterisierung übernehmen immer mehr öffentlich tätige Institutionen im Zusammenhang mit Sterben und Tod Funktionen. Und zwar haben wir es hier mit Institutionen im Sinne des zweiten anfangs genannten Bedeutungsgehalts, mit Institutionen im Sinne der Organisationen, zu tun. Dazu zählen u. a. die kommunale Verwaltung sowie Bestattungsinstitute. Aber am wichtigsten ist die Institution "Krankenhaus". Denn dort und nicht mehr in den eigenen vier Wänden wird am häufigsten gestorben. Bereits 1975 verbrachten 54,5 % aller in der Bundesrepublik Verstorbenen ihre letzten Stunden im Krankenhaus.[11] Und neueste Zahlen aus der Schweiz besagen, daß in wenigen Jahren der Anteil der in Altersheimen Verstorbenen von 8 % auf 14 % angestiegen ist.[12]

Es gibt Anhaltspunkte dafür, daß sehr viel mehr Menschen zuhause sterben möchten, als dies tatsächlich der Fall ist. Es gibt allerdings auch eine ganze Reihe von Gründen, die gegen das Sterben zuhause sprechen, wobei ihre Verwendung als Argumente im Einzelfall zutreffend, aber auch vorgeschoben sein kann. Dieser Hinweis auf vorgeschobene Gründe zielt auf Wahrhaftigkeit vor sich selber, soll aber keineswegs die Grundvoraussetzung aller Pflege eines Sterbenden zuhause verdecken, daß nämlich ein belastbarer Angehöriger diese Aufgabe in der Hauptsache übernehmen kann, wobei die Mitwirkung ambulanter Hilfsdienste in die Überlegungen einbezogen ist. In vielen Fällen sind Angehörige mit einer Dauerpflege überfordert. Bisweilen sind bei häuslicher Pflege nicht alle Möglichkeiten moderner Medizin nutzbar; gravierend ist vor allem, wenn Schmerzen nicht optimal gelindert werden können.[13] Auch bei bestimmten Wunden, bei künstlichen Körperausgängen u.ä. kann häusliche Pflege nicht den angemessenen Standard erreichen.[14]

So bleibt in vielen Fällen doch wieder nur der Aufenthalt in einem Krankenhaus übrig. In der Auffassung von der Funktion eines Krankenhauses besteht aber oft eine Divergenz zwischen Personal und Angehörigen eines Sterbenskranken. Seitens des Personals sieht man die Aufgabe darin, die Gesundheit des Patienten wiederherzustellen. Diese Aufgabe gilt als beendet, wenn keine Aussicht auf Gesundung mehr besteht. Für die Pflege eines Sterbenden gilt, was Ephrem Else Lau festgestellt hat: "Die Rolle des Sterbenden ist mithin nicht wie die des Patienten strukturell gewollt und eingeplant".[15]

An dieser Funktionslücke setzt das sog. Hospiz-Konzept[16] an. Hospize - auch wieder Institutionen im Sinne von Organisationen - sind als Orte speziell für die letzte Phase des Lebens gedacht, in denen das Ziel der Heilung weit hinter das der Fürsorge zurücktritt. Eine enge Beziehung zwischen Patient und Personal gehört zur "Philosophie" solcher Häuser. Die Schmerzen, die oft ein gravierendes, wenn nicht das gravierendste Problem für den Sterbenden darstellen, sollen konsequent bekämpft werden. Die Zahl der Hospize, die sich oft an "St. Christopher's" in London, der ersten Einrichtung dieser Art in einer modernen Gesellschaft, orientieren, nimmt in den letzten Jahren deutlich zu; es wird derzeit in Deutschland von rund 200 Hospizen und Hospizinitiativen ausgegangen. Der Bundespräsident wie die Kirchen haben dieser Institution Aufmerksamkeit und Sympathie geschenkt.

An dieser Stelle soll der Strang unserer Überlegungen kurzzeitig abgebrochen werden. In einem Exkurs sollen einige Anmerkungen zum Thema "Sterben und Individualisierung" folgen. Individualisierung ist derzeit ein zentrales Stichwort in der Soziologie, das viele Aspekte hat. Es soll der der Freisetzung aus sozialen Bindungen herausgegriffen werden.[17] Lassen Sie mich zunächst auf einige Strukturen hinweisen. Exemplarisch ein Datum: Der Anteil der Einpersonenhaushalte stieg von 19,4 Prozent aller Haushalte im Jahre 1950 auf 35 Prozent im Jahre 1992;[18] man könnte auch auf die Größenordnungen bezüglich des Anteils der Ledigen und Geschiedenen, der kinderlosen Ehepaare und der Einkindfamilien eingehen. Diese letztere Größe wird erst in der nächsten Generation wirksam, da, falls ein Kind alleinbleibt, Geschwister als Teil eines Beziehungsnetzes fehlen werden. In solchen Daten ist das Leid derer, die keinen passenden Partner gefunden haben, sich ihren Kinderwunsch nicht erfüllen konnten oder den Partner durch Tod oder Scheidung verloren haben, ein häufiger menschlicher Hintergrund. Aber in diesen Zahlen sind auch etwa die sog. Singles im engeren Sinn enthalten, die bewußt und gewollt allein leben. Ihre Zahl soll im Steigen sein, und ihr Lebensmuster entspricht gewissen Facetten des Individualisierungsprozesses, von denen der Begriff "Selbstverwirklichung" nur ein Schlaglicht darstellt. Folgt man ersten Untersuchungen, so sind diese Singles im engeren Sinn keineswegs isoliert. Sie können auf umfassende Netzwerke zurückgreifen, die vor allem aus Eltern, Geschwistern und Freunden bestehen.[19] Sie können an ihrem Lebensende auf Geschwister oder Freunde als Begleiter zählen. Fallen Geschwister oder deren Anhang aus, so bleiben doch vielleicht Freunde. Dennoch: Freiwillig oder unfreiwillig Alleinstehende werden öfter als früher ohne nähere Angehörige sein, wenn sie zum Sterben kommen. Dies dürfte in der nächsten Generation noch deutlicher werden, wenn partnerschaftliche Beziehungsnetze sich weiter in die Richtung fortentwickeln, in die derzeitige Tendenzen weisen, und die Einzelkinder im vorgerückten Alter sind.

Man könnte nun argumentieren: Wenn sowieso mehrheitlich in Institutionen gestorben wird, dann ist es nicht mehr von so großem Belang, ob nähere Angehörige vorhanden sind oder nicht. Wer einmal ältere Väter oder Mütter im Krankenhaus hatte, wird wissen, was es für einen Kranken bedeutet, daß Angehörige im Hintergrund sind. Da ist nicht nur emotionale Zuwendung wichtig, sondern auch Kontrolle gegenüber ärztlicher Versorgung und Pflege, die sich in Routine erschöpft. Haben hier Freunde die Autorität, die Angehörige besitzen? Werden sie dieses Engagement und andere Formen des Einsatzes auf sich nehmen? Oder schlägt erst dann die große Stunde der Hospize? Heute wird in Hospizkonzepten noch großer Wert darauf gelegt, daß die Familie in den Betreuungsprozeß einbezogen wird. Aber werden in Zukunft Hospize die Sterbeorte vor allem für diejenigen sein, die im Leben alleinstanden und die von denjenigen mit ähnlichem Geschick oder auch ähnlicher Präferenz getröstet werden? Auf dem existenziell wohl sensibelsten Gebiet des Sterbens zeigen sich also Probleme, die aus der Individualisierung erwachsen und die bisher eher in bezug auf Renten und Pflege beachtet wurden. Und vielleicht zeigen sich mit der Hospizbewegung auch erste Lösungsansätze.

Eine recht nüchterne Untersuchung, die am Institut für Sozialforschung der Universität zu Köln durchgeführt und 1992 auf dem Soziologentag in Düsseldorf vorgestellt wurde, ist noch einmal ein guter Beleg gegen die Entöffentlichungs- bzw. Privatisierungsthese, die am Anfang unserer Überlegungen zu Institutionen im Sinne von Organisationen stand. Und der Vorzug dieser Arbeit liegt darin, daß in ihr die historische Dimension gut ausgeprägt ist, so daß ein zeitlicher Vergleich möglich ist, der bei der Verdrängungsthese und verwandten Vorstellungen stets mitgedacht ist. Die Autoren der Studie, Karl Wilhelm Grümer und Robert Helmrich, haben Todesanzeigen im Zeitraum von 1820 bis 1992 miteinander verglichen.[20] Die Todesanzeige ist eine Form der Öffentlichmachung eines Todes, steht also gegen die Vorstellung der Privatisierung. Die beiden Autoren konstatieren insgesamt, daß in den Todesanzeigen im Laufe der Zeit immer mehr Informationen, vor allem aber Details über den Tod vermittelt werden. Ferner stellen sie heraus, daß die Todesanzeige immer stärker auch als Einladung zu den Totenfeiern "Begräbnis" und dem im katholischen Bereich üblichen "Seelenamt" fungiert. Hier wird auch der Leser der Anzeige zur Reaktion aufgefordert. Eine solche implizite Aufforderung zur Reaktion kann dadurch vermieden werden, daß man sich alle Formen des Beileids verbittet oder daß man die Todesanzeige erst nach dem Begräbnis erscheinen läßt. Die erste der beiden Möglichkeiten wurde im Laufe der Zeit konstant genutzt, die zweite kommt immer seltener vor. Insgesamt spricht die Untersuchung für sich, und eine solche handwerklich sauber durchgeführte Untersuchung kann viel rein Theoretisches, das, mit dem Brustton der Überzeugung vorgetragen, suggestiv überzeugen kann, relativieren.

Vielleicht noch häufiger als der Begriff "Verdrängung" wird "Tabuisierung" zur Charakterisierung des Todes in modernen Gesellschaften verwandt. Die Verwendung des Begriffs "Tabu" ist allerdings schon von der Wortbedeutung her falsch, wenn sie in den Zusammenhang des Todes in modernen Gesellschaften gestellt wird. Tabu entstammt dem polynesischen Wortschatz und meint ursprünglich alles Außerordentliche, dann aber auch die Vermeidung bestimmter Dinge oder Handlungen. "Inzest-Tabu" ist ein Beispiel für den richtigen Gebrauch des Wortes "Tabu", zumal mit dem Inzest-Tabu die

Vorstellung einer Strafe im Falle der Verletzung verbunden ist. Denn ein Tabu enthält immer den Gesichtspunkt der Strafe. Die Strafe kann beim Inzest-Tabu durch die Zuwiderhandlung selbst (z.b. geschädigte Kinder) oder durch gesellschaftliche Ahndung informeller wie formeller Art eintreten. Derartiges fehlt in unseren Vorstellungen über den Tod weitgehend. Kaum jemand glaubt, daß Denken an und Sprechen über den Tod, das Betrachten von Toten und der Besuch von Friedhöfen Bestrafungen durch Krankheit oder Tod nach sich ziehen. In den Vereinigten Staaten besitzt die Mehrzahl der Personen, die in einem Jahr sterben, bereits einen für sie zuvor erworbenen Grabplatz.[21] 1976 lag dort der Prozentsatz der Ehepaare mit mindestens einer Lebensversicherung bei 90 %.[22] In der Bundesrepublik Deutschland ist der Bestand an Lebensversicherungen ebenfalls hoch; beim Abschluß einer solchen Versicherung ist der Tod des zu Versichernden ein kaum zu umgehendes Thema.

Was bisher für den privaten Raum festgestellt werden konnte, gilt weitgehend auch für den öffentlichen. Bei Verkehrsunfällen, bei denen Tote zu beklagen sind, ist der Andrang der Neugierigen oft besonders groß. In Film, Fernsehen und Theater werden Sterben und Tod durchaus nicht ausgespart. Zu den Informationen, die wir nicht nur von Sensationsblättern erwarten, gehören Einzelheiten über die letzten Stunden der Großen dieser Welt. So ist die Behauptung eines "Tabu Tod" für westliche Industriegesellschaften eindeutig falsch. Tod als Tabu kennen afrikanische Stämme, die ihre Toten auf weit entfernten Inseln begraben. Bei den Hopi-Indianern im Süden der USA darf über Tote nicht geredet werden.[23] Die Strafe auf die Verletzung eines Tabu kommt bei einer Frau im brasilianischen Urwald zur Sprache. Als sie nach den Daten des Todes von acht ihrer Kinder gefragt wird, sagt sie: "Ich behalte weder das Datum noch die Erinnerung daran, weil ich den Tod nicht von neuem herbeirufen will".[24]

III.

Beim psychologischen Begriff der Verdrängung, der am Ausgangspunkt unserer Überlegungen stand, ist Unlust von großer Bedeutung, die einen Verdrängungsmechanismus in Gang setzt. Aufgrund solcher Gefühle meidet der Betroffene ein Thema oder eine Handlung. Das trifft auf Sterben oder Tod nicht zu, wie gezeigt werden konnte. Gerade Menschen, die von einem sehr intensiven Sterbeerlebnis beeindruckt sind oder sich in Todesgefahr befanden, reden mehr über Sterben und Tod als andere. Von dieser letzten Feststellung wird auch eine zweite Komponente des Begriffs "Verdrängung" berührt. Verdrängung bezeichnet nach Joachim Wittkowski einen "unbewußten, psychodynamischen Prozeß, der unlustbetonte Bewußtseinsinhalte bewußtseinsunfähig ... macht".[25] Aber gerade in den Situationen, in denen der Gedanke an Sterben und Tod besonders belastet oder Angst bereitet, werden diese Fragen zum Gesprächsgegenstand, was ihre Präsenz im Bewußtsein voraussetzt.

Es ist möglich, daß die ständige Wiederholung der Rede vom verdrängten Tod dazu geführt hat, daß Sterben und Tod in den letzten beiden Jahrzehnten zu einer Art Modethematik wurde. Die apodiktische Behauptung, daß der Tod in kapitalistisch bestimmten Strukturen negiert werde, hat eine schon auffällig häufige Beschäftigung mit ihm zur Folge. In diesem Zusammenhang sind zwei Ebenen von Bedeutung.

Zunächst ist eine Häufung von wissenschaftlichen Publikationen festzustellen. Von den 3.800 Publikationen über Sterben und Tod, die zwischen 1845 und 1975 erschienen, wurden 3.400 zwischen 1964 und 1975 veröffentlicht.[26] Bücher wie Elisabeth Kübler-Ross' "Interviews mit Sterbenden" oder Raymond A. Moodys "Leben nach dem Tod" fanden eine große Leserschaft. Kaum eine Akademie läßt es sich entgehen, eine Tagung zu Sterben und Tod abzuhalten. Und letztlich ist

auch die Wahl des hier behandelten Themas für diese Tagung
ein Beleg für die eingangs postulierte Tendenz.

Neben häufiger wissenschaftlicher Beschäftigung sind auch
zunehmend therapeutische Bemühungen zu beobachten. Am
wichtigsten sind in diesem Zusammenhang Selbsthilfegruppen
z. B. von Krebspatienten, von Eltern, die ein Kind verloren
haben usw. Und natürlich ist in diesem Zusammenhang noch-
mals auf die Hospiz-Bewegung hinzuweisen.

Der Begriff der Verdrängung sowie die weiteren weitgehend
als Synonyme gedachten Termini sind also alles andere als
treffend, wenn es um die Charakterisierung des Todes in den
modernen Gesellschaften geht. Soweit diese Begriffe etwas
Richtiges treffen - und damit kommen wir zu einem neuen
Argument - dann handelt es sich in der Regel nicht um typisch
moderne Züge des gedanklichen und praktischen Umgangs mit
Sterben und Tod, sondern um generelle, um nicht zu sagen:
natürliche, Einstellungen und Verhaltensweisen. Sterben und
Tod sind interkulturell negativ bewertete Aspekte. Max Scheler
sah - im Gegensatz zu den meisten derer, die ihn zustimmend
zitieren - diesen generellen Zug. Er unterschied nämlich zwischen der Verdrängung des Todes, die er als typisch für moderne Gesellschaften ansah, und der "normalen" Todesver-
drängung, wie er sie nennt und von der er schreibt: "Es gibt
eine Verdrängung der Todesidee, die bis zu einem gewissen
Maße eine **allgemeine** und **normale** Erscheinung der menschlichen Natur darstellt. Und diese Erscheinung ist zweifellos von
hoher vitaler Zweckmäßigkeit. Nur durch die Zurückdrängung
der Todesidee aus der Zone des klaren Beachtungsbewußtseins
wächst den einzelnen Nützlichkeitsaktionen des Menschen jener 'Ernst' und jene Gewichtigkeit und Bedeutsamkeit zu, die
ihnen fehlten, wenn der Todesgedanke uns immer klar und
deutlich im Bewußtsein gegenwärtig wäre".[27] Es gehört zum
Menschen, daß er sich vor dem Tode fürchtet und daß er ihn
von sich fernzuhalten sucht.

Begriffe wie Verdrängung und Tabuisierung sind kulturkritische Kleinmünze, leicht handhabbar, auf den ersten Blick evi-
dent. Schlagworte vom Typ der bisher erörterten bewirken jedoch nicht viel, ja sie verhindern in ihrem globalen Charakter,
mit der Breite, die alles Bedeutsame im Phänomen "Tod und
Sterben" abzudecken scheint, Differenzierungen im Umgang
mit Sterben und Tod und auch Schwachstellen in diesem Umgang. Denn der Duktus unserer Überlegungen soll nicht darauf
hinauslaufen, daß es in bezug auf Tod und Sterben keine Probleme gäbe, daß wir in einem Stadium einer relativ perfekten
Bewältigung von Sterben und Tod angelangt seien. Es gibt
gravierende Probleme, und abschließend soll exemplarisch ein
Bereich angesprochen werden, für den das Attribut
"problematisch" zutrifft.

IV.

Eine Art gedanklicher Voraussetzung für das Problem, das
behandelt werden soll, ist ein weiteres Charakteristikum modernen Sterbens. In den Statistiken zu den Todesursachen fällt
auf, daß Herz- und Kreislaufkrankheiten sowie bösartige Neubildungen die häufigsten Todesursachen in modernen Gesellschaften sind. 1989 entfielen 23 Prozent der Todesfälle auf
bösartige Neubildungen und etwas über 50 Prozent auf Krankheiten des Kreislaufs.[28] Besonders bei bösartigen Neubildungen, aber auch bei manchen Krankheiten des Kreislaufsystems
ist ein langes Leiden zu erwarten. Bezieht man noch die lebensverlängernden Möglichkeiten der modernen Medizin mit
in das Kalkül mit ein, so kann modernes Sterben häufig auch
als langes Sterben gekennzeichnet werden. Aus den Problemen, die mit diesem langen Sterben verbunden sind, soll das
Reden mit einem Menschen über den letalen Verlauf seiner
Krankheit herausgegriffen werden, also das offene Gespräch
darüber, daß er in absehbarer Zeit sterben wird. Hier haben

wir es mit einer Institution im Sinne von Handlungen zu tun, allerdings mit einer teilweise noch zu schaffenden Institution. In der Praxis geht es dabei vor allem um die Informationen von Krebskranken über ihren Zustand. Vieles von dem, was im folgenden bedacht werden soll, gilt sinngemäß auch für die Immunschwäche AIDS, die neben Krebs zu den besonders gefürchteten Todesursachen gehört.

Im Rahmen einer heute schon klassisch zu nennenden Untersuchung beobachteten die beiden amerikanischen Soziologen Barney G. Glaser und Anselm L. Strauss, daß in den von ihnen berücksichtigten Krankenhäusern ein Verhalten von Krebskranken und gegenüber Krebskranken am häufigsten vorkam, das sie "context of mutual pretense"[29] ("Kontext wechselseitiger Täuschung") nannten. In diesem Falle wußten Personal, Angehörige und Kranke um die Situation, die in absehbarer Zeit zum Tode führen würde. Aber jede Seite tat, als würde der Patient bald genesen. Das Personal betreute den Sterbenden wie jeden anderen Patienten. Man mied im Gespräch "gefährliche" Themen. Und wenn einer der Beteiligten in Unbedachtsamkeit erkennen ließ, daß er über die tatsächliche Situation im Bilde war, tat der andere so, als habe er es nicht bemerkt. Die beiden Autoren bewerteten dieses Phänomen positiv. Es böte dem Sterbenden in gewisser Weise Wahrung der Würde und der Intimität. Gegen diese Bewertung kann man einwenden, daß es den heutigen Auffassungen von Menschenwürde widerspricht, wenn man einem Individuum die Wahrheit über seinen Zustand und über seine Zukunft verschweigt. Und es kann geltend gemacht werden, daß eine Bilanzierung des Lebens und Planungen für die Zeit nach dem Tode nicht möglich gemacht werden.

Für das Kriterium "Wahrhaftigkeit" sprechen die Ergebnisse verschiedener Untersuchungen. So wollten im Rahmen einer deutschen Arbeit von 1980 96 von 100 befragten Leukämiepatienten die noch zu stellende Diagnose wissen. Und nach amerikanischen Befragungen aus den Jahren 1950 und 1957 spra-

chen sich 89 % bzw. 81 % der Krebskranken für eine Aufklärung aus.[30]
    Die Diagnose z. B. von Krebs als solche läßt sich oft heute
kaum mehr verschweigen, was bis in die letzten Jahre leicht
möglich war. Es gibt inzwischen ein Netz von onkologischen
Abteilungen in Krankenhäusern und onkologische Spezialkliniken. Wer dorthin eingewiesen wird, weiß in der Regel darum.
Auch ist der Arzt inzwischen zur Aufklärung des Patienten
über die Diagnose verpflichtet. Es ist für ihn jedoch möglich,
sich in der Frage der Konsequenzen aus der Diagnose bedeckt
zu halten. Der amerikanische Mediziner Donald Oken charakterisiert diese Variante des Verhaltens folgendermaßen: "Die
durchschnittliche Politik ist, so wenig wie möglich zu sagen,
und dies mit allgemeinen Floskeln, die dazu bestimmt sind, die
Kooperation bei der Behandlung zu sichern".[31] Diese "Politik"
stellt wohl eine Art Schutzverhalten der Ärzte vor als zutiefst
belastend empfundenen Interaktionen dar. Ist dem Arzt daran
gelegen, daß der Patient über die Konsequenzen der Diagnose
aufgeklärt wird, wird er diese Aufgabe oft den Angehörigen
übertragen. Eine solche Vorgehensweise habe ich erst vor relativ kurzer Zeit in einer der großen deutschen onkologischen
Spezialkliniken wieder beobachten können.
    Wenn dem Kranken - sei es vom Arzt, sei es von Angehöri-
gen - klargemacht worden ist, daß sein Leiden in absehbarer
Zeit zum Tode führen wird, dann treten neue Probleme zutage.
Der Patient kann zwar alle Vorkehrungen treffen, die ihm
wichtig erscheinen. Aber die Wahrheit, die man ihm übermit-
telt hat, ist eine, die ihn belastet und die tagtäglich neu verar-
beitet werden muß. Oft wird sich der Patient daher so äußern,
als sei die Zukunft weiterhin offen. Und es wäre grausam, ihn
dann immer wieder konsequent auf den "Boden der Wirklichkeit" zurückzuholen. Wie wichtig diese Hoffnung ist, zeigt
folgender Auszug aus einem Gespräch von Krebspatienten in
einer Therapiegruppe, das uns Annemarie Tausch überliefert
hat und das ich immer wieder heranziehe.

Patientin A: "Als ich vor einem Jahr die Leberspiegelung machte, da kam eine fremde Ärztin, die sagte gleich: 'Heilen kann man das nicht - nur ein bißchen verlängern.' Ich will gern die Wahrheit wissen, weil ich auf Heilung hoffe. Aber die hat mir klipp und klar gesagt: 'Heilen kann man es nicht'."
Patientin B: "Du hast doch eben gesagt, du willst die Wahrheit hören. Da stimmt doch etwas nicht."
Patientin A: "Daß man es nicht heilen kann, das hätte sie weglassen können. Ich will doch Hoffnung haben."
Patientin C: "Es ist ein großes Problem: Was wollen wir eigentlich von den Ärzten hören? Können wir es verkraften?...".[32]

Diese Äußerungen von Krebspatienten lassen überdeutlich werden, daß das Übermitteln der Wahrheit über den letalen Verlauf eine äußerst anspruchsvolle Aufgabe ist. Man kann nur zustimmen, wenn als Lernziel einer "Ausbildung für den Umgang mit Sterbenden" formuliert wird: "Der Teilnehmer soll in der Lage sein, mit dem Patienten offen zu kommunizieren (bzw. ihn aufzuklären) und ihm dabei einen Rest Hoffnung lassen".[33] Vielleicht sind wir damit auch einer bestmöglichen Lösung eines sehr schwierigen Problems nähergerückt. Ein Verschweigen der fatalen Diagnose, wie es in den letzten Jahrzehnten noch häufig die Regel war, ist bequem. Früher war ein Insistieren auf der Wahrheit üblich, und das war manchmal grausam. Dies konnte beispielsweise aus religiösen Gründen geschehen, wenn etwa die Spendung des in der katholischen Kirche früher sogenannten Sakraments der Letzten Ölung - einer damals als unverzichtbar geltenden Institution - sichergestellt werden sollte.

Wir leben in einer Zeit, in der wir von vielen Traditionen abgeschnitten sind. Vielfach wird das Fehlen einer ars moriendi beklagt. Das ist aber manchmal auch gut, wenn damit die Suche nach Lösungen freigehalten wird, die eher humanen Standards angemessen sind. Dabei darf ich an das Insistieren auf das Sterbenmüssen erinnern. Aber das Fehlen von Vorge-

gebenem, von dem, was man eben zu tun hat, ist stets auch
eine Belastung. In schwierigen Situationen stellen sich dann die
Fragen: Was kann man tun? und: Was ist das Richtige, das
Bessere? Diese schwere Last kann durch das erleichtert wer-
den, was man heute als Bewußtseinsbildung bezeichnet, als öf-
fentliche Diskussion dessen, was auf den Nägeln brennt. Es ist
daher kein Zufall, daß die wissenschaftlichen Bemühungen um
Sterben und Tod wie die unterhalb dieser Ebene liegenden
Auseinandersetzungen an Bedeutung gewinnen. Auf beiden
Ebenen sollten auch wir ansetzen, denn wir sind nicht nur Wis-
senschaftler, sondern auch Menschen, die unausweichlich dem
Tode entgegengehen.

Anmerkungen

Weitere Literaturverweise finden sich in meiner Schrift: Sterben und Trauern in der modernen Gesellschaft. Opladen 1985.

[1] Vgl. die Dokumentation dieses Vortrags in dem vorliegenden Band.
[2] Vgl. etwa Gehlen, A.: Anthropologische Forschung. Reinbek 1961. S.
70ff.
[3] Gemeint ist der Titel eines Romans von Hans Fallada aus dem Jahre
1947.
[4] Rilke, R. M.: Das Stundenbuch. Frankfurt/M. 1973. S.94.
[5] Generell gilt, daß hier und im weiteren meist das Sterben und nicht der
Tod thematisiert wird. Aber die Formeln etwa vom eignen oder vom verdrängten Tod legen nahe, dieses Wort statt "Sterben" zu verwenden.
[6] Vgl. Ariès, Ph.: Geschichte des Todes. München - Wien 1980. S. 13ff.
[7] Vgl. ebd., S. 521ff.
[8] Scheler, M.: Tod und Fortleben. In: Ders., Schriften aus dem Nachlaß,
hrsg. von M. Scheler. Bd. I. 2. Aufl. Bern 1957. S. 28 ff. (Alle Hervorh.
außer "verdrängt" von Scheler).
[9] Fuchs, W.: Todesbilder in der modernen Gesellschaft. Frankfurt/M.
1969. S. 8.
[10] Vgl. Hahn, A.: Einstellungen zum Tod und ihre soziale Bedingtheit.
Stuttgart 1968. S. 23.
[11] Vgl. Engelke, E.: Situation und Umfeld für Sterbebeistand heute. In:
Ders. u.a. (Hrsg.): Sterbebeistand bei Kindern und Erwachsenen. Stuttgart
1979. S. 24.

[12] Mündliche Mitteilung von Frau Ursula Streckeisen/Bern.
[13] Vgl. Hinton, J.: Dying. 2.Aufl. Harmondsworth u.a. 1972. S. 133.
[14] Vgl. ebd., S. 75f.
[15] Lau, E. E.: Tod im Krankenhaus. Köln 1975. S. 32.
[16] Vgl. zur Hospiz-Bewegung die Ausführungen in meinem o.a. Buch auf S. 53 f.
[17] Das Beispiel schlechthin für den Zusammenhang von Individualisierung und Sterben bzw. Tod ist die seit Jahren intensiv geführte Debatte um die Euthanasie. Bereits 1985 schrieb ich dazu in der o.a. Schrift: "Die Euthanasie wird sich letztlich durchsetzen. Hier dürften neben den lebensverlängernden Möglichkeiten der Medizin und ihren schrecklichen Nebenfolgen wieder einmal das Moment der Hochschätzung des Individuums und seiner Selbstbestimmung durchschlagend wirken" (S. 90). Übrigens gibt es auch einen direkten Bezug zum Konzept der Lebensqualität; wenn eine positiv definierte Qualität des Lebens infolge von Beeinträchtigungen durch das Subjekt nicht mehr feststellbar ist, dann soll es möglich sein, dieses Leben zu beenden.
[18] Errechnet nach: Statistisches Bundesamt (Hrsg.): Lange Reihen. Wiesbaden 1993. S. 101.
[19] Vgl. Meyer, S./Schulze, E.: Balancen des Glücks. München 1989. S. 99ff.
[20] Vgl. Helmrich, R./Grümer, K.-W.: Die Verdrängung des Todes in der modernen Gesellschaft. Eine empirische Prüfung am Beispiel von Todesanzeigen. In: Meulemann, H./Elting-Camus, A. (Hrsg.), 26. Dt. Soziologentag 1992. Lebensverhältnisse und soziale Konflikte im neuen Europa. Sektionen, Arbeits- und Ad-hoc-Gruppen, Opladen 1993, S. 660 - 662.
[21] Vgl. Hahn. S. 44.
[22] Vgl. Kalish, R. A.: Death, Grief, and Caring Relationships. Belmont/Cal. 1981. S. 193.
[23] Vgl. Hahn. S. 69 f.
[24] Ziegler, J.: Die Lebenden und der Tod. Darmstadt/Neuwied 1977. S. 50.
[25] Wittkowski, J.: Tod und Sterben. Heidelberg 1978. S. 125 f. (bei Wittkowski Hervorh. des Textes).
[26] Vgl. Engelke. S. 17.
[27] Scheler. S. 27 (Hervorh. durch Scheler).
[28] Statistisches Bundesamt (Hrsg.): Statistisches Jahrbuch 1993 für die Bundesrepublik Deutschland. Wiesbaden 1993. S. 468f.
[29] Glaser, B. G./Strauss, A. L.: Awareness of Dying. 9. Aufl. New York 1979. S. 64. Die Übersetzung des Begriffs "context of mutual pretense" folgt der deutschen Ausgabe des Buches: Interaktion mit Sterbenden. Göttingen 1974.
[30] Vgl. Huppmann, G./Werner, A.: Sterben in der Institution: psychologische Aspekte. Medizin - Mensch - Gesellschaft 7, S. 160 (1982).

[31] Oken, D.: What to Tell Cancer Patients: A Study of Medical Attitudes. In: R.F. Weir (Hrsg.): Ethical Issues in Death and Dying. New York 1977. S. 15. (Übersetzung von mir, G.S.).
[32] Tausch A.: Gespräche gegen die Angst. Reinbek 1981. S. 60.
[33] Koch, U./Schmeling, C.: Ausbildung für den Umgang mit Sterbenden. In: E. Engelke u.a. (Hrsg.): Sterbebeistand bei Kindern und Erwachsenen. Stuttgart 1979. S. 133.

Randolph Ochsmann

Menschenwürdig sterben: Institutionelle Zwänge und Widerstände[*]

> O Herr, gib jedem seinen eigenen Tod.
> Das Sterben, das aus jenem Leben geht,
> darin er Liebe hatte, Sinn und Not.
>
> Denn wir sind nur die Schale und das Blatt
> Der große Tod, den jeder in sich hat,
> das ist die Frucht, um die sich alles dreht.

Einleitung

Der eigene Tod. Mit diesem Begriff hat Rainer Maria Rilke sein Todesverständnis 1903 in einem Gedicht im "Stundenbuch" ausgedrückt (Rilke, 1966, Bd.1, S. 103). Damit wendet sich der Dichter, dessen ganzes Denken um das Todesproblem kreist, gegen das unpersönliche moderne Sterben. Was Rilke mit dem eigenen Tod meint, läßt er Malte in dem Roman "Die Aufzeichnungen des Malte Laurids Brigge" von 1910 sagen, der von einem Sterbehotel in Paris schreibt:
Dieses ausgezeichnete Hotel ist sehr alt, schon zu König Chlodwigs Zeiten starb man darin in einigen Betten. Jetzt wird in 559 Betten gestorben. Natürlich fabrikgemäß. Bei so enormer Produktion ist der einzelne Tod nicht so gut ausgeführt, aber darauf kommt es auch nicht an. Die Masse macht es. Wer gibt heute noch etwas für einen gut ausgearbeiteten Tod? Niemand. Sogar die Reichen, die es sich doch leisten könnten, ausführlich zu sterben, fangen an, nachlässig und gleichgültig zu werden; der Wunsch, einen eigenen Tod zu haben, wird immer seltener. Eine Weile noch, und er wird ebenso selten sein wie ein eigenes Leben ...

*Wenn ich nach Hause denke, ... dann glaube ich, das muß
früher anders gewesen sein. Früher wußte man ... daß man
den Tod in sich hatte wie die Frucht den Kern. Die Kinder
hatten einen kleinen in sich und die Erwachsenen einen
großen. Die Frauen hatten ihn im Schoß und die Männer in
der Brust. Den hatte man, und das gab einem eine
eigentümliche Würde und einen stillen Stolz (Rilke, 1980, S.
10f).*

Früher hätten Menschen ihren eigenen Tod gehabt, so Rilke.
Sie starben - sie wurden nicht gestorben. Nun sei der Tod -
ebenso wie das Leben - ein Serienfabrikat. Wie gelebt wird, so
wird auch gestorben. Wer mechanisch gelebt hat, der wird mechanisch sterben. Wer mit Würde gelebt hat, der wird mit
Würde sterben (Pöhlmann, 1991).

Der Zusammenhang zwischen dem Leben und dem Sterben
ist offensichtlich. Die Endphase des Lebens läßt sich nicht von
den vorausgegangenen Phasen abtrennen, weshalb die Frage
nach der Lebensqualität auch in den letzten Stunden eines Lebens zu stellen ist. Diese Frage mündet folglich in die Frage
nach einem menschenwürdigen Sterben und seinen Bedingungen, womit das Thema des vorliegenden Beitrages formuliert
wird. Es geht dabei nicht um normative Festlegungen, was ein
"guter Tod" ist, sondern um die empirischen Grundlagen, auf
denen die Diskussion darüber geführt werden kann. Was wissen wir über den sterbenden Patienten? Welche Schwierigkeiten
bereitet der Umgang mit Sterbenden? Welche Hilfe gibt es für
Sterbende? Aus thanatopsychologischer Sicht wird versucht,
einige vorläufige Antworten auf diese Fragen zu geben. Das
Interesse richtet sich auf Konzepte und empirische Ergebnisse
von Psychologen und Soziologen, die sich mit Problemen im
Umkreis von Tod und Sterben beschäftigten.[1] Anknüpfend an
die Rilkesche Formel vom eigenen Tod soll dann vom gemäßen Tod die Rede sein, der jedem Menschen zu wünschen
ist.

Der sterbende Patient

Demographische Aspekte des Sterbens wurden ausgiebig untersucht. Wir wissen einiges darüber, wer wann und wo und warum stirbt (z.B. Lerner, 1976). Wenig bekannt ist dagegen das Wie, sind die Umstände des Sterbens. Es fehlen beispielsweise direkte Informationen über die Dauer der Krankheit, die zum Tod führt. In welchem Ausmaß führen welche Krankheiten zu welchen Beeinträchtigungen des Patienten? Wie groß sind die physischen Schmerzen und psychologischen Leiden des Sterbenden? Wie bewältigt er sein Leiden? Welche Hilfe wird ihm in welchem Ausmaß zuteil und wie angemessen ist diese Hilfe? Wie viele Patienten sind sich der Tatsache ihres Sterbens bewußt? Nach wie vor fehlen systematische Untersuchungen, die die Lebenssituation Sterbender erhellen (Schulz & Schlarb, 1987-88). Erkenntnisfortschritte sind wohl nur dann zu erwarten, wenn die Endphase des Lebens genau beobachtet wird und die Bedingungen der Beobachtung auch expliziert werden.

Nach Hunderten von Interviews mit Sterbenden kommt Elisabeth Kübler-Ross zu der Erkenntnis, daß deren psychisches Befinden einen typischen Verlauf nimmt. Aus ihren Beobachtungen entwickelt sie ein fünfstufiges Modell des Sterbens: Der Prozeß beginnt, wenn der Patient von seinem bevorstehenden Tod erfährt. Der durch diese Mitteilung ausgelöste Schock weicht langsam dem ersten Stadium, in dem die Tatsachen geleugnet werden: Nein, ich nicht! (Nichtwahrhabenwollen und Isolierung). Die radikale Leugnung des eigenen Zustandes kann nicht auf Dauer durchgehalten werden. Abgelöst wird sie in der zweiten Phase durch das Hadern mit dem eigenen Schicksal: Warum ich? (Zorn und Auflehnung). Hat der Patient sich langsam mit dem Faktum seines bevorstehenden Todes abgefunden, versucht er in einer dritten Periode, durch Wohlverhalten Zeit zu gewinnen: Ja ich, aber... (Verhandeln mit dem Schicksal). Nach dieser relativ kurzen Phase setzt - häufig

in Verbindung mit äußerlichen Veränderungen - das vorletzte
Stadium ein, in dem das Gefühl eines schweren Verlustes do-
miniert: Ja, ich! (Depression). Auf der letzten Stufe, kurz vor
dem Tod, hat der Patient seinen Kampf aufgegeben und fügt
sich in sein Schicksal: Es ist recht so! (Zustimmung). Nach
Kübler-Ross hat jeder Sterbende sein eigenes Tempo, diese
Abschnitte zu durchlaufen. Er kann aber auch in einem Stadium steckenbleiben oder in ein bereits durchlaufenes zurück-
fallen (Kübler-Ross, 1969).[2]

Erstaunt muß man feststellen, welch große Beachtung und
Verbreitung das Stufenmodell allgemein findet, obgleich von
Anfang an schwerwiegende Einwände erhoben wurden (z.B.
Kastenbaum & Costa, 1977). Zum einen richtet sich der Blick
auf konzeptionelle und methodische Schwächen: unscharfe Definition der Stufen; fehlende Evidenz für ihre Existenz; keine
Belege für das Durchlaufen aller Stadien, selektive Beobachtungen und stark subjektive Interpretation des Sterbeprozesses
sowie eine Vernachlässigung der Persönlichkeit des Sterbenden, seiner Biographie, seines Krankheitsverlaufes und seiner
spezifischen Lebensumstände.[3]

Zum anderen fehlt ganz einfach die empirische Bestätigung
für das Modell. So fanden Schulz & Adermann (1976) in den
wichtigsten klinischen Forschungsarbeiten keine Hinweise auf
einen Phasenverlauf des Sterbens. Auch die Ergebnisse spä-
terer Studien sprechen nicht für die Stufentheorie von Kübler-
Ross (z.B. Metzger, 1979-80). Im folgenden sollen einige dieser Arbeiten angeführt werden.

Hinton (1963), der lange vor Kübler-Ross in einer viel umfassenderen Untersuchung bei 70 sterbenden Patienten wö-
chentlich die Stimmung, die physischen Beschwerden, das Be-
wußtseinsniveau und das Wissen um den eigenen Tod erfaßte,
fand bei 55% der Sterbenden ein hohes Maß an physischen Beschwerden und Störungen des Bewußtseins und bei etwa der
Hälfte der Probanden ein hohes Maß an Depression.

Achte & Vauhkonen (1971) verglichen sterbende Krebspatienten mit nicht sterbenden Kontrollpersonen, die ebenfalls an Krebs litten. Die beiden Gruppen unterschieden sich am stärksten hinsichtlich der Häufigkeit von Depressionen. Aber auch Angst und andere Spannungen waren bei den Sterbenden häufiger. Die Autoren identifizierten eine Subgruppe schnell sterbender Personen, die ein höheres Maß an Aggressivität zeigten.

Antonoff & Spilka (1984-85) untersuchten den emotionalen Gesichtsausdruck von Sterbenskranken, die entweder in einer frühen, mittleren oder späteren Phase ihrer Erkrankung waren. Beobachter bewerteten während eines Interviews den Gesichtsausdruck hinsichtlich Angstniveau, Ärger, Traurigkeit und Freude. Den Ergebnissen von Kübler-Ross widersprechend nahm mit der Zeit die Traurigkeit zu. Es wurden keine systematischen Verläufe für Ärger und Freude gefunden. Wie erwartet, war Angst in der Frühphase am stärksten.

Baugher et al. (1985) untersuchten im Rahmen der weiter unten ausführlicher beschriebenen "National Hospice Study" sowohl im Querschnitt wie im Längsschnitt die Daten von 1100 sterbenden Krebskranken im Alter von 20 bis 91 Jahren. Sie gingen der Frage nach, ob sich die Sterbenden - wie von Kübler-Ross festgestellt - sozial zurückziehen, wenn die letzten Wochen und Tage anbrechen Als Indikatoren für Disengagement wurden dabei soziale Beteiligung, Selbstinteresse, Jenseitsorientierung und Stimmung gewählt. Es gab keine Hinweise für einen sozialen Rückzug unabhängig davon, ob die Sterbenden von ihrem Zustand wußten oder nicht.

Weisman & Kastenbaum (1968) wählten einen anderen Weg, um die letzten Lebenstage zu untersuchen. Mit der von ihnen entwickelten Methode der "Psychologischen Autopsie" rekonstruierten sie die letzte Lebensphase von Patienten. Es wurden interdisziplinäre Konferenzen abgehalten, in denen Informationen über einen kürzlich verstorbenen Patienten mit dem Ziel präsentiert und diskutiert wurden, den psychosozialen Kontext zu erforschen, in dem das Sterben stattfand. Nachdem sie in einer Studie 80 Fälle und in einer anderen 35 Fälle rekonstruiert hatten, kamen die Autoren zu folgenden Schlußfolgerungen: Patienten, die in die letzte Phase des Lebens eintraten, konnten aufgrund ihrer Reaktionen auf den bevorstehenden Tod in zwei Gruppen unterschieden werden. Die eine Gruppe schien sich des Todes bewußt zu sein und ihn zu akzeptieren; die meisten dieser Patienten zogen sich von den täglichen Aktivitäten zurück und blieben inaktiv bis zum Ende. Die andere Gruppe war sich ebenfalls ihres bevorstehenden Todes bewußt; diese Personen stürzten sich aber energisch in Alltagstätigkeiten und initiierten sogar neue Aktivitäten und interpersonale Beziehungen. Der Tod kam für sie als eine Unterbrechung des täglichen Lebens (dazu auch Weisman, 1974).

Zusammenfassend kann man nach der Betrachtung dieser Forschungsergebnisse feststellen: Das Sterben löst eine Vielzahl überwiegend negativer Emotionen wie Furcht und Angst, Ärger, Traurigkeit und Depression aus, und diese Gefühle treten nicht in bestimmten Mustern oder Verläufen auf. Die Ergebnisse legen nahe, daß es eine Kontinuität des emotionalen Stiles von der Vorsterbens- hin zur Sterbensphase gibt. Das Verhältnis von negativen zu positiven Gefühlen, die von Sterbenden ausgedrückt werden, steht in enger Beziehung zu dem emotionalen Stil der Person, bevor sie sterbenskrank wurde (dazu Kastenbaum, 1986).

Einen anderen Ansatz, ein streßtheoretisches Konzept des Sterbens legte Pattison (1978) vor. Der Verlauf des Sterbens wird dabei in drei Abschnitte eingeteilt: Das Wissen um eine unheilbare Krankheit löst zunächst die größte Lebenskrise aus (acute crisis phase). Da der Patient nicht auf Dauer ein Höchstmaß innerer Spannungen ertragen kann, wird er als Antwort auf dieses unlösbare Problem konstruktive oder destruktive Verarbeitungsmechanismen mobilisieren. Im besten Fall gelingt es ihm, sein Sterben in den bisherigen Lebensstil und seine Lebensumstände zu integrieren. Die zweite, länger andauernde Phase des Sterbens (chronic living-dying phase) ist durch spezifische und konkrete Ängste gekennzeichnet (z.b. Schmerzen, Verlust von Selbstkontrolle). Über den Beginn des dritten Abschnittes (terminal phase) können keine sicheren Angaben gemacht werden. Ein Indikator dafür ist, daß sich der Todkranke korrespondierend mit dem körperlichen Verfall in sich selbst zurückzieht und allein sein will. Pattison (1978) sieht den Sterbeprozeß in Abhängigkeit von der Krankheit und der genauen Diagnose. So spielt z.b. die Wahrscheinlichkeit des Eintretens des Todes und der erwartete Todeszeitpunkt eine wichtige Rolle, weil diese Bedingungen auch das Ausmaß der auftretenden Angst und des Stresses beeinflussen. Von Bedeutung ist auch das Alter des Moribunden, da in jedem Abschnitt des Lebens bestimmte Formen der Streßbewältigung typisch sind.[4]

Kritisch zu fragen bleibt: Stellt das dem ersten Anschein nach einleuchtende Krisenmodell nicht doch nur eine weitere Vereinfachung dar, die an der Wirklichkeit des Sterbens vorbeiführt? Denn diese Periode wird nicht stets und von allen Menschen als Problem erfahren. Die Bedingungen, die den Übergang vom Leben zum Tod zu einer Zeit der Krise machen, sind noch zu spezifizieren. Feigenberg (1980) bezweifelt aufgrund seiner langjährigen Arbeit mit Todkranken, ob es überhaupt sinnvoll ist, das Sterben als Krise zu begreifen und im Sinne moderner Krisenintervention zu behandeln. Seiner Auffassung nach verlaufen die psychologischen Prozesse extrem irregulär und chaotisch. Die vielfältigen Beobachtungen an Sterbenden lassen sich wohl nicht in ein Modell des Sterbens integrieren (dazu auch Howe, 1987).

Sozialer Kontext des Sterbens

Der Übergang vom Leben zum Tod muß als ein sehr komplexer Prozeß, der zudem noch recht unterschiedlich verläuft, angesehen werden. Wie die Diskussion über Vortoderfahrungen zeigt, ist es nicht möglich, das Ende dieses Vorganges eindeutig zu bestimmen (dazu Ochsmann et al., 1991). Als nicht minder problematisch erweist sich die Festlegung seines Anfanges.

Kastenbaum (1986) diskutiert in diesem Zusammenhang vier pragmatische Ansätze: 1. Sterben beginnt, wenn ein Arzt eine unheilbare, in absehbarer Zeit zum Tode führende Erkrankung oder eine irreparable Schädigung des Körpers feststellt. 2. Sterben beginnt, wenn der Arzt diese Fakten dem Patienten mitteilt. 3. Sterben beginnt, wenn der Patient die Tatsachen realisiert oder akzeptiert. 4. Sterben beginnt, wenn nichts mehr zur Erhaltung des Lebens getan werden kann. Keine dieser Definitionen kann zufriedenstellen, wenn man bedenkt, welche Konsequenzen damit verbunden sind. Denn das Verhalten aller Beteiligten - Ärzte, Pfleger, Seelsorger, Angehörige und des Patienten selbst - hängt davon ab, wie sein Zustand beurteilt wird. Ihre sich aus der Situationsdefinition ergebenden Erwartungen bestimmen den Bewußtseinskontext des Sterbenden. Eindrucksvoll konnte in Untersuchungen gezeigt werden, welche Schwierigkeiten des Umganges mit Sterbenden und der beteiligten Helfer untereinander sich aus solch unterschiedlichen Erwartungen ergeben.

Die Soziologen Barney G. Glaser und Anselm L. Strauss (1965) führten - angeregt durch die private Erfahrung, daß die Bewußtheit des Sterbens vermieden wird - die wohl einflußreichste Untersuchung durch.[5] Sie untersuchten den sozialen Kontext, in dem sich das Sterben entfaltet, und führten das Konzept "Bewußtheitskontext" (awareness context) ein. Damit soll den Kommunikationsmustern Rechnung getragen werden, da es nicht nur um das geht, was beispielsweise der Arzt über das Wissen des Patienten denkt, sondern auch darum, was der Patient wohl darüber denkt, was der Arzt über das Wissen des Patienten denkt. Folgende vier Bewußtheitskontexte werden beschrieben:

1. Geschlossene Bewußtheit (closed awareness)

Der Patient weiß nicht um sein Sterben, und die Ärzte und Schwestern tun alles, um zu verhindern, daß der Patient seinen Zustand realisiert. Informationen, die den Betroffenen nachdenklich machen könnten, werden vorenthalten oder sogar geleugnet. Die Familienmitglieder nehmen an dieser Verschwörung teil, und es wird von ihnen erwartet, daß sie bei der Bewahrung des Geheimnisses mithelfen. Diese Vorsichtsmaßnahmen sind natürlich bei komatösen oder sonst in ihrem Bewußtsein beeinträchtigten Personen unnötig. Der geschlossene Bewußtheitskontext wird bedroht, wenn der Patient anfängt, zu viele Fragen zu stellen. Das kann das Krankenhauspersonal und die Familienangehörigen zum Erfinden von Geschichten veranlassen, um alarmierende Entwicklungen wegzuerklären oder den Patienten abzulenken. Solche Erklärungen werden aber wahrscheinlich mit dem Fortschreiten des Sterbeprozesses immer weniger überzeugend sein, weshalb das Personal und die Familie zunehmend größere Anstrengungen unternehmen müssen, das Geheimnis zu bewahren.

2. Argwohn (suspected awareness)

In dieser Situation hat der Patient einen Verdacht, daß er sterben muß, und sucht nach Bestätigung, indem er beispielsweise andere Personen zum Reden bringt. Solch ein Verdacht des Sterbenden kann sich ergeben, wenn das Personal in seinen Einstellungen und Verhaltensweisen sehr inhomogen ist. Einige sind bemüht, das Geheimnis zu wahren, während andere sich dabei weniger anstrengen. Selbstverständlich kann der Patient auch durch die angeordneten Therapien klare Hinweise erhalten oder dadurch, daß er auf bestimmte Stationen (z.B. Intensivstation) verlegt wird. Oftmals vermutet das Personal auf der Seite des Patienten ein Wissen um den schlechten Zustand oder zumindest einen Verdacht, selbst wenn dem Kranken nichts mitgeteilt wurde. Diese Vermutung liegt nahe, weil der Sterbende seinen körperlichen Verfall und die veränderten Behandlungsmaßnahmen beobachten kann. Es scheint klar zu sein: Ärzte und andere Begleiter finden es im allgemeinen besser, wenn der Patient seine eigenen Schlüsse zieht als wenn man ihm direkt die Wahrheit sagt. In diesem Bewußtheitskontext weichen die Schwestern den Fragen des Patienten aus und die Ärzte versuchen wiederum, eine definitive Antwort zu vermeiden.

3. Gegenseitige Täuschung (context of mutual pretense)

Der Patient weiß um sein Sterben, und dieses Wissen haben auch das Personal und die Angehörigen. Trotzdem reden und verhalten sich aber alle so, als ob der Betroffene wieder genesen würde. Diese Interaktionen sind sehr subtil, denn alle Beteiligten gehen mit größter Vorsicht zu Werke, um die Täuschungen aufrechtzuerhalten. Ermöglicht wird dieser Bewußtheitskontext durch die gewohnheitsmäßige Vermeidung von Gesprächen über den Tod in vielen Bereichen des Gesundheitssystems. Der Patient wird indirekt instruiert, die Verschwörung des Schweigens mitzumachen, selbst wenn er um seinen Zustand weiß. Oftmals gibt es ein stillschweigendes Verständnis zwischen dem Patient und dem Personal. So kann zum Beispiel der Moribunde den Ärzten und Schwestern kurz sein Wissen um seinen Zustand signalisieren, aber dann erfahren, daß sie unwillig sind, offen darüber zu reden. Als Konsequenz beginnen beide Seiten ein Ritual des Täuschens, bei dem jeder weiß, der andere weiß es auch, aber niemand es offen zugeben wird. Patienten können sehr geschickt darin werden, ihre Seite der Täuschung zu bewahren, was es dem Personal leichter macht, ihre Fassade aufrechtzuerhalten. Dieser Bewußtheitskontext kann nur bestehen, wenn alle Beteiligten in jeder Situation ihre Rolle in diesem rituellen Drama spielen.

4. Offene Bewußtheit (open awareness)

Wissen der Patient und das Personal vom tödlichen Ausgang der Krankheit und tragen sie dieser Tatsache auch in ihrem Verhalten und in den Gesprächen Rechnung, dann wird von einem offenen Bewußtheitskontext gesprochen. Er eröffnet dem Sterbenden neue, bedeutsame Handlungsmöglichkeiten. Der Patient kann beispielsweise wichtige Aufgaben abschließen, sich von geliebten Personen verabschieden oder über das eigene Leben und seine Bedeutung reflektieren. Mehr Gelegenheit ist gegeben, das psychische Leiden mit Hilfe eines Freundes, eines Seelsorgers oder eines Begleiters zu bewältigen. Dieser offene Bewußtheitskontext ist allerdings alles andere als einfach, da sich eine Person ihres Sterbens wohl bewußt sein, aber zugleich wichtige andere Aspekte ihrer Situation ausblenden kann. Daher müssen die Betreuenden ständig neu entscheiden, welche Informationen sie wie und wann kommunizieren sollen. Für den Patienten bedeutet es, daß er zusätzlich Verantwortung übernimmt und einer Vielzahl von Erwartungen ausgesetzt ist, die sich an eine sterbende Person richten.[6]

Kritisch angemerkt werden muß, daß der Bewußtheitskontext selten statisch ist. Mit der Zeit wandeln sich interpersonale Beziehungen, und der Sterbeprozeß selbst bringt bedeutsame Veränderungen, d.h. die Situation kann - abrupt oder auf subtile Weise - jeder Zeit anders werden. Gleichfalls wichtig erscheint weiter der Hinweis, daß nicht jede Person darauf vorbereitet ist, in einem offenen Bewußtheitskontext zu funktionieren.[7] Da sich auch besondere Situationen vorstellen lassen, in denen solch ein Kontext schwerwiegende Nachteile hat, erscheint die Forderung, der offene Kontext sollte zu allen Zeitpunkten und in allen Situationen vorherrschen, genauso unklug zu sein wie das bisherige Gebot, den Patienten durch einen geschlossenen Kontext zu schützen. Die Erfahrungen in der Betreuung von Sterbenden sprechen nicht dafür, rigide Regeln aufzustellen und sie gegebenenfalls durch andere rigide Regeln zu ersetzen. Sie begründen vielmehr die Notwendigkeit größter Sensibilität und Flexibilität im Umgang mit Schwerstkranken (Kastenbaum & Kastenbaum, 1989).[8]

Mit den Bewußtheitskontexten wird eindringlich auf die Rahmenbedingungen verwiesen, welche die psychische Situation des Sterbenden in starkem Maße mitbestimmen. Das Sterben, das heutzutage immer häufiger in Krankenhäusern oder Heimen geschieht, findet aber nicht nur in einem sozialen Kontext statt, es vollzieht sich auch in einer Periode der Zeit. Diese offensichtliche Tatsache hat viele Implikationen für die Patienten, ihre Familien und Freunde sowie für die Pflegepersonen. So hängt beispielsweise das Verhalten der professionellen Helfer sehr davon ab, ob ein Sterbeprozeß ausgedehnt ist, ob er erwartet oder unerwartet schnell abläuft.

Zwar wurde über die Bedeutung des zeitlichen Verlaufes von zahlreichen Forschern und Klinikern diskutiert, es blieb aber wiederum den Soziologen Glaser & Strauss (1968) vorbehalten, einen systematischen Rahmen für die Analyse und Interpretation zu entwickeln. Nach intensiven Beobachtungen des Verhaltens von Patienten, Familienangehörigen, Ärzten und Schwestern fanden sie heraus, daß die Ereignisse und Interaktionen, die während des Sterbeprozesses stattfinden, nur zu verstehen sind, wenn die Sicherheit der Prognose, was den Ausgang betrifft, und die zeitliche Ausdehnung des Vorganges als entscheidende Variablen berücksichtigt werden. Ein Patient kann danach eingeschätzt werden, ob sein Sterben sicher, sehr wahrscheinlich oder unwahrscheinlich ist. Das Denken, Fühlen und Verhalten der Helfer im Krankenhaus hängt maßgeblich davon ab, wie jeder Patient in dieser Hinsicht klassifiziert wird. Denn die für die Pflege verantwortlichen Ärzte und Schwestern schützen sich damit vor Überraschungen; sie wollen gedanklich und emotional auf den wahrscheinlichsten Verlauf der Ereignisse vorbereitet sein, was auch bedeutet, daß die Erwartungen der professionellen Helfer in jedem konkreten

Fall durch die Ereignisse entweder bestätigt oder aber nicht bestätigt werden. Diese Dimension der Sicherheit ist eng mit dem besonderen zeitlichen Verlauf des Sterbens verbunden. Ein bestimmter Patient läßt sich folglich in verschiedene Kategorien einordnen: Er kann zu denen gehören, deren Tod entweder zu einer bestimmten oder aber unbestimmten Zeit gewiß ist. Sein Tod mag unsicher, die Zeit bis zur Herbeiführung von Klarheit aber bestimmt sein. Schließlich kann der Tod ungewiß sein genau wie die Zeit unbestimmt, bis zu der das Problem Klärung erfahren hat.

Von den verschiedenen Sterbeverläufen, die Glaser und Strauss beobachtet haben, sind die beiden folgenden von besonderer Bedeutung:

1. Der ausgedehnte Sterbeprozeß

Das Leben des Patienten schwindet ganz allmählich; der Prozeß schreitet langsam voran und ist nicht abzuwenden. Das Krankenhauspersonal wird höchstwahrscheinlich die Betreuung auf das Notwendigste beschränken und keine intensiven Behandlungen mehr durchführen. Dramatische Rettungsszenen auf dem Sterbebett sind selten, da Ärzte und Schwestern annehmen, daß mit derartigen Anstrengungen nicht wieder das hergestellt werden kann, was sie unter Lebensqualität verstehen. Dazu kommt oft der Glaube, die sterbende Person sei bereit zu sterben, weil sie eine lange Zeit gelitten habe und keine Befriedigung im Leben mehr finden könne. Bei dieser Art des Sterbens, die oft auf geriatrischen Stationen zu finden ist, hat der Patient wenig Kontrolle über die Ereignisse. Die Familienangehörigen gewöhnen sich an diesen Abwärtsprozeß und überlassen vermutlich alles dem Ermessen des medizinischen Personals. Die relativ lange Zeit kann dem Sterbenden genug Gelegenheit geben, seine Angelegenheiten zu ordnen und notwendige Entscheidungen zu treffen (z.B. Testament). Es ist auch sehr wahrscheinlich, daß sich zwischen dem Patienten und dem Pflegepersonal emotionale Bindungen entwickeln, je länger die Beziehung andauert. So wird nicht selten eine Schwester den Tod eines Patienten als einen persönlichen Verlust empfinden und mit Trauer reagieren, weil sie die Person in dieser ausgedehnten Phase näher kennen und schätzen gelernt hat. Dies geschieht, obgleich sie lange Zeit von dem bevorstehenden Ende wußte und auch keinen anderen Ausgang des Prozesses erwartete. Die Zahl der Menschen, die eine lange Endphase durchleben, nimmt in den entwickelten Ländern ständig zu, weil dort immer mehr Personen ein hohes Lebensalter erreichen und sich die Todesursachen entsprechend verändern.

2. Der schnelle und erwartete Sterbeprozeß

Gemeint ist hier die Notfallsituation, in der es um Leben oder Tod geht. Die Zeit ist entscheidend, weil unmittelbar auf die lebensbedrohlichen Bedingungen reagiert werden muß. Alle menschlichen und technischen Möglichkeiten der modernen Medizin werden zur Rettung der Person eingesetzt, selbst wenn alles gegen einen Erfolg spricht. Die Situationen, in denen sich ein derartiger Sterbeprozeß entfaltet, weisen große Unterschiede auf. So kommt es beispielsweise bei einem Patienten zu der Einschätzung: Unmittelbare Lebensgefahr besteht, wenn nicht sofort eine effektive Behandlung einsetzt, bei erfolgreichen Maßnahmen ist aber eine Rückkehr in ein normales Leben möglich. Im Unterschied dazu läßt sich bei einem anderen Patienten die Situation als momentan stabil betrachten, und dennoch realisieren die Helfer, daß sich jederzeit eine Krise entwickeln kann. Dann muß das Personal permanent wachsam sein, was natürlich die Belastungen verstärkt. In einem anderen Fall sind Ärzte und Schwestern davon überzeugt: Es kann nichts Effektives mehr getan werden, da dieser Patient - unabhängig von allen Behandlungsversuchen - bald sterben wird.[9]

Mit der Beschreibung der unterschiedlichen Verläufe von Sterbeprozessen leisten Glaser & Strauss (1968) einen wichtigen Beitrag, weil sie all denen, die mit Sterbenden interagieren, bewußt machen, welche große Rolle ihre Erwartungen hinsichtlich der Wahrscheinlichkeit eines letalen Ausganges und der Schnelligkeit des Prozesses spielen. Die Betreuer müssen mit dieser immanenten Unsicherheit umgehen, und die Art ihrer Bewältigung beeinflußt ihr Verhalten gegenüber den Patienten, was wiederum in nicht unerheblichem Maße deren Lebensqualität bestimmt (dazu auch Strauss & Glaser, 1970).

Umgang mit Sterbenden

Im Blickpunkt thanato-psychologischer Forschung steht nicht nur der Sterbende und seine Familie, sondern auch der professionelle Helfer. Welche psychischen Belastungen löst die Interaktion mit Sterbenden aus und wie werden sie von Ärzten und Pflegern bewältigt?

Untersuchungen in Krankenhäusern und Pflegeheimen kommen übereinstimmend zu dem Ergebnis: Vermeidung kennzeichnet das Verhalten von professionellen Helfern im Umgang mit Sterbenden. Die Patienten werden vernachlässigt, weil das medizinische Personal Sterben mit Mißerfolg und Enttäuschung assoziiert und deshalb den Kontakt meidet. So resümieren jedenfalls Schulz & Adermann (1976) die einschlägige Literatur.

Eindrucksvoll demonstriert wird dieser Sachverhalt in der Untersuchung von LeShan (zit. n. Kastenbaum & Aisenberg, 1972). Der Autor beobachtete das Verhalten von Krankenschwestern auf einer Krankenstation und hielt mit einer Stoppuhr fest, wie schnell sie auf das Klingeln von Patienten reagierten. LeShan fand heraus, daß die Krankenschwestern sterbende Patienten bedeutend länger warten ließen als nicht sterbende. Als er nach der Untersuchung den Krankenschwestern dieses Ergebnis mitteilte, waren sie sehr aufgebracht und bestritten dessen Richtigkeit. LeShan wiederholte daraufhin die Untersuchung mit den selben Personen am selben Ort. Obwohl die Krankenschwestern nun informiert waren, zeigte sich nach kurzer Zeit erneut das bezweifelte Ergebnis: Bei Sterbenskranken verging signifikant mehr Zeit als bei den anderen Patienten, ehe die Schwestern auf das Klingelzeichen reagierten.

Kastenbaum & Aisenberg (1972) fragten 200 Schwestern eines geriatrischen Krankenhauses danach, wie sie reagierten, wenn ein Patient seinen bevorstehenden Tod thematisierte. 82% der Befragten gaben an, daß sie dieser Herausforderung auswichen, indem sie den ernsten Zustand leugneten, ganz einfach das Gesprächsthema wechselten oder sich in fatalistische Aussagen ("Wir alle müssen einmal sterben") flüchteten. Die Krankenschwestern erklärten ihr Verhalten selbst damit, daß sich der Patient dadurch weniger depressiv fühlen sollte und sie sich selbst auch schützen wollten.

Gründe für das Vermeidungsverhalten sind einmal in der professionellen Rolle der Helfer zu suchen. Im gegenwärtigen Gesundheitssystem sind nahezu alle Bemühungen auf die Wiederherstellung der Gesundheit eines Kranken ausgerichtet. Heilen und Bessern stellen deshalb zentrale Komponenten des Selbstbildes von Ärzten, Schwestern und Pflegern dar. Da Heilung und Besserung bei Sterbenden nicht möglich sind, besteht für die Helfer ständig eine Diskrepanz zwischen dem eigenen Anspruch und der Realität; sie erleben zwangsläufig Situationen, die wichtigen Teilen ihres Selbstbildes zuwiderlaufen.

Auf wichtige Unterschiede im Rollenverständnis zwischen Ärzten und Pflegern ist aber hinzuweisen. In der Untersuchung von Campbell et al. (1983-84) bewerteten Krankenschwestern den Tod eher positiv, Stationsärzte dagegen sehr negativ. Das Geschlecht spielte dabei keine Rolle. Hinter diesen unterschiedlichen Beurteilungen offenbarten sich vielmehr konträre Haltungen, die mit bedeutsamen Segmenten der Berufsrolle zusammenhingen. Die Mediziner im Krankenhaus betonten ihre besondere Position als Entscheidungs- und Verantwortungsträger, während die Schwestern ihre fürsorgliche Rolle herausstellten. Zwar sind Verantwortung und Fürsorge Charakteristika beider Berufsrollen; der Unterschied liegt allerdings in der Gewichtung beider Faktoren. Von dieser persönlichen Verantwortung für den Patienten ist auch der Tod nicht ausgenommen. Das Verantwortlichsein löst dann bis zu einem gewissen Grad Vorwürfe und Gefühle der Schuld bei den Ärzten aus. Der Verantwortungsträger erlebt somit auch eine persönliche Niederlage, wenn ein Patient stirbt. Steht wie bei den Krankenschwestern die Fürsorge im Vordergrund, so stellt der Tod nicht die professionelle Kompetenz in Frage. Die Not des Moribunden zu lindern, kann im Gegenteil zur Quelle beruflicher Bestätigung werden. Der Tod ist keine zusätzliche Bedrohung für das Selbst.

Aber unabhängig von den rollenbedingten Emotionen erfahren die professionellen Helfer durch die Interaktion mit Schwerkranken ein hohes Maß an Angst. Diese läßt sich nicht, wie man annehmen könnte, mit negativen Vorerfahrungen erklären, denn die wenigsten Ärzte und Schwestern hatten vor Beginn ihrer Tätigkeit Kontakt zu Sterbenden. Vielmehr muß angenommen werden, daß es die Angst vor dem Sterben ist, die das Verhalten gegenüber den Patienten beeinflußt. Latente Ängste des Helfers vor dem eigenen Tod werden, wenn er sich mit dem Sterbenden identifiziert, im Zuge einer Gegenübertragung manifest (vgl. dazu Schulz, 1978).

In den letzten Jahren wurden auch hierzulande Ausbildungsprogramme für das Krankenhauspersonal entwickelt, um die Betreuung Sterbender zu verbessern (z.B. Schmeling & Koch, 1984; Staub, 1984). Obwohl diesen Kursen Erfolge nicht abzusprechen sind, scheinen sie nicht zur Verminderung der Furcht vor Tod und Sterben beizutragen. In einer Evaluationsstudie untersuchten White et al. (1983-84) bei Schwesternschülerinnen die Veränderung von Todesfurcht als Ergebnis systematischer Desensitivierung, Entspannungstraining und fehlender Intervention. Selbst fünf Monate nach der Behandlung war bei der Desensitivierungs- und der Entspannungsgruppe, nicht dagegen bei der Kontrollgruppe, eine bedeutsame Reduktion der Furcht feststellbar. Ein vergleichbarer Erfolg anderer Interventionsstrategien wurde bisher nicht in der Literatur berichtet. Der völlig unerwartete und von den Autoren nicht zu erklärende Effekt des Entspannungstrainings weckt Zweifel daran, ob die hauptsächlich auf Information und gedankliche Auseinandersetzung gerichteten Ausbildungsprogramme längerfristig bestehen können.

Die psychischen Probleme, die der Umgang mit Sterbenden den professionellen Helfern bereitet, zeigen sich nicht zuletzt in Diskrepanzen zwischen Einstellungen und Verhalten. Besonders deutlich wird das bei der Frage nach der "Wahrheit am Krankenbett" (dazu Goez, 1984). So etwa in der Untersuchung von Caldwell & Mishara (1972): Von 73 Ärzten, die ihre Zusage für eine Beteiligung an der Untersuchung gegeben hatten, brachen 60 die Interviews ab, als es um ihre Haltung gegenüber sterbenden Patienten ging. Die verbliebenen Teilnehmer gestanden übereinstimmend dem Patienten das Recht zu, über seinen Zustand richtig informiert zu werden. Nur zwei dieser Ärzte teilten den Moribunden tatsächlich die Wahrheit mit. In einer älteren Untersuchung hatte Oken (1961) bereits festgestellt, daß nur etwa 10 Prozent der Mediziner ihren Patienten den bevorstehenden Tod nicht verschweigen, obwohl die überwältigende Mehrheit gleichzeitig dafür eintritt, sterbenskranken Patienten sanft und schonend die Wahrheit zu sagen, ohne daß damit die letzte Hoffnung zerstört wird. Ausnahmslos aufgeklärt wird, wenn finanzielle Angelegenheiten des Sterbenden zu regeln sind. Als Erklärung für diese Diskrepanz gaben Ärzte ihre klinische Erfahrung an, was durch die Daten nicht zu belegen ist, denn es zeigten sich in dieser Frage keine bedeutsamen Verhaltensunterschiede zwischen erfahrenen und unerfahrenen Medizinern.

Zusammenfassend läßt sich feststellen: Die Schwierigkeiten der Betreuung von Sterbenden sind zu einem nicht unerheblichen Teil auf die Probleme der professionellen Helfer zurückzuführen. Zahlreiche Untersuchungen belegen, daß rollenbedingte Faktoren wie das berufliche Selbstkonzept, die Arbeitsorganisation und die Ausbildung sowie persönliche Kompetenzen der Bewältigung emotionaler Belastungen zu einem Verhalten gegenüber sterbenden Patienten führt, das vielfach den eigenen Einstellungen der Betreuer und gesellschaftlichen Zielen widerspricht.

Hilfe für Sterbende

Im englischsprachigen Raum hat sich der Begriff "terminal care" für die Betreuung von Sterbenden durchgesetzt. Diese Fürsorge umfaßt nicht nur die ärztlichen und pflegerischen Maßnahmen, sie bezieht sich auch auf die psychische Situation des Todkranken. Hierzulande ist die Verwendung der Begriffe weniger einheitlich. Die von Sporken (1979) getroffenen Unterscheidungen erscheinen am zweckmäßigsten: Unter Sterbehilfe versteht der Autor Lebenshilfe in der letzten Lebensphase. Sie kann folgende fünf Formen annehmen: 1. eine sorgfältige Pflege; 2. die Schmerzbekämpfung; 3. das Auffangen des emotionalen Leidens; 4. das Verabreichen von Psychopharmaka; 5. passive und aktive Euthanasie. Das Auffangen des emotionalen Leidens bezeichnet Sporken (1979) als Sterbebeistand. Dieser besteht darin, mit dem Sterbenden über seine Gefühle der Unsicherheit, Angst, Auflehnung, des Kummers und der Einsamkeit zu sprechen, wobei auch die Wahrheit über den tödlichen Verlauf der Krankheit - soweit dem Patienten damit gedient ist - zur Sprache kommen soll. Voraussetzung dafür ist der Aufbau einer Beziehung, die solche ehrlichen Gespräche erst ermöglicht und dem Sterbenden

eine konstruktive Auseinandersetzung mit dem eigenen Tod
erlaubt.

Sterbebeistand, wie er in traditioneller Weise von Ärzten
bzw. Psychiatern praktiziert wird, besteht aus mehr oder weniger häufigen, intensiven Gesprächen, die gelegentlich auch den
Familienangehörigen angeboten werden. Erkenntnisse, die aus
der Beobachtung von und Interviews mit Sterbenden gewonnen
und in Einzelfalldarstellungen veröffentlicht werden, führen
dann zur Aufstellung konkreter Verhaltensregeln für den Umgang mit Sterbenden (z.B. Eissler, 1955). Anzumerken ist
hier, daß Verallgemeinerungen der so gewonnenen Ergebnisse
nicht möglich sind und vor einer unkritischen Anwendung in
der Praxis gewarnt werden muß. Dennoch sind diese Arbeiten
für die Gewinnung von Hypothesen unentbehrlich.

Ein interessantes Beispiel ist der patientenzentrierte Ansatz
von Feigenberg (1980), den der Autor selbst "Freundschafts-
vertrag mit sterbenden Krebspatienten" nennt. Damit ist
zugleich das Ziel formuliert: der Helfer wird zum persönlichen
Freund des Sterbenden. Um sich ganz den psychologischen
Bedürfnissen des Patienten widmen zu können, bezieht
Feigenberg die Angehörigen und das Pflegepersonal nicht mit
ein. Seiner Auffassung nach kann nur unter Bedingungen
größtmöglicher psychologischer Nähe und Offenheit ein für
beide Seiten bedeutsames Verhältnis entstehen. In einer
gleichberechtigten, emotionalen Beziehung ist ein Dialog möglich, in dem der Helfer die Nöte des Sterbenden mitzutragen
vermag.

Obgleich Psychotherapie im herkömmlichen Sinne bei Sterbenden nicht anwendbar ist (Shneidman, 1978), können im
Rahmen der Sterbehilfe therapeutische Interventionen etwa zur
Linderung von Schmerzen und der Bewältigung von Angst angezeigt sein. Einige psychotherapeutische Verfahren streben
darüber hinausgehende Ziele an, was Howe (1983) im einzelnen darstellt: So besteht beispielsweise der Sinn gestalttera-
peutischer Begleitung von Sterbenden darin, zur "Schließung

der Lebensgestalt" die Bilanzierung des Lebens zu unterstützen (Petzold, 1984). Dabei sollen die auftauchenden "offenen Gestalten" geschlossen werden. Die Auslotung der Lebensspanne kann dem Sterbenden ein Gefühl der Geschlossenheit vermitteln, was ihm offenbar das Akzeptieren seines Todes erleichtert. Die imaginativen therapeutischen Methoden sind behilflich, die Lebensspanne anzueignen. Das Konzept der Lebensbilanz betrachtet Lückel (1981), der ein eindrucksvolles Buch über die Begleitung sterbender Menschen vorgelegt hat, als eine der wichtigsten Anregungen der integrativen Gestalttherapie für seine seelsorgerische Arbeit:

Es geht dabei um integrierende Rückschau, um nacherlebendes Aneignen der verschiedenen Lebensphasen, um Aufarbeiten auch von "unerledigten Situationen", um Wiederentdecken von "vergessenen" oder fragmentierten Szenen des Lebens - um den Versuch, das Leben als Gesamt und Kontinuum "zu begreifen", Vergangenes zu vergegenwärtigen, mich mit dem zu "identifizieren", der ich war und nun bin - und so Abschnitte, Szenen, Ereignisse meines gelebten Lebens mir zu eigen zu machen (Lückel, 1981, S. 49f).

Auf die sogenannte "death awareness"-Bewegung in den Vereinigten Staaten geht ein anderes Konzept der Hilfe zurück, das mit dem Namen "hospice care" verbunden ist. Die Bewegung wandte sich gegen die verborgenen oder impliziten Standards, nach denen die Sterbenden realiter behandelt werden (vgl. Kastenbaum, 1975). Die von der "International Work Group on Death, Dying and Bereavement" im Jahre 1978 entwickelten Richtlinien orientieren sich an den beiden folgenden Grundsätzen: 1. Sowohl der Patient als auch seine Familie und die Helfer haben legitime Bedürfnisse und Interessen. 2. Bei allen Entscheidungen müssen die Präferenzen des Todkranken und sein Lebensstil berücksichtigt werden (dazu auch Kastenbaum, 1976).

Eine Verwirklichung dieser Prinzipien wird vor allem in den sogenannten Hospizen angestrebt. Damit sind die von Bürgerinitiativen getragenen Einrichtungen gemeint, die unheilbar Kranken und ihren Familien jede mögliche materielle und ideelle Unterstützung anbieten, damit sich ein würdevolles Sterben zu Hause oder - wenn nicht anders möglich - in der Klinik vollziehen kann. 1981 hat die "National Hospice Organization" Standards und Prinzipien der Hospiz-Pflege festgelegt.[10]

Das Hospiz bietet dem Sterbenden Gastfreundschaft, solange er sie benötigt und haben möchte. In den Vereinigten Staaten ist es in den wenigsten Fällen eine Klinik oder ein festes Haus, sondern ein mehr oder weniger institutionalisiertes Programm, dessen Ziele am besten wie folgt beschrieben sind:

A program which provides palliative and supportive care for terminally ill patients and their families, either directly or on a consulting basis with the patient's physician or another community agency such as a visiting nurse association. Originally as medieval name for a way station for pilgrims and travelers where they could be replenished, refreshed, and cared for; used here for an organized program of care for people going through life's last station. The whole family is considered the unit of care and care extends through the mourning process. Emphasis is placed on symptom control and preparation for and support before and after death, full scope health services being provided by an organized interdisciplinary team available on a twenty-four-hours-a-day, seven-days-a-week basis... As one example of their human and cost-saving effects, 61 percent of one hospice's patients die at home - compared with the two percent of all American deaths which occur at home (DuBois, 1980, p. 12).

Jedes Jahr werden in den U.S.A. mehr als 100 000 Patienten von Hospiz-Einrichtungen betreut. Deren primäres Ziel ist es, daß Sterbenskranke ihr Leben mit so wenig Einschränkungen wie möglich weiterführen sollen. Ein interdisziplinäres Team (Ärzte, Krankenschwestern, Sozialarbeiter und Betreuer) bemüht sich um den Patienten, der möglichst schmerzfrei und am Familienleben beteiligt sein sollte. Die Betreuer investieren sehr viel Zeit in Gespräche mit den Patienten; sie hören ihnen lange zu, halten ihnen die Hand, trösten und bestätigen sie, was ganz allgemein eine emotional warme Atmosphäre schafft. Sowohl der Patient als auch seine Familie spielen eine aktive Rolle bei allen die Pflege betreffenden Entscheidungen.

Die bisher vorliegenden Erfahrungsberichte über die Arbeit der Hospize sprechen von großen Erfolgen (z.b. Stoddard, 1978; DuBois, 1980; Mor, 1987). Studien bestätigen, daß die Patienten dieser Programme weniger Angst-, Hilflosigkeits-, Minderwertigkeits- und Schuldgefühle erleben als Sterbende in herkömmlichen Einrichtungen (Buckingham, 1982-83). Eine umfassende Bewertung der Hospiz-Fürsorge wurde in der bereits erwähnten "National Hospice Study" vorgenommen, die ebenfalls die Vorteile dieses Ansatzes bestätigt (vgl. Mor et al., 1988).[11]

Bei den Patienten der Hospiz-Programme wurden tatsächlich signifikant weniger diagnostische Verfahren eingesetzt; sie erhielten weniger Intensivtherapie wie Operationen, Chemotherapie, Strahlentherapie, Transfusionen und intravenöse Therapie als die Schwerstkranken mit konventioneller Pflege. Für die Hospiz-Patienten war es wahrscheinlicher, daß sie zu Hause starben. Die Familienangehörigen leisteten bei ihnen mehr direkte Pflege-Hilfe. Es gab keine Hinweise darauf, daß die Patienten in den Hospiz-Programmen irgendwelche negativen Konsequenzen zu tragen hatten, die sich aus dem neuen Konzept ergaben. Im Vergleich mit den Kontrollpersonen gab es keine geringere Überlebensdauer der Hospiz-Patienten und keine schlechtere Versorgung mit medizinischen Interventionen zur Linderung der Leiden.

Was die Situation der pflegenden Familienangehörigen angeht, so konnten keine Auffälligkeiten festgestellt werden. Nach dem Todesfall war die Rate der sekundären Morbidität (Krankheit, Arbeitsunfähigkeit) niedriger als erwartet; die Rate der Krankenhausaufenthalte lag im Vergleich unter den alters- und geschlechtskorrigierten Werten. Auch die Zahl der Arztbesuche war nicht substantiell höher als die nationalen Normen. Allerdings offenbaren sich die besonderen Belastungen der Familien, die ihren schwerstkranken Angehörigen zu Hause betreuten, später in den Trauer-Interviews, in denen ein höheres Maß an Stress und soziale Störungen berichtet wurden. Wichtig ist in diesem Zusammenhang der Hinweis: Durch die Hospiz-Programme haben die Familienangehörigen eine bessere Vorbereitung auf den Tod und daher auch bessere Möglichkeiten, die Trauer zu bewältigen. Die Hinterbliebenen sind meistens sehr froh, daß sie sich aktiv an der Pflege beteiligen konnten (dazu auch Parkes, 1985).

Die Diskussionen über Sterbehilfe und Sterbebeistand werden in den nächsten Jahren aus gesellschaftspolitischen Gründen noch an Bedeutung gewinnen. Und es läßt sich leicht vorhersagen, daß auch in der Bundesrepublik Hospiz-Einrichtungen einen wichtigen Beitrag zur Verbesserung der Situation Sterbender leisten werden. Wenn im Rahmen solcher Programme bei Patienten niedrigere Depressionswerte festgestellt werden oder eine größere Zufriedenheit mit der Pflege und Betreuung, dann ist damit sicherlich auch etwas über die Lebensqualität in der Endphase des Lebens ausgesagt. Die Hospiz-Bewegung trägt zu einem neuen Bewußtsein bei; sie sensibilisiert eine breite Öffentlichkeit für die Probleme Sterbender. Allein die Tatsache, daß es für Patienten und deren Familie eine Alternative gibt, trägt schon zu vielen Veränderungen bei, was sich zum Beispiel auch schon auf die Pflege in konventionellen Einrichtungen ausgewirkt hat (dazu auch Ochsmann, 1986).

Der gemäße Tod

Die Frage nach der Hilfe für Sterbende führt zurück zu der Frage, die sich bei der Beschäftigung mit dem Thema Tod und Sterben fast zwangsläufig stellt: Was ist ein "guter" oder

"wünschenswerter" Tod? Offensichtlich gibt es Unterschiede in
der Art zu sterben, und einige Tode sind wohl besser als andere.

Avery D. Weisman (1972), ein amerikanischer Psychiater
und einer der Gründerväter der Thanato-Psychologie, entwickelte das Konzept des gemäßen oder angemessenen Todes
(appropriate death), worunter er den Tod versteht, den jemand
- gebe es eine Wahl - für sich selbst gewählt hätte. Ein Tod
muß auf den Charakter der Person und ihre Werte bezogen beurteilt werden.

Nach Weisman macht es also keinen Sinn, einfach eine Liste
aufzustellen und Todesarten nach "angemessen" und "unan-
gemessen" zu klassifizieren. Entscheidend ist vielmehr das,
was der zeitliche Ablauf und die Art des Sterbens für den
Sterbenden selbst bedeutet. Deshalb sollten auch nicht Familienangehörige, Freunde oder sonstige nahestehende Personen
ihre eigenen Werte der sterbenden Person aufzwingen. Was für
eine Person völlig inadäquat ist, kann einer anderen sehr wohl
gemäß sein. Was von außen als angemessen erscheinen mag,
kann für den Sterbenden irrelevant sein. Und umgekehrt: Was
ein Außenstehender als völlig unpassend empfindet, mag aus
der Sicht des Moribunden wünschenswert sein. Zwar kann man
versuchen, so Weisman, operationale Kriterien für einen angemessenen Tod aufzustellen, aber diese geben keine Hinweise
darauf, wie die Bedeutung, das Sterben für jedes einzelne Individuum hat, zu erfassen ist. Allein dem Sterbenden steht das
Urteil zu; er kann sagen, ob es für ihn richtig ist, jetzt und so
zu sterben.[12]

Es ist nicht der Tod selbst, es sind wiederum die Umstände
des Sterbens, die ins Blickfeld geraten, wenn man danach
fragt, ob ein Tod angemessen war. Die Untersuchungen mit
Sterbenden weisen ganz klar darauf hin: Die Lebensqualität in
der Endphase eines Lebens hängt entscheidend von der Kontrolle des physischen und psychischen Leidens ab. Dabei spielen die Interventionen, die seelische Pein aufzufangen, eine

bedeutende Rolle. Es geht um die Würde des Sterbenden und seinen Selbstwert; es geht darum, ihm Liebe und Zuneigung zu geben.

Diese Ziele sind eindeutig; sie werden auch von niemandem ernsthaft in Frage gestellt. Aber wie sich die Ziele verwirklichen lassen, ist weniger klar. Wie geben wir dem Patienten die notwendige Liebe? Wie schützen wir seine Würde? Bewahren wir sie, wenn wir seine Verleugnung des bevorstehenden Todes verstärken? Oder gehört zu einem würdevollen Tod, daß wir dem Sterbenden das Akzeptieren seines Todes ermöglichen?

Noch immer sind Angehörige und andere Betreuer der Meinung, daß der Moribunde so lange wie möglich vor dem Bewußtsein seines Todes geschützt werden sollte. Diesem Verständnis nach ist ein guter Tod ein Tod, der unerwartet kommt: Die Person scheidet dahin, ohne sich ihres Zustandes bewußt geworden zu sein. Die thanatologische Forschung hat inzwischen viele Menschen davon überzeugt, daß der Versuch, Patienten das Wissen um ihr Sterben vorzuenthalten, sowohl schwierig als auch schädlich ist.

Wie eingangs festgestellt, kann es hier nicht um normative Festlegungen oder um Empfehlungen gehen, wie Familienangehörige, professionelle Helfer und Seelsorger mit dem Sterbenden umgehen sollten. Aber die Forschungsergebnisse lassen einige Rückschlüsse zu, was die Lebensqualität in der Endphase ausmacht: Der sterbenden Person muß geholfen werden, relativ frei von Schmerzen zu bleiben wie auch von anderen Formen des Leidens, die z.B. durch soziale und emotionale Isolation hervorgerufen werden. Daher ist der Kontakt zu Angehörigen und Freunden von größter Bedeutung. Der Patient sollte die Möglichkeit haben, trotz oder gerade wegen des körperlichen Verfalls bis in die letzten Stunden des Lebens die eigene Persönlichkeit zu bewahren und auch persönliche Kontrolle über zumindest kleine Bereiche der Umwelt zu behalten. Dies äußert sich beispielsweise darin, selbst über die Einnahme der Medikamente zu bestimmen. Was an Fähigkeiten noch vorhanden ist, sollte praktiziert werden können. Der Sterbende sollte noch die Möglichkeit haben, Probleme, die ihn schon lange Zeit belasten, zu lösen. Er sollte sich - wenn immer möglich - letzte Wünsche erfüllen.[13] Wenn die Person allmählich die Kontrolle über ihr Leben verliert, sollten Personen verfügbar sein, denen sie diese Kontrolle mit einem Gefühl des Vertrauens und der Sicherheit übertragen kann.

Damit sind Bedingungen für ein wünschenswertes Ende spezifiziert. Ein "eigener" oder "gemäßer" Tod kommt aber in ganz verschiedenen Gestalten daher, vielleicht auch als schlichter Unfall. Zumindest läßt uns das der Schriftsteller Horst Krüger glauben, der zu Lebzeiten selber einen Nachruf verfaßt hat, dem folgender Auszug entnommen ist:

Er hatte wiederholt im Freundeskreis angekündigt, daß er einmal sehr modern, sehr zeitgenössisch, also unauffällig dahinscheiden werde: wahrscheinlich auf der Autobahn, wahrscheinlich im Streckenabschnitt zwischen Darmstadt und Mannheim ...

Am vergangenen Samstag, ein langer Samstag, also verkaufsoffen, geriet sein Wagen kurz vor Lorsch auf noch ungeklärte Weise ins Schleudern, prallte frontal gegen einen Brückenpfeiler und zerschellte - total. Der Tod muß nach Angaben der Verkehrswacht sofort eingetreten sein. Wie die Polizei weiter mitteilte, wurde aus dem Handschuhfach ein Whisky-Fläschchen, unzerstört, aber leergetrunken, geborgen ...

Die Testamentseröffnung ergab ... einen bescheidenen Kontostand. Nach der Abwicklung der noch fälligen Verbindlichkeiten und der Feuerbestattung wird sich sein Erbe in Nichts auflösen. Er hat eigentlich nichts hinterlassen. Nicht einmal trauernde Angehörige (Kramberg, 1970, S. 143ff).

Anmerkungen

*
nicht referiert wegen Erkrankung
1 Die Thanato-Psychologie befaßt sich ganz allgemein mit den mannigfachen Auswirkungen, die der Tod als imaginatives oder reales Ereignis auf das Verhalten und Erleben von Menschen hat. Das Interesse gilt dabei nicht allein dem sterbenskranken Menschen. Die empirischen Untersuchungen richten sich überwiegend auf den nicht unmittelbar vom Tod bedrohten Menschen. Todbezogenes Erleben und Verhalten ist nicht auf ein bestimmtes Lebensalter beschränkt; es läßt sich auch nicht auf die Lebenssituationen eingrenzen, in denen wir durch dramatische Ereignisse wie z.b. eine schwere Erkrankung oder den Verlust einer nahestehenden Person existentiell getroffen werden. Die Thanato-Psychologie ist kein Fachgebiet der Psychologie, sondern sie bezeichnet einen Gegenstandsbereich, in dem Theorien, Konzepte und Methoden der Psychologie zur Anwendung kommen, und zwar aus allen Fachgebieten. Da sich psychologische Aspekte von Tod und Sterben nicht isoliert von z.b. medizinischen, soziologischen oder pädagogischen Fragen betrachten lassen, ist eine interdisziplinäre Zusammenarbeit angezeigt (dazu Howe & Ochsmann, 1984; Ochsmann & Howe, 1991; Ochsmann, 1985, 1993; Wittkowski, 1978, 1990).
2 Diesen fünf Phasen stellt Sporken (1977) die beiden Phasen der Unwissenheit und der Unsicherheit voran, Swanson (1975) fügt Erfüllung als letzte Phase hinzu.
3 Auf einen weiteren Punkt muß nachdrücklich hingewiesen werden: Was als Deskription gedacht ist, kann schnell zur Präskription werden, wenn man es unkritisch rezipiert und simplizistisch in der Praxis anwendet. Auch in diesem Falle ist eine gefährliche Tendenz erkennbar, die Stufentheorie zu einem normativen Modell des perfekten und wünschenswerten Todes zu machen.
4 Mit diesem theoretischen Bezugsrahmen stehen zugleich umfangreiches Wissen der Entwicklungspsychologie und speziell der Streßforschung für die Analyse des Sterbeprozesses zur Verfügung. Das streßtheoretische Konzept könnte die Untersuchung differentieller Entwicklungsverläufe erlauben und auch die Möglichkeiten klinisch-psychologischer Hilfestellung erweitern. Eine empirische Überprüfung dieses Ansatzes steht allerdings noch aus.
5 Die Beobachtungen wurden in Kliniken gemacht. Glaser, Strauss und ihre Mitarbeiter führten drei Jahre lang Felduntersuchungen in einem Lehrkrankenhaus, zwei Kreiskrankenhäusern, einem privaten katholischen Krankenhaus, einem staatlichen (Landes-) Krankenhaus und einem Krankenhaus für Kriegsveteranen durch. Folgende Abteilungen und Stationen wurden dabei untersucht: Neugeborenen- und Kinderstation, Geriatrische Abteilung, Intensivstation, onkologische Station, Innere Medizin, Neurochirurgie und Urologie. Die Forscher verbrachten mehrere Wochen auf jeder Station, um

direkte Beobachtungen von Kommunikationsmustern zu machen, und führten später Interviews mit Schwesternschülerinnen durch.

[6] Beispielsweise könnte der Patient versucht sein, Selbstmord zu begehen, was aber sicherlich den Erwartungen der Angehörigen widerspricht. Verlangt wird ebenfalls von den Sterbenden, daß sie "richtig" leben. Solche Verpflichtungen gelten offensichtlich nicht für diejenigen, die nicht von ihrem finalen Zustand wissen; sie sind als Teil des Preises für den offenen Bewußtheitskontext zu begreifen.

[7] So haben manche Personen starke Dispositionen, Verleugnungsmechanismen einzusetzen. Einige fürchten sich vor einer im offenen Kontext möglichen Bloßstellung, weil sie beispielsweise nur begrenzte kommunikative Fertigkeiten besitzen. Andere wiederum haben unkontrollierte Ängste, was ihre eigene Sterblichkeit angeht.

[8] Eine qualifizierte Aus- und Weiterbildung der Betreuer ist eine entscheidende Voraussetzung dafür, daß sie mit Sterbenden in einem offenen Kontext interagieren können. Da eine derartige Schulung nur selten Teil der Ausbildung von professionellen Helfern ist, kann es nicht verwundern, daß Ärzte, Schwestern, Seelsorger and andere Betreuer oftmals den geschlossenen Bewußtheitskontext oder die gegenseitige Täuschung bevorzugen, um ihre eigenen Ängste zu bewältigen.

[9] Es gibt auch einen schnellen und unerwarteten Sterbeprozeß. Als eines der Hauptprobleme erweist sich hierbei die unangenehme Aufgabe, die Familienangehörigen zu informieren. Es muß verständlich gemacht werden, daß ein Patient, der noch vor wenigen Stunden bei relativ guter Gesundheit war, nun nahe dem Tod ist. Einer derartigen Herausforderung müssen sich oftmals professionelle Helfer stellen, die mit Unfallopfern zu tun haben.

[10] Vorbild für diese Einrichtungen in Großbritannien, den Vereinigten Staaten und neuerdings auch in Deutschland ist die von Cicely Saunders im Jahre 1967 gegründete Klinik, das "St. Christopher's Hospice" in London. Die Gründerin hat es sich zur Lebensaufgabe gemacht, chronisch Kranken und Sterbenden die bestmögliche ambulante und stationäre Pflege und Betreuung zu geben und auch den Angehörigen beizustehen (Saunders, 1977).

[11] In der "National Hospice Study" ging es hauptsächlich um die Frage der Übernahme von Kosten der Hospiz-Pflege durch die Krankenversicherung, weshalb die Wirtschaftlichkeit und die Qualität der Hospiz-Pflege im Vordergrund stand. Evaluiert wurden 26 Hospize, die als Modellprojekte bereits staatliche Unterstützung erhielten, 14 vergleichbare Hospize ohne Förderung und 14 konventionelle onkologische Pflege-Stationen. Bei den Hospizen wurde danach unterschieden, ob sie stationäre Pflege oder nur ambulante Pflege im Heim des Patienten anboten. Über 3000 unheilbar Krebskranke und ihre Familien überall in den Vereinigten Staaten nahmen an der Studie teil, weshalb auch erstmals auf breiter empirischer Basis Erkenntnisse gewonnen werden konnten, wie Sterbende ihre Situation sehen und wie sie die Belastungen und den Verlust ertragen.

12 Der Ansatz legt nahe, daß auch ein Selbstmord als gemäßer Tod betrachtet werden sollte. Weisman warnt aber vor dem Gedanken, denn die Absicht allein demonstriert seiner Auffassung nach nicht notwendigerweise eine Angemessenheit. Eine Person kann rationale Gründe für einen Selbstmord haben, aber diese Gründe müssen nicht die ganze Wahrheit sein, nicht einmal ein wichtiger Teil der Wahrheit. Deshalb sollten wir nicht zu schnell zu dem Schluß kommen, daß ein Mensch "gute Gründe" für einen Selbstmordversuch hatte und seine Entscheidung "angemessen" war. Aus den Untersuchungen mit Überlebenden von Selbstmordversuchen geht hervor: eine Person, die um 15 Uhr suizidal war, kann sich oftmals um 21 Uhr nicht mehr vorstellen, Selbstmord zu begehen, obwohl sich an den "guten Gründen" nichts geändert hat. Es sind zwar Umstände vorstellbar, unter denen Selbstmord als das geringere Übel erscheint, aber die Wahl dieser Todesart allein kann - so Weisman - nicht begründen, daß eine Selbsttötung der Person adäquat war.

13 Daß hier keine spektakulären Dinge zu erwarten sind, geht aus der Hospiz-Studie hervor: Auf die Frage, wie sie sich die drei letzten Tage ihres Lebens vorstellten, antworteten die Sterbenden in der Regel nicht mit besonderen Wünschen, sondern bekannten ganz einfach, daß auch diese Tage - wie die Tage zuvor - den gewohnten Gang nehmen sollten (Mor et al., 1988).

Literatur

Achte, K.A. & Vauhkonen, M.L. (1971). Cancer and the psyche. Omega: Journal of Death and Dying, 2, 45-46.

Antonoff, S.R. & Spilka, B. (1984-85). Patterning of facial expressions among terminal cancer patients. Omega: Journal of Death and Dying, 15, 101-108.

Baugher, R.J., Burger, C., Smith, R.A. & Wallston, K.A. (1985). A comparison of terminally ill persons at various time periods to death. Unpublished manuscript, Vanderbilt University.

Buckingham, R.W. (1982-83). Hospice care in the United States: The process begins. Omega: Journal of Death and Dying, 13, 159-171.

Caldwell, D. & Mishara, B.L. (1972). Research on attitudes of medical doctors toward the dying patient: A methodological problem. Omega: Journal of Death and Dying, 3, 341-346.

Campbell, T.W., Abernethy, V. & Waterhouse, G.J. (1983-84). Do death attitudes of nurses and physicians differ? Omega: Journal of Death and Dying, 14, 43-49.

DuBois, P.M. (1980). The hospice way of death. New York: Human Science Press.

Eissler, K.R. (1955). The psychiatrist and the dying patient. New York: International Universities Press.

Feigenberg, L. (1980). Terminal care. Friendship contracts with dying cancer patients. New York: Brunner/Mazel.

Glaser, B.G. & Strauss, A.L. (1965). Awareness of dying. Chicago: Aldine.

Glaser, B.G. & Strauss, A.L. (1968). Time for dying. Chicago: Aldine.

Goez, B. (1984). Die ärztliche Hiobsbotschaft. In J. Howe & R. Ochsmann (Hrsg.), Tod - Sterben - Trauer: Bericht über die 1. Tagung zur Thanato-Psychologie vom 4.-6. November 1982 in Vechta. Frankfurt/M.: FFP-Verlagsabteilung, 148-156.

Hinton, J.M. (1963). The physical and mental distress of the dying. Quarterly Journal of Medicine, 32, 1-21.

Howe, J. (1983). Zur Problematik von Psychotherapie mit Sterbenden. In U. Baumann, H. Berbalk & G. Seidenstücker (Hrsg.), Klinische Psychologie: Trends in Forschung und Praxis. Bern: Huber, 212-247.

Howe, J. (1987). Das Sterben als Gegenstand psychosozialer Alternsforschung. Stuttgart: Enke.

Howe, J. & Ochsmann, R. (Hrsg) (1984). Tod - Sterben - Trauer: Bericht über die 1. Tagung zur Thanato-Psychologie vom 4.-6. November 1982 in Vechta. Frankfurt/M.: FFP-Verlagsabteilung.

Kastenbaum, R. (1975). Towards standards of care for the terminally ill. Part II: What standards exist today? Omega: Journal of Death and Dying, 6, 289-290.

Kastenbaum, R. (1976). Towards standards of care for the terminally ill. Part III: A few guiding principles. Omega: Journal of Death and Dying, 7, 191-193.

Kastenbaum, R. (1986). Death, society, and human experience. Columbus, OH: Merril.

Kastenbaum, R. & Aisenberg, R. (1972). The Psychology of Death. New York: Springer.

Kastenbaum, R. & Costa, P.T. (1977). Psychological perspectives on death. Annual Review of Psychology, 28, 225-249.

Kastenbaum, R. & Kastenbaum, B. (Eds.) (1989). Encyclopedia of death. Phoenix, AZ: Oryx Press.

Kramberg, K.H. (1970). Vorletzte Worte. Frankfurt: Bärmeier.

Kübler-Ross, E. (1969). On death and dying. New York: Macmillan.

Lerner, M. (1976). When, why, and where people die. In E.S. Sneidman (Ed.), Death: Current perspectives. Palo Alto, CA: Mayfield, 138-162.

Lückel, K. (1981). Begegnungen mit Sterbenden. München: Kaiser.

Metzger, A.M. (1979-80). A Q-methodological study of the Kübler-Ross stage theory. Omega: Journal of Death and Dying, 10, 291-302.

Mor, V. (1987). Hospice care systems. New York: Springer.

Mor, V., Greer, D.S. & Kastenbaum, R. (1988). The hospice experiment. Baltimore: The Johns Hopkins University Press.

Ochsmann, R. (1985). Thanato-Psychologie: Tod und Sterben als Erklärungsbereich psychologischer Theorien? Diskussionsgruppe. In D. Albert (Hrsg.), Bericht über den 34. Kongreß der Deutschen Gesellschaft für Psychologie (Wien). Göttingen: Hogrefe, 706-709.

Ochsmann, R. (1986). Reaktionen auf Tod und Sterben: Beiträge zur Thanato-Psychologie. Habilitationsschrift, Universität Osnabrück.

Ochsmann, R. (1993). Angst vor Tod und Sterben. Göttingen: Hogrefe.

Ochsmann, R. & Howe, J. (Hrsg.) (1991). Trauer - Ontologische Konfrontation: Bericht über die 2. Tagung zur Thanato-Psychologie. Stuttgart: Enke.

Ochsmann, R., Hettwer, H. & Floto, Ch. (1991). Am Ende des Lebens: Nahe-Tod-Erlebnisse und Sterbeerfahrungen. In R. Ochsmann (Hrsg.), Lebens-Ende. Heidelberg: Asanger, 101-118.

Oken, D. (1961). Wath to tell cancer patients. Journal American Medical Association, 175, 86-94.

Parkes, C.M. (1985). Terminal care: Home, hospital, or hospice. The Lancet, 155-157.

Pattison, E.M. (1978). The living-dying process. In C.A. Garfield (Ed.), Psychosocial care of the dying patient. New York: McGraw-Hill, 133-168.

Petzold, H.G. (1984). Gestalttherapeutische Perspektiven zu einer "engagierten Thanatotherapie". In J. Howe & R. Ochsmann (Hrsg.), Tod - Sterben - Trauer: Bericht über die 1. Tagung zur Thanato-Psychologie vom 4.-6. November 1982 in Vechta. Frankfurt/M.: FFP-Verlagsabteilung, 135-147.

Pöhlmann, H.G. (1991). Der Tod in der säkularisierten Gesellschaft: Eine Analyse aus theologischer Sicht. In R. Ochsmann (Hrsg.), Lebens-Ende. Heidelberg: Asanger, 37-48.

Rilke, R.M. (1966). Werke in drei Bänden. Frankfurt: Insel.

Rilke, R.M. (1980). Die Aufzeichnungen des Malte Laurids Brigge. München: dtv.

Saunders, C. (1977). Dying the live: St. Christopher's hospice. In H. Feifel (Ed.), New meanings of death. New York: McGraw-Hill, 153-179.

Schmeling, C. & Koch, U. (1984). Betreuung von Schwer- und Todkranken: Möglichkeiten und Grenzen der Ausbildung von Krankenhauspersonal. In J. Howe & R. Ochsmann (Hrsg.), Tod - Sterben - Trauer: Bericht über die 1. Tagung

zur Thanato-Psychologie vom 4.-6. November 1982 in Vechta.
Frankfurt/M.: FFP-Verlagsabteilung, 66-71.
Schulz, R. (1978). The psychology of death, dying, and bereavement. Reading, MA: Addison-Wesley.
Schulz, R. & Aderman, D. (1976). How the medical staff co-
pes with dying patients: A critical review. Omega: Journal of
Death and Dying, 7, 11-21.
Schulz, R. & Schlarb, J. (1987-88). Two decades of research
on dying: What do we know about the patient? Omega: Journal
of Death and Dying, 18, 299-317.
Shneidman, E.S. (1978). Some aspects of psychotherapy with
dying persons. In C.A. Garfield (Ed.), Psychosocial care of
the dying patient. New York: McGraw-Hill, 201-218.
Sporken, P. (1977). Die Sorge um den kranken Menschen.
Grundlagen einer neuen Medizinischen Ethik. Düsseldorf:
Patmos.
Sporken, P. (1979). Sterbebeistand: Aufgabe und Ohnmacht.
In E. Engelke, H.-J. Schmoll & G. Wolff (Hrsg.), Sterbebei-
stand bei Kindern und Erwachsenen. Stuttgart: Enke, 30-39.
Staub, H. (1984). Mit dem Sterben leben - Entwicklung eines
Kompaktseminars für Pflegepersonal. In J. Howe & R. Ochs-
mann (Hrsg.), Tod - Sterben - Trauer: Bericht über die 1. Ta-
gung zur Thanato-Psychologie vom 4.-6. November 1982 in
Vechta. Frankfurt/M.: FFP-Verlagsabteilung, 123-130.
Stoddard, S. (1978). The hospice movement. New York: Stein
& Day.
Strauss, A.L. & Glaser, B.G. (1970). Anguish. Mill Valley,
CA: The Sociology Press.
Swanson, L. (1975). Anxiety, death, and the health care pro-
fessional. In C.D. Spielberger & I.G. Sarason (Eds.), Stress
and Anxiety. Vol. I. New York: Wiley & Sons, 310-311.
Weisman, A.D. (1972). On dying and denying - a psychiatric
study of terminality. New York: Behavioral Publications Inc.
Weisman, A.D. (1974). The realization of death. A guide for
the psychological autopsy. New York: Jason Aronson.

Weisman, A.D. & Kastenbaum, R. (1968). The psychological autopsy. A study of the terminal phase of life. Community Mental Health Journal, Monograph No. 4.

White, P.D., Gilner, F.H., Handal, P.J. & Napoli, J.G. (1983-84). A behavioral intervention for death anxiety in nurses. Omega: Journal of Death and Dying, 14, 33-42.

Wittkowski, J. (1978). Tod und Sterben. Ergebnisse der Thanatopsychologie. Heidelberg: Quelle & Meyer.

Wittkowski, J. (1990). Psychologie des Todes. Darmstadt: Wissenschaftliche Buchgesellschaft.

Günter Büschges

Hospizbewegung - ein Beitrag zum menschenwürdigen Sterben *

Im Rahmen dieser Tagung sollte auch der Frage nachgegangen werden, welchen institutionellen Zwängen und Widerständen die Forderung nach einem menschenwürdigen Sterben begegnet, wie sie sich überwinden lassen und auf welche Weise eine persönliche, fürsorgende, Schmerzen lindernde und zugleich vertraute Begleitung von Schwerstkranken und Sterbenden sowie von deren Angehörigen in unserer Organisationsgesellschaft zu ermöglichen ist. Eine solche Antwort versucht die Hospizbewegung zu geben, die sich seit etwa 10 Jahren auch in Deutschland entwickelt hat. Die Pastoral-Kommission der deutschen Bischöfe widmete dieser Bewegung, deren Häuser Papst Johannes Paul II. "Inseln der Humanität" nannte (Lohmann), am 23. September 1993 sogar eine eigene Arbeitshilfe. Der Gesamtthematik der Tagung entsprechend, werde ich das Thema in fünf Schritten angehen, indem ich zunächst die von mir benutzte sozialwissenschaftliche, insbesondere soziologische Perspektive skizziere und deren Konsequenzen für unser Thema aufzeige, mich dann den Zielen und Konzeptionen der "Hospizbewegung" zuwende, anschließend deren Entwicklung und derzeitige Situation umreiße, um daran anknüpfend zentrale Ursachen für diese Entwicklung zu diskutieren und schließlich die Frage zu erörtern, mit welchem Symptom wir es bei der Hospizbewegung zu tun haben.

I.

Der von mir zugrundegelegte strukturell-individualistische Ansatz (s.Büschges 1985) verknüpft für Beschreibung und Erklärung menschlichen Handelns Annahmen über Personen als Handelnde und für diese geltende Regelmäßigkeiten des Handelns mit Annahmen über die Situationen, in denen sich die handelnden Personen befinden, sowie über deren verhaltens- wie ergebnissteuernde Wirkungen. Unserer Thematik angemessen ist dabei nur ein Modell, das menschliches Handeln wie seine Resultate abbildet als komplexes Produkt aus kulturellen Rahmenbedingungen, institutionellen Regeln, situationsbezogenen Gegebenheiten und persönlichkeitsspezifischen Faktoren. Es hat darüberhinaus zu berücksichtigen, daß beträchtliche Abhängigkeiten bestehen von den vorliegenden Interaktionsbeziehungen und ihren Mustern, von den handlungsleitenden Weltbildern und sozialmoralischen Leitideen, vom jeweiligen Wissens- und Informationsstand, vom erreichten technischen Niveau, von den verfügbaren und ins Spiel gebrachten materiellen wie immateriellen Mitteln, von den gewonnenen Erfahrungen, von den vorausgehenden Handlungen sowie von den Intentionen der verschiedenen Handlungsbeteiligten und den von ihnen angestrebten Folgezuständen (s. Büschges 1989b).

Gesundheit und Krankheit, Leben, Leiden und Sterben sind - im Lichte dieser Vorstellungen - nicht nur physische oder psychische, sondern zugleich auch soziale Tatbestände. Kulturell vermittelt, institutionell auf verschiedene Weise geregelt und erheblichen Wandlungen unterworfen ist deswegen: Wie Gesundheit, Krankheit und Tod definiert, registriert und beurteilt werden, was Krankheit, Sterben und Tod für den einzelnen und seine Mitmenschen bedeuten, welche Rolle Gesundheit, Krankheit und Tod im Lebensalltag zukommen, welche Wirkungen von Krankheit, Siechtum und Sterben für den einzelnen und die sozialen Gruppen, denen er angehört, insbesondere für die Familie, ausgehen, wer für die Diagnose von Krankheit sowie für die Therapie, wer für die Betreuung und Pflege Kranker und Sterbender zuständig ist, wer dafür die personellen und sachlichen Mittel bereitzustellen hat, in welcher Form die von akuter, chronischer oder terminaler Krankheit Betroffenen und ihr soziales Umfeld damit umzugehen haben. Unterschiede bestehen dabei nicht nur von Gesellschaft zu Gesellschaft, sondern angesichts der sozialen Differenzierung moderner Gesellschaften auch innerhalb einer Gesellschaft, z. B. für die Angehörigen verschiedener sozialer Klassen, sozialer Schichten, ethnischer und religiöser Gruppierungen und kultureller Milieus (s. Büschges 1989a). Auch in der Diskussion um Hospize, ihre Zielsetzung, Konzeption und institutionelle Einbindung sowie um die Hospizbewegung sind diese Unterschiede deutlich geworden, ebenso in der bislang noch nicht endgültig abgeschlossenen Auseinandersetzung über Einführung, Gestaltung und institutionelle Verankerung einer Pflegeversicherung.

Wie Krankheiten sozial definiert und behandelt werden, wie Sorge und Fürsorge für akute und chronisch Kranke und für Sterbende geregelt sind, welche naturphilosophische, ethische oder religiöse Deutung Krankheit und Tod, Kranke und Sterbende erfahren, ist nicht nur für den Kranken und seine Angehörigen, sondern auch für den Arzt, das pflegerische Personal und die Organisation des Gesundheitswesens oder der Krankenbehandlung von erheblicher Bedeutung. Es bestimmt z. B. nicht nur die an den Arzt in Klinik und freier Praxis gerichteten Erwartungen sowie Rechte und Pflichten der ärztlichen Profession, sondern u. a. auch die für ihn verfügbaren Mittel, die für die Regelungen zuständigen Institutionen und, nicht zuletzt, den sozialen Status von Ärzten und heilberuflich Tätigen.

II.

"Der Begriff 'Hospiz' steht heute für ein 'bestimmtes Konzept medizinischer, pflegerischer und spiritueller Fürsorge, eine bestimmte Einstellung zum Tod und der Fürsorge für den Sterbenden'" (480f.), wie STUDENT, BUCKINGHAMs Complete

Hospice Guide (1983) zitierend, in seinem informativen Beitrag zum Lexikon Medizin, Recht, Ethik (Eser u. a. 1989: 479-487) betont. Nach der Definition der 1977 gegründeten gemeinnützigen National Hospice Organisation der Vereinigten Staaten (s. Zielinski 1993: 72) gilt für Hospize folgende Zielsetzung (n. Student 1989: 479):

"Hospize bejahen das Leben. Hospize machen es sich zur Aufgabe, Menschen in der letzten Phase einer unheilbaren Krankheit zu unterstützen und zu pflegen, damit sie in dieser Zeit so bewußt und zufrieden wie möglich leben können. - Hospize wollen den Tod weder beschleunigen noch hinauszögern. Hospize leben aus der Hoffnung und Überzeugung, daß sich Patienten und ihre Familien so weit geistig und spirituell auf den Tod vorbereiten können, daß sie bereit sind, ihn anzunehmen. Voraussetzung hierfür ist, daß eine angemessene Pflege gewährleistet ist und es gelingt, eine Gemeinschaft von Menschen zu bilden, die sich ihrer Bedürfnisse verständnisvoll annimmt."

Trotz Vielzahl und Verschiedenartigkeit der weit über 2 000 Hospizprojekte, die heute weltweit existieren, beruhen ihre Konzepte durchweg auf folgenden fünf, von STUDENT (1987) ermittelten Grundprinzipien:

1. Die Wünsche der Sterbenden und ihrer Angehörigen haben zentrale Bedeutung, "insbesondere die vier Kernbedürfnisse
...im Sterben nicht allein gelassen zu werden, sondern an einem vertrauten Ort (möglichst zu Hause), inmitten vertrauter Menschen zu sterben.
...im Sterben nicht unter Schmerzen und anderen körperlichen Beschwerden leiden zu müssen.
...noch letzte Dinge ... zu regeln.
...die Sinnfrage ... zu stellen und die Frage des 'Danach' zu erörtern" (482).

2. Ein interdisziplinär arbeitendes Hospiz-Team von Fachleuten (Arzt, Krankenschwester, Sozialarbeiter, Seelsorger) bezieht

3. freiwillige Helfer mit ein, um die Sterbebegleitung zu ent-
professionalisieren und zugleich die Integration ins Gemeinwesen zu sichern, verfügt

4. "über spezielle Kenntnisse und Erfahrungen in der Therapie
von Schmerzen und anderen das Sterben belastenden Körperre-
aktionen" (482) und gewährleistet, was besonders wichtig ist,

5. "Kontinuität in der Betreuung" (483).

Die Aufnahme in stationäre oder ambulante Betreuung setzt
in der Regel voraus, daß die betreffende Person

1. terminal an Krebs, Krankheiten des Nervensystems mit fort-
schreitenden Lähmungen, Nieren-, Leber-, Herz- oder Lun-
genkrankheit, oder Aids erkrankt ist und

2. "bereits die konkrete, individuelle Todesursache absehbar
geworden ist". Ferner müssen

3. "der Betroffene, seine Familie und... der zuletzt behan-
delnde Arzt... das vom Hospiz vertretene Prinzip der lindern-
den Pflege und Therapie" (Verzicht auf forcierte Ernährung,
künstliche Beatmung und kontinuierliche Infusionstherapie)
kennen und billigen (485).

Darüberhinaus wird - soweit möglich und vertretbar - angestrebt, daß der Sterbende die letzten Tage seines Lebens zu
Hause verbringen kann. Die langfristige Pflege und Betreuung
von mehr oder minder pflegebedürftigen chronisch Kranken,
deren Lebensende noch nicht abzusehen ist, gehört allerdings
in der Regel nicht zur Zielsetzung von Hospizen.

Neben Hospizen als unabhängige, in eine Klinik oder andere
Institutionen eingebundene stationäre oder ambulante Einrichtungen gibt es inzwischen auch nur ambulant arbeitende Teams
sowie Beratungs-Teams, die andere Institutionen im Rahmen
ihrer Familien-, Alten- und Krankenfürsorge unterstützen.
Ambulant arbeitende und Beratungs-Teams werden von jenen
bevorzugt, die die Begleitung Schwerstkranker und Sterbender
möglichst in der vertrauten Umgebung zu leisten versuchen
und prinzipiell jede Art von Hospitalisierung als Ausgrenzung
ablehnen.

III.

Die moderne Hospizbewegung geht auf die englische Kranken-
schwester, Sozialarbeiterin und Ärztin Cecily Saunders zurück.
Aufgrund ihrer Erfahrungen in der Betreuung Kranker und
Sterbender - u.a. in dem bereits 1902 im Osten Londons er-
richteten "St. Joseph Hospice" - gründete sie 1967 nach langer
Vorbereitung in einem Londoner Vorort "das St.Christopher's
Hospice, das parallel zur seelischen Begleitung und exzellenten
Krankenpflege auch die medizinische Versorgung einschloß"
und das "Sterbenden einen würdigen Tod" ermöglichen sollte
(Zielinski 1993: 70). Sie knüpfte damit bewußt "an mittelalter-
liche Traditionen an, wo Hospize Pilgerherbergen waren, die
Menschen auf ihrem Weg an ihr Pilgerziel Herberge, Pflege,
Rastmöglichkeit und Stärkung anboten" (Student 1989: 479).
Diese wiederum gingen auf Hospize zurück, die bereits im
"Römischen Reich ... für Wanderer und Bedürftige, für
Kranke und Sterbende eingerichtet wurden" (Zielinski 1993:
68).

Die Ausrichtung auf Sterbende hatte allerdings zur Folge,
daß Einrichtungen dieser Art bald als "Sterbekliniken" tituliert
wurden und in der Bevölkerung wie bei den Kirchen auf Ablehnung stießen. Auch in Deutschland bewirkte die Diskussion
um Sterbehilfe, insbesondere der ideologische Kampf zwischen
der Deutschen Gesellschaft für Humanes Sterben e.V. und
dem 1982 in Rom gegründeten Club of Life, die beide - aus
entgegengesetzten Gründen - polemisch gegen die Konzeption
der Hopizbewegung argumentierten, sowie die Einschätzung
von Hospizen als "Sterbeeinrichtungen" eine eher zurückhal-
tende Übernahme und Umsetzung dieser Ideen. Wie Zielinski
belegt, wurde noch bei der Anhörung zur "Sterbehilfe", die
1985 im Deutschen Bundestag stattfand, "deutlich, daß die
Palliative Therapie oder die Hospizbewegung, wie sie seit
1983 in Deutschland praktiziert wird, überhaupt noch nicht in
das Gedankengut der 'Experten' eingegangen ist" (1993: 55).

Allerdings scheint sich hier in letzter Zeit ein Wandel anzu-
bahnen, worauf nicht zuletzt die zunehmende und eher positive
Thematisierung dieser Problematik in der deutschen Presse
hindeutet, wie z. B. in Heft 47/ 1992 im Spiegel unter der
Überschrift "Erfülltes Leben bis zuletzt" oder in Heft 21 v.
6.10.1993 der Frauenzeitschrift "Brigitte" unter der Überschrift: "Hier stirbt niemand einsam". Die Äußerung des Pap-
stes und die Arbeitshilfe der Pastoral-Kommission (1993) der
deutschen Bischöfe weisen in die gleiche Richtung.

Zustimmung fand Saunder's Konzeption sehr früh in den
englischsprachigen Ländern, insbesondere in USA und Ka-
nada, unterstützt u.a. von Kübler-Ross und ihren Studien über
Sterbende. So wurde bereits 1974 in den USA das erste Hospiz
eröffnet, das auch ambulante Dienste einschloß; 1977 folgte
die Gründung der "National Hospice Organisation" und Ende
1989 existierten schon über 1500 Hospize. In Deutschland
wurden die ersten Hospize erst 1983 eingerichtet, eines davon
auf Anregung der Deutschen Krebshilfe als "Station für Palliative Therapie" nach dem Londoner Vorbild an der Chirurgischen Universitätsklinik in Köln (Zielinski 1993). Anfang 1989
waren bei der "Deutschen Hospizhilfe", einer zwischenzeitlich
gegründeten zentralen Institution, bereits "über 200 lokale
Initiativgruppen, die an der Verwirklichung von Hospizkon-
zeptionen arbeiteten", gemeldet (Student 1989: 481). In Bay-
ern wurde das erste Hospiz 1991 im Krankenhaus der Barm-
herzigen Brüder in München eingerichtet. In Nürnberg wurde
1992 ein Hospizteam ins Leben gerufen, das in erster Linie auf
Betreuung Schwerstkranker und Sterbender in ihrer häuslichen
Umgebung abzielt. In Bamberg trafen sich Anfang Oktober
1993 auf Einladung des Bayerischen Landesverbandes der
Hospizvereine und des Bamberger Hospizvereins "über 180
Mitglieder von Hospiz-Initiativen und -Verbänden aus ganz
Deutschland" (bp 1993: 20) zu den Bayerischen Hospiztagen.

Nach der 1993 durchgeführten Erhebung von STUDENT ist
die Anzahl von Hospizen im letzten Jahrzehnt weiter ange-

wachsen. Nach wie vor steht England an erster Stelle in West-
europa, wo 117,2 Hospize auf 10 Mio. Einwohner kommen;
es folgen Belgien mit 17,2, Norwegen mit 9,8, Schweden mit
9,6, Finnland mit 8,3 und Frankreich mit 8,1. Mit 2.o Hospizen je 10 Mio. Einwohnern steht Deutschland mit Dänemark
an 10.Stelle, noch hinter Italien mit 2,5, den Niederlanden mit
3,6 und der Schweiz mit 4,7 (Forum Sozialstation Nr.64/1993:
8).

   Die Entwicklung des "Hospizwesens" deutet daraufhin, daß
wir es bei der Hospizbewegung mit ähnlichen, oft einer logisti-
schen Funktion gleichenden Entwicklungen zu tun haben wie
sie - nach OGBURN (1950) - für Innovationen generell charakteristisch sind. Der Erfindung, resultierend aus der Kombination von mentalen Fähigkeiten, existierenden Bedürfnissen
und vorgegebenen kulturellen wie natürlichen Möglichkeiten,
folgt die Akkumulation, verzögert und behindert u.a. durch
Sitten, Glaubensvorstellungen, religiöse Praktiken, rechtliche
Regelungen, berechtigte Interessen bevorzugter Klassen, Traditionen und soziale Gewohnheiten. Der Akkumulation folgt
die Diffusion, die dafür sorgt, daß Innovationen sich ausbrei-
ten, und dieser schließlich die Anpassung an die durch die Innovation veränderten Umstände, die durchweg zu Veränderungen der kulturellen und zivilisatorischen Basis führt, die Wis-
sensbasis eingeschlossen.

IV.

Für die Entwicklung und Beurteilung der Hospizbewegung ist
von Bedeutung, daß wir in einer Gesellschaft leben, in der Gesundheit eine sehr hohe Wertschätzung erfährt und in der
Krankheit überwiegend negativ bewertet und nicht als ein soziales Ereignis mit religiöser Dimension begriffen wird. - Die
euphemistische Benennung der mit AOK abgekürzt bezeichne-
ten Allgemeinen Ortskrankenkasse als "Gesundheitskasse" ist

hierfür exemplarisch. - Nicht Kranke als Personen, sondern Krankheiten und Personen als deren Träger sind Objekt der auf die Bekämpfung von Krankheiten spezialisierten kurativen Medizin. In der wenig aufgeklärten Öffentlichkeit geht diese Vorstellung mit einem naiven Verständnis von Krankheit einher, welche das Krankheitsgeschehen mechanisch-kausal auffaßt und nicht primär auf die erkrankte Person, sondern auf Organe und Organfunktionen bezieht, deren Fehlfunktion sich auf der Grundlage zutreffender Diagnosen vermittels geeigneter therapeutischer Maßnahmen beheben lassen müßte. Geschieht dies nicht, bleibt Heilung aus, werden dafür u. a. mangelnde Kompetenz des Arztes, unzureichende ärztliche Diagnostik, ungenügender Stand medizinischen Wissens, fehlerhafte oder unzureichende therapeutische Mittel oder Verfahrensweisen, beschränkte finanzielle Mittel und sachliche Ressourcen oder gar soziale Diskriminierung verantwortlich gemacht.

Zu dieser für Arzt, Patient, Klinik und Angehörige gleichermaßen problematischen Situation haben das in der Medizin vorherrschende naturwissenschaftliche Paradigma und das auf dem "morphologischen Ansatz" (Arnold 1987:200) basierende nosologische Krankheitsverständnis mit beigetragen - allerdings eher als paradoxer Effekt oder unbeabsichtigte Folge absichtsgeleiteten Handelns denn als intendiertes Resultat. Im Einklang mit den institutionalisierten Strukturen der Hochschulmedizin und ihrer Differenzierung bewirkten sie, daß die Entwicklung medizinischen Wissens getragen, gefördert und beschleunigt wurde durch zunehmende Spezialisierung im klinischen Bereich bis hin zur psychosomatischen Medizin mit entsprechenden Konsequenzen für den Sektor klinischer ärztlicher Versorgung. So wurde das moderne Krankenhaus zu einer hochspezialisierten und technisierten Einrichtung, "die zwar unterschiedlichste Aufgaben wahrnimmt, aber dennoch ihr Ziel darin sieht, den Menschen, der sich als Kranker in diese Einrichtung begibt, als geheilt zu entlassen". Sie ist jedoch zugleich zu einem "Ort des Sterbens geworden mit all den

Problemen, die - da das Sterben gegen die eigentliche Zielvor-
stellung gerichtet ist - mit dieser neuen Aufgabe verbunden
sind" (Zielinski 1993: 17). Diesem Umstand tragen auch die
gesetzlichen Regelungen, die vornehmlich am Krankenhaus als
kurativer Institution orientiert sind, nur bedingt Rechnung.
Für Arzt, Pflegepersonal, Patient und Angehörige offenbart
sich diese prekäre Situation bereits in ihrer gesamten Problematik und Ambivalenz, wenn es um den Umgang mit chronischen Erkrankungen geht (Büschges 1991), denn hier ist "die
Dauer der Erkrankung nicht absehbar" und gewiß nur, daß die
Krankheit nicht heilbar ist (Anschütz 1987:187). Chronische
Erkrankungen erfordern somit zwingend, daß über die bio-
physische Dimension hinaus sowohl die psychische Dimension
von Krankheit und Kranksein als auch die soziale Dimension
berücksichtigt werden. Noch viel mehr muß dies der Fall sein,
wenn Menschen, die an terminalen Krankheiten leiden, die
nicht geheilt, sondern nur gelindert werden können, sich in der
letzten Phase ihres Leidensweges befinden. Für eine solche
Aufgabe ist das Krankenhaus als kurative Institution ungeeignet
und fehlt dem Arzt im Krankenhaus der entsprechende Auftrag, denn nach ZIELINSKI " endet der Auftrag des Arztes ...
bei einem morbiden Patienten, der auf therapeutische Maßnahmen nicht mehr anspricht", so daß "das Pflegepersonal ...
vorrangig zur Bezugsgruppe des Sterbenden" wird und diesem
dadurch "eine ungeheure Verantwortung übertragen (wird), der
sie in der Regel nicht gewachsen sind" (1993: 21). Wir haben
es hier mit einem echten sozialen Problem moderner Gesellschaften zu tun. Um ein solches handelt es sich immer dann,
wenn "soziale Bedingungen und Ereignisse, die größere Gruppen bzw. Kategorien von Gesellschaftsangehörigen ... in ihrer
Lebenssituation beeinträchtigen, öffentlich ... als verände-
rungsbedürftig definiert und zum Gegenstand von politischen
Programmen oder Maßnahmen gemacht werden" (Albrecht
1989:506). Genau dies ist hier der Fall. Die Hospizbewegung
versucht hierfür eine angemessene und zeitgenössische Antwort

zu finden, diese institutionell Gestalt werden zu lassen und so
als Problemlösung auf Dauer zu stellen.

V.

Mit OGBURN (1950) läßt sich menschliches Verhalten sowie
die Entwicklung von gesellschaftlichen Ordnungen und Kulturen nur als ein komplexes Produkt aus der originären menschlichen Natur und dem sozialen Erbe begreifen, in das die
Menschen hineingeboren werden und das Produkt menschlichen Bemühens ist, nicht aber alleinige Gabe der menschlichen
Natur oder der natürlichen Umwelt. Deswegen ist eine klare
Differenzierung zwischen jenen Beiträgen, die aus der originären Natur des Menschen stammen oder durch diese bedingt
sind, und jenen, die sich seinem sozialen Erbe verdanken,
schwierig, wenn nicht gar unmöglich. Daß dem so ist, liegt
insbesondere daran, daß menschliches Verhalten, das gesteuert
wird über Erfahrung, Lernprozesse und Ausbildung spezifischer Verhaltensmuster, zurückwirkt auf das soziale Erbe, das
dadurch für die nachfolgenden Generationen verändert wird
und zu anderen Handlungsbedingungen führt.

Im Lichte dieser Überlegungen stellt das Hospizwesen den
Versuch dar, eine angemessenere Antwort auf die Folgen der
Entwicklung der Medizin und des Gesundheitswesens sowie
die demographischen Veränderungen und die dadurch hervor-
gerufenen sozialen Probleme zu finden als die bislang vorliegenden. Insofern ist das Hospizwesen der Versuch, eine institutionell lösbare und kulturell vertretbare Antwort auf eine
neue gesellschaftliche Problemlage zu finden.

Literatur

* nachträglich aufgenommener Beitrag

Albrecht, G., 1989: Probleme, soziale, in: Endruweit, G. & Trommsdorff, G. (Hrsg.): Wörterbuch der Soziologie, Stuttgart, S. 506-513;
Arnold, M., 1987: Das Arztbild der Zukunft, in: Institut für Freie Berufe (Hrsg.): Forschung über Freie Berufe, Jahrbuch 1985/86, Nürnberg, S. 198-210;
Becker, P., 1980: Die Verantwortung für die Gesundheit. Ist Krankheit Wertminderung?, in: H. Schaefer (Hrsg.): Der gesunde kranke Mensch. Gesundheit ein Wert - Krankheit ein Unwert?, Düsseldorf, S. 132-147;
Beckmann, R., 1992: Untersuchungen zur ärztlichen Betreuung Pflegebedürftiger: Modellpraxis in einem Alten- und Pflegeheim, Berlin;
Bördlein, I., 1991: Nur wenige können in vertrauter Umgebung sterben, in: Die Welt, Nr. 286, S. 19;
bp 1993: Eine bewußte Haltung zum Tod erreichen, in: Heinrichsblatt, Nr. 43, 100. Jg., S. 20;
Buckingham, R. W., 1983: The Complete Hospice Guide, New York;
Büschges, G., 1985: Empirische Soziologie und soziale Praxis, in: Sozialwissenschaften und Berufspraxis, 8. Jg., Heft 3;
Büschges, G., 1989a: Schmerz als soziales Phänomen, in: U. Geßler (Hrsg.): Schmerz als soziales Phänomen, München-Deisenhofen, S. 43-51;
Büschges, G., 1989b: Soziologische Aspekte pränataler Diagnostik, in: D. Berg u.a. (Hrsg.): Pränatale Diagnostik: Eine Auseinandersetzung, Braunschweig u. Wiesbaden, S. 150-160;
Büschges, G., 1991: Soziale Bedingungen und soziale Folgen ärztlichen Handelns - erörtert am Beispiel chronischer Krankheit, in: U. Geßler u. a. (Hrsg.): Der Arzt, München-Deisenhofen, S. 58-70;

Deutscher Verein für öffentliche und private Fürsorge, 1992: Nomenklatur der Altenhilfe, Frankfurt/M., 2. Aufl.;

Dießenbacher, H., 1987: Recht auf Leben - Pflicht zum Sterben?, in: Universitas, 42. Jg./ Nr.9, S. 905 - 912;

Dießenbacher, H., 1992: Der Tod und die Pflege, in: Frankfurter Allgemeine Zeitung, Nr. 183, Beilage, S.2;

Eser, A. u. a. (Hrsg.), 1989: Lexikon Medizin, Recht, Ethik, Freiburg u.a.;

Faßmann, H., 1992: Sozialstationen: Bestandsaufnahme von Strukturen und Konzepten, Nürnberg: Institut für empirische Soziologie;

Kautzky, R., (Hrsg.), 1976: Sterben im Krankenhaus, Freiburg;

Lohmann, M., 1994: Der Tod als Meister des Lebens. Sandra Paretti, der Selbstmord und die Sterbekultur, in: Rheinischer Merkur v. 18.3., S. 1;

Mullaly,R. W., Osmond, H., 1979: Medical Education and the Dying Patient, in: Southern Medical Journal, 72. Jg., Nr. 4, S. 409 - 411;

Ogburn, W.F., 1950: Social Change: With Respect to Culture and Original Nature,enlarged ed., New York 1950 (zuerst 1922);

Ogburn, W.F., 1964: On Culture and Social Change, Selected Papers, ed. by O.D.DUNCAN, Chicago u. London(deutsch: Kultur und sozialer Wandel, Neuwied 1969);

Pastoral-Kommission der deutschen Bischöfe: Die Hospizbewegung - Profil eines hilfreichen Weges in katholischem Verständnis, Bonn: Sekretariat der Deutschen Bischofskonferenz 1993;

Paus, A., (Hrsg.), 1976: Grenzerfahrung Tod, Graz u.a.;

Schmitz-Scherzer, R., 1984: Sterbebeistand, hg. v. Kuratorium Deutsche Altershilfe, Köln;

Student, J.-Chr., 1987: Bedingungen für ein menschenwürdiges Sterben, in: Mensch, Medizin, Gesellschaft, 12. Jg. S. 232ff.;

Student, J.-Chr., 1989: Hospiz/Hospizbewegung, in: Eser u.
a. (Hrsg.), Lexikon Medizin - Recht - Ethik, Freiburg i.Br.,
S. 479 - 487;
Thurau, M., 1992: An der Grenze zwischen Leben und Tod,
in: Süddeutsche Zeitung, Nr. 293, S. 13;
Tews, H. P., 1979: Soziologie des Alterns, Heidelberg, Kap.
II., 5. Tod;
Torrens, P. R., (Hrsg.), 1985: Hospice Programs and Public
Policy, Chicago;
Wiedemann, R., 1988: Das Tabu des Sterbens durchbrechen,
in: Forum Sozialstation Nr. 45, S. 9 - 14;
Wilkes, L., u.a., 1993: Die ethische Bedeutung der Euthana-
sie, in: Altenpflege-Forum, 1.Jg./2, S. 7 - 13;
Zielinski, H. R., 1993: Palliative Therapie und Hospizbewe-
gung in der Bundesrepublik Deutschland, Saarbrücken;
o. V., 1992: Erfülltes Leben bis zuletzt, in: Der Spiegel,
H.47, S. 248 - 260;
o. V., 1993: In Deutschland zu wenig Hospize, in: Forum Sozialstation Nr. 64/ Herbst, S. 8;

Diskussion

In der von Alfred Bellebaum geleiteten Diskussion - sie bezog
sich nur auf den Beitrag von G. Schmied - werden schwerpunktmäßig drei Themen behandelt: Interaktion mit Sterbenden, Sterben und Tod, Hospizbewegung.

Die Frage, was man dem Kranken, in welcher Deutlichkeit
und mit welchem Rest von Hoffnung offenlegt, wird häufig
zur schmalen Gratwanderung. Während Ärzte zwischen zu-
mutbarer Wahrheit und Aufklärungsgebot abzuwägen haben,
flüchten Angehörige allzu häufig in eine Heuchelei im Stile
"Wir fragen ihn doch nicht, wie lange er noch zu leben hat,
was denn der Arzt sagt und ob er seine Sachen schon geordnet
hat". Im Verlaufe der Diskussion werden sowohl gesellschaft-

liche wie individuelle Barrieren einer gelingenden kommunikativen Interaktion mit Sterbenden angesprochen. Zuvörderst wird festgestellt, daß kulturübergreifend über Sterben und Tod nicht gerne gesprochen wird. Die modernen Verhältnisse befördern aber nachhaltig eine Tabuisierung und Verdrängung von Sterben und Tod. Nachdem religiöse Legitimationen vergleichsweise bedeutungslos geworden sind, werden Sterben und Tod zunehmend in die Privatheit abgedrängt und öffentlich tabuisiert. Als Belege dienen unter anderem das Verschwinden der Trauerkleidung , des Trauerjahres und der als Gemeindeereignis empfundenen Beisetzungen, bei denen der Ritus des gemeinsamen Essens ("Leichenschmaus") die Funktion hatte, die Trauernden wieder in den Alltag zurückzuführen. Übrig geblieben ist heutzutage weithin der bloße Begräbnisakt. Es wird klargestellt, daß die Tabuisierung nicht das Reden über Tote betrifft, sondern vor allem die versuchsweise Ausblendung des Sterbens und des Todes.

Des weiteren wird anknüpfend an eigene Erfahrungen dargelegt, daß man bislang dem individuellen Fall mit seinem speziellen psychophysischen Umfeld oft eine zu geringe Bedeutung beigemessen hat. Im Umgang mit Sterbenden, bei der Vermittlung von Hoffnung auf Heilung und bei der Vorbereitung auf das Lebensende werden alle Verallgemeinerungen dem individuellen Krankheitsverlauf nicht gerecht. Das gilt dann auch für die so oft propagierte und weithin ja auch schon praktizierte vollständige Aufklärung des todkranken Menschen.

Zudem wird im Umgang mit "todgeweihten" Patienten weithin nicht die Fülle der zur Verfügung stehenden Kommunikationsformen ausgeschöpft. Neben der direkt-verbalen Konfrontation mit medizinischen Befunden kann im Einzelfall eine symbolisch-rituelle Kommunikation vorteilhafter sein, weil auf diese Weise ein emotionaler Zugang zu dem existentiell bewegenden Thema möglich ist, wobei nicht zwangsläufig der finale Aspekt im Vordergrund stehen muß. Aufklärung durch den behandelnden Arzt erfolgt meist direkt-verbal. Die Frage, ob es nicht sinnvoller ist, die Sterbenden durch ihre Angehörigen informieren zu lassen, wird in der Diskussion mit dem Hinweis verneint, daß diese Menschen ja doch in den komplexen Sterbevorgang eingebunden sind und deshalb nicht als Lückenbüßer mißbraucht werden sollten. Vielfach belasten Ängste die Beziehungen zwischen Angehörigen und Sterbenden. Diese Ängste könnten durch die Begleitung von Sozialbetreuern abgebaut werden, die gesprächsweise Todesbilder - etwa in Gestalt von Metaphern - aufdecken und besprechen könnten. Mit Blick auf den betroffenen Patienten kann er Wege aufzeigen, wie er in der noch verbleibenden Lebensspanne sinnvoll den Alltag gestalten kann. Stets sollten die Aktivität und Wünsche des Patienten im Vordergrund stehen. Wenn man über Lebensqualität spricht, sollte nämlich nicht die "Würde des Sterbens" ausgeklammert werden.

Zuweilen werden in Diskussionen und Gespräche die Begriffe "Sterben und Tod" synonym verwendet. "Wir wünschen uns einen leichten Tod, dabei wünschen wir uns ein leichtes Sterben". Das Sterben gehört zum Leben und nicht zum Tod. So gesehen sollten beide Begriffe sauber voneinander getrennt werden. Die im Vortrag und in der Diskussion erörterten Probleme beziehen sich mithin auf das Sterben.

Erörtert wird sodann die Institutionalisierung von Sterben und Tod, wie sie sich in der Hospizbewegung darstellt. Sie ist freilich eine Sondereinrichtung, die eine nicht problemlose Ausgrenzung des Sterbens zur Folge haben kann. Ob dadurch ein angemessenerer Umgang mit Sterben und Tod gewährleistet wird, erscheint einstweilen noch ungewiß.

Achim Meis und Boris Gareise

D

Florian Gerster
unter Mitarbeit von Ralf Kohl

Ansichten über Lebensqualität: Parteipolitischer Konsens und Dissens

1.Öffentlicher Verdruß und subjektive Befindlichkeit

Meinungsumfragen zeigen immer wieder, daß die einzelnen Befragten mit ihrer individuellen Situation sehr viel zufriedener sind, als dies in Antworten und Fragen nach dem Zustand von Staat und Gesellschaft deutlich wird. Der öffentliche Verdruß über politische Parteien oder die aktuelle Politik ist vorhanden und wird auch artikuliert. Dies ist zunächst nicht zu kritisieren, zumal es in den letzten Jahren sicherlich auch Fehlentwicklungen und Auswüchse in der Politik und bei den politischen Akteuren gegeben hat.

Erstaunlich ist nur, daß der "öffentliche Verdruß" und die subjektive Lage der "Verdrossenen" auseinanderklaffen. 70 % unserer Bevölkerung leben in relativem Wohlstand. Trotzdem erwarten viele Bürger eine "Allzuständigkeit" des Staates für ihr persönliches Wohlbefinden, obwohl sie dies zunächst selbst zu organisieren haben. Die Erwartungshaltung gegenüber dem "Dienstleistungs-Staat" Bundesrepublik ist hoch. Dabei verkennen viele Bürger, daß der Staat lediglich die Rahmenbedingungen setzen kann; für die Ausgestaltung dieses Rahmens sind die Bürger selbst verantwortlich. Und: Nicht nur der Staat hat Pflichten gegenüber seinen Bürgern, auch die Bürger haben Pflichten gegenüber dem Staat. Präsident Kennedys berühmte Aussage, "Frage nicht den Staat, was er für Dich tun kann, sondern frage Dich, was Du für ihn tun kannst", gibt diesen Gedanken treffend wieder.

2. Was ist Lebensqualität?

Kritiker des rein quantitativen Wirtschaftswachstum - wie Erhard Eppler - haben Anfang der 70er Jahre den Begriff 'Lebensqualität' geprägt. Mit ihm wollten sie auf die zunehmende Zerstörung humaner und natürlicher Lebensbedingungen durch eine ungehemmte wirtschaftliche Entwicklung hinweisen. "Lebensqualität" ist gewissermaßen der Gegenbegriff zu "Lebensstandard", der infolge des (quantitativen) Wirtschaftswachstums stetig angestiegen ist.

Die Kritiker dieses ungehemmten Wirtschaftswachstums treten besonders für die Erhaltung der natürlichen Lebensgrundlagen, für ein gesundes Wohn- und Lebensumfeld, für humane Arbeitsbedingungen, Sozialstaatlichkeit, ein Höchstmaß an individueller Selbstverwirklichung sowie gleiche Bildungs- und Berufschancen für Frauen und Männer ein. Die individuelle Selbstverwirklichung genießt also einen hohen Stellenwert. Die Kehrseite dieser Medaille ist, daß der für die Gemeinschaft unentbehrliche Gemeinsinn dabei zunehmend verloren geht. Es macht sich so etwas wie "kollektiver Egoismus" breit. Jeder vertritt primär seine Interessen, die Belange der Gemeinschaft müssen sich dem unterordnen. Dies wird besonders deutlich, wenn es darum geht, in einer Region eine Mülldeponie, ein Asylbewerberheim oder ein Drogentherapiezentrum zu errichten, dann feiert das "Sankt-Florians-Prinzip" fröhliche Urstände.

3. Was kann Politik tun, um Lebensqualität zu gewährleisten

Allgemein könnte man sagen: Die Politik muß die Voraussetzungen schaffen, die für die Verwirklichung der oben genannten Ziele notwendig sind. Konkret geschieht dies durch institutionelle Vorkehrungen - etwa in der Verfassung -, Gesetze sowie besondere Programme und Maßnahmen.

Die primäre Aufgabe eines jeden Staates ist die Gewährleistung eines friedlichen Zusammenlebens der Bürger im Staatsinnern und die Sicherung des Friedens nach außen. Dies sind die originären Aufgaben des Staates und der Politik, wenn sie auch in den meisten Staaten dieser Welt mittlerweile als selbstverständlich angesehen werden. Daß die "Stiftung des innergesellschaftlichen Friedens" die wichtigste Aufgabe des Staates ist, wird oft nur dann erkennbar, wenn dieser durch Krieg, Bürgerkrieg und Katastrophen gefährdet wird. Der schreckliche Bürgerkrieg im ehemaligen Jugoslawien ist dafür ein gutes Beispiel. Um den Frieden nach innen und außen zu sichern, trifft der moderne Staat institutionelle Vorkehrungen. Als Stichworte seien hier 'Landesverteidigung', 'Gewaltmonopol des Staates' und 'Gewaltverbot zwischen den Bürgern' genannt.

Durch diese Instrumente ermöglicht der Staat seinen Bürgern ein Leben, das (weitgehend) frei von unmittelbarer Bedrohung ist. *Erst wenn diese existentiellen Fragen gelöst sind, gibt es überhaupt Raum für Belange, die wir unter dem Stichwort 'Lebensqualität' subsumieren. Ein Staat etwa, der die Instrumente 'Landesverteidigung' und 'Gewaltmonopol des Staates' ablehnt, ist nicht in der Lage, seine Bürger vor unmittelbarer Bedrohung zu schützen. Folglich verliert die Lebensqualität - als "postmaterialistisches Gut" - in einem solchen Gemeinwesen an Bedeutung.*

Darüber hinaus trifft der moderne Verfassungsstaat Vorkehrungen, um den Bürgern ein menschenwürdiges Dasein in Freiheit und unter den Bedingungen von (Chancen-Gleichheit zu ermöglichen. Die Artikel 1-3 des Grundgesetzes gewährleisten die Einhaltung dieser Prinzipien. Ausgehend vom 'Schutz der Menschenwürde' in Artikel 1 heißt es in Artikel 2 Absatz 1 GG: "Jeder hat das Recht auf die freie Entfaltung seiner Persönlichkeit, soweit er nicht die Rechte anderer verletzt und nicht gegen die verfassungsmäßige Ordnung oder das Sittengesetz verstößt". Im Rahmen der Verfassung und des moralisch Gebotenen schützt der Staat also die freie Entfaltung seiner Bürger. In den folgenden Artikeln (Glaubens-, Bekenntnis- und Meinungsfreiheit, Schutz von Ehe und Familie, Versammlungs- und Vereinigungsfreiheit, Freizügigkeit, Freiheit der Berufswahl, Unverletzlichkeit der Wohnung, Gewährleistung des Eigentums,...) wird dies konkretisiert. Überdies können die Bürger durch ihr Wahlrecht die politischen Verhältnisse unmittelbar beeinflussen. Zum Gesamtzusammenhang gehört, daß Lebensqualität auch eine Frage des Einkommens und der Bildung ist. "Ein Häuschen im Grünen" kann sich nur erlauben, wer über ein bestimmtes Einkommen verfügt. "Die Freiheit der Berufswahl" nutzt nur demjenigen, der - mit einer entsprechenden (Vor-)Bildung ausgestattet - zwischen Alternativen auswählen kann. Der Sozialstaat muß darauf achten, daß Lebensqualität nicht ein Gut der Mittel- und Oberschicht bleibt, sondern für alle Bevölkerungsschichten erreichbar wird.

In Artikel 2 Absatz 2 heißt es: "Jeder hat das Recht auf Leben und körperliche Unversehrtheit". Durch diese Bestimmung verpflichtet sich der Staat, menschliches Leben zu schützen und es vor Beeinträchtigungen zu bewahren. Diese Verpflichtung reicht vom Schutz ungeborenen Lebens und dem Verbot der Euthanasie bis hin zu Schutzbestimmungen am Arbeitsplatz, Vorkehrungen gegen Emissionen und Immissionen, Maßnahmen zur Gesundheitsvorsorge, usw... Die Erhaltung der natürlichen Lebensgrundlagen soll - so die 'Gemeinsame Verfassungskommission' von Bundestag und Bundesrat - als Staatszielbestimmung in das Grundgesetz aufgenommen werden. Außerdem gibt es einen Vorschlag einer großen Zahl von Mitgliedern beider Kammern, einen Artikel 2a in das Grundgesetz aufzunehmen: "Jeder ist zu Mitmenschlichkeit und Gemeinsinn aufgerufen". Diese *"institutionellen Vorkehrungen" sind Grundvoraussetzung dafür, daß Lebensqualität überhaupt entstehen kann.* Denn Lebensqualität setzt eine Gesellschaftsform voraus, in der die freie Entfaltung der Persönlichkeit und der (staatliche) Schutz vor gefährdenden Beeinträchtigungen gewährleistet sind.

Es gibt jedoch im Grundgesetz keine Bestimmung, die explizit den Aspekt 'Lebensqualität' oder 'Glück' zum Gegenstand hat, wie etwa in der Amerikanischen Unabhängigkeitserklärung. Dort heißt es: *"We hold these truths to be self-evident, that all men are created equal, that they are endowed by their Creator with certain unalienable Rights, that among these are Life, Liberty and the pursuit of Happiness."*

Jeder hat also das Recht sein "Glück zu verfolgen". Daß diese Bestimmung aber keine Verpflichtung des Staates nach sich zieht, wird deutlich, wenn man sich das soziale Gefälle in der amerikanischen Gesellschaft vor Augen hält. Ein 'Recht auf Glück' beinhaltet eben keine (staatliche) Garantie, sondern nur einen unverbindlichen Anspruch. Da alle Menschen gleich und frei sind, haben alle den gleichen Anspruch auf Glück.

Das Grundgesetz verzichtet - aus gutem Grunde - auf eine solche, letztlich nicht operationalisierbare Bestimmung. Denn gäbe es beispielsweise ein "Recht auf Glück" - ähnlich wie bei einem 'Recht auf Arbeit' -, könnte dies gegenüber dem Staat eingeklagt werden.

Ein Staat aber, der wirtschaftlich und politisch auf das "freie Spiel der Kräfte" setzt, kann nicht das Glück jedes einzelnen garantieren oder bewirken. Der Staat kann nur die Rahmenbedingungen dafür schaffen, daß grundsätzlich jeder die gleiche Chance auf Glück und Selbstverwirklichung hat. Und dies ist bei uns auch gewährleistet.

4. Konkrete Maßnahmen der Politik

Lebensqualität ist weniger eine Frage institutioneller Vorkehrungen als vielmehr eine Frage praktischer Politik. Gesetze,

Programme, Verordnungen und konkrete Entscheidungen der Staatsleitung (Regierung und Parlament) führen zu mehr Lebensqualität. Beispielhaft seien hier Maßnahmen und Vorkehrungen der Politik genannt:

- die Umweltverträglichkeitsprüfung bei Baumaßnahmen
- Vorschriften zur Reinhaltung von Wasser, Luft und Boden
- die Förderung des 'Öffentlichen Personennahverkehrs'
- gesetzliche Sozialversicherung
- öffentliches Schul- und Hochschulwesen
- Maßnahmen zur sozialen Grundsicherung
- Unterstützung bei der Kindererziehung

Allein schon aus dieser Aufzählung wird deutlich, daß die Politik eine Vielzahl von Maßnahmen ergreift, um Lebensqualität zu bewirken. Der Staat versucht, damit ein möglichst hochwertiges Lebensumfeld zu schaffen. Zudem macht die Politik Angebote für bestimmte Zielgruppen, um Benachteiligten Chancengleichheit bei der Verfolgung ihrer familiären, schulischen und beruflichen Ziele einzuräumen.

5. Wie versuchen politische Bewegungen dieses Ziel zu erreichen? Glücksvorstellungen wichtiger politischer Bewegungen

Liberalismus:
Ausgehend von den Idealen der Französischen Revolution tritt der Liberalismus für politische und wirtschaftliche Freiheit sowie Humanität, Toleranz und eine staatliche Rechtsordnung ein. Vor allem der Wirtschaftsliberalismus betont das Prinzip des "Laissez-faire"; der Staat soll sich nicht in das "freie Spiel der Kräfte" einmischen. *Der einzelne soll ungehindert sein Glück verfolgen können. Redensarten wie "Jeder ist seines Glückes Schmied" sind Ausdruck liberalen Denkens.* Der moderne Liberalismus anerkennt aber auch die Notwendigkeit staatlicher Regulierung und sozialer Regelungen in bestimmten Fällen.

Konservativismus:
Bezeichnung für die politische Bewegung, die Ende des 18. Jahrhunderts als Gegenbewegung zum Liberalismus und zu den Idealen der Französischen Revolution aufkam. Der Konservativismus geht von einer Gesellschaftsordnung aus, die durch die Tradition legitimiert und festgefügt ist. Alle Vorrechte lagen bei Adel und König. *Folglich war Glück zu dieser Zeit ein Vorrecht der Aristokratie. Die Geburt entschied über den späteren Lebensweg.*

Der moderne Konservativismus bekennt sich zur Demokratie und zum liberalen Rechtsstaat. *Glück ist nicht ein Produkt staatlichen Handelns, sondern beruht maßgeblich auf der eigenen Leistung. Überspitzt könnte man sagen, daß sich der moderne Konservativismus am 'Sozialdarwinismus' orientiert, der das Motto "Survival of the fittest" propagiert.* Der Konservativismus wendet sich gegen "Gleichmacherei" und gegen eine übermäßige Hilfeleistung des Staates. Ausdruck dieses Denkens ist das *Subsidiaritätsprinzip*, das ein Eingreifen des Staates nur dann vorsieht, wenn Bedürftigen etwa im Kreis der Familie nicht geholfen werden kann.

Sozialismus:
Der Sozialismus ist Mitte des 19.Jahrhunderts aus der Arbeiterbewegung entstanden. Er zielte auf die Aufhebung des Privateigentums an Produktionsmitteln, um die Arbeiterschaft aus ihrer Abhängigkeit zu befreien. Mit der Vergesellschaftung der Produktionsmittel sollte auch die politische Unterdrückung aufhören. *Sozialismus (und stärker noch der Kommunismus) verstehen sich als "Weg zum Glück". Der Kommunismus unterstellt, daß die Menschen erst im "Endzustand" des Kommunismus glücklich sein können.*

Die Sozialdemokratie, die sich in der Tradition des demokratischen Sozialismus sieht, bekennt sich zur Marktwirtschaft und zur Leistungsgesellschaft. Durch ihre Grundwerte Freiheit, Gerechtigkeit und Solidarität tritt die

Sozialdemokratie aber für eine *soziale Abfederung des Wirtschaftslebens, für Chancengleichheit und eine gerechte Verteilung gesellschaftlicher Güter ein.* Menschliches Glück ist das Ergebnis eigener Anstrengungen unter Rahmenbedingungen, in denen Chancengleichheit und soziale Gerechtigkeit gewährleistet werden.

6. Übereinstimmung und Unterschiede bei politischen Parteien in verschiedenen Politikfeldern

Die Frage, wie Lebensqualität in konkreten Politikfeldern bewirkt werden kann, wird von den politischen Parteien unterschiedlich beantwortet. Dies läßt sich auf unterschiedliche historische Wurzeln und Menschenbilder zurückführen. Unterschiede resultieren aber auch daraus, daß die Parteien unterschiedliche Ziele verfolgen und die Prioritäten unterschiedlich setzen:

I. Die SPD tritt in ihrem Grundsatzprogramm von 1989 für eine Gesellschaft ein, in der *Frauen und Männer gleichberechtigt und solidarisch miteinander leben.* Erwerbs- und Familienarbeit soll von beiden geleistet werden. Frauen und Männer sollen gleichermaßen Zugang zu Ausbildung, Beruf und Karriere haben. Insbesondere für Frauen muß Familie und Beruf vereinbar sein. Der Staat trägt eine besondere Verantwortung für Familie und Lebensgemeinschaften. Wörtlich heißt es: *"Dem Solidarverband Familie darf nicht aufgebürdet werden, was Aufgabe des Sozialstaats ist."*
Demgegenüber betont die CDU in ihrem Grundsatzprogramm von 1978 noch die stärkere Verantwortung der Mutter in der Kindererziehung. Wörtlich heißt es: *"...Zuwendung kann den Kindern meist nur dadurch gegeben werden, daß die Mutter in den ersten Lebensjahren ihres Kindes auf Ausübung eines Erwerbsberufs verzichtet".* Und weiter: "Die Familie gestaltet ihr Zusammenleben in eigener Verantwortung". Die

Christdemokraten betonen - in Anlehnung an das Subsidiaritätsprinzip - *die Eigenverantwortung der Familie.*

Erst mit ihrem neuen Grundsatzprogramm von 1994 zeigt die CDU eine veränderte Haltung zur Rolle von Männern und Frauen in der Familie. Wörtlich heißt es: "Auch für Männer müssen in der Berufs- und Arbeitswelt mehr Möglichkeiten bestehen, sich an der Familienarbeit zu beteiligen, die Kindererziehung als eine gemeinsame Aufgabe zu betrachten und den Kindern ein partnerschaftliches Miteinander vorzuleben". Damit erkennt auch die CDU die gleiche Verantwortung von Mann und Frau bei der Kindererziehung an.

Übereinstimmend mit der SPD tritt auch die CDU für die Gleichberechtigung von Mann und Frau im Beruf ein. *Beide Parteien begreifen* - wenn auch mit unterschiedlicher Ausprägung - *die Schaffung gleicher Chancen von Männern und Frauen als ein Stück Lebensqualität.* Dies gilt für andere demokratische Parteien analog.

II. Ein weiteres wichtiges Thema, das unmittelbar mit "Lebensqualität" in Verbindung gebracht wird, ist die *Gestaltung der Arbeitswelt.* Übereinstimmend sprechen sich SPD und CDU für humane, insbesondere die Gesundheit schützende Arbeitsbedingungen aus. Beide Parteien verstehen Arbeit nicht nur als Broterwerb, sondern als eine Form der Selbstverwirklichung, die im Beruf oder der Familie stattfinden kann.

Während aber die SPD in ihrem Grundsatzprogramm die Arbeitszeitverkürzung als zentrales Mittel zur gerechteren Verteilung der Arbeit und als Beitrag für mehr Lebensqualität ansieht, (wörtlich heißt es: "Arbeitszeitverkürzung ist auch in Zukunft ein wesentlicher Beitrag für mehr Lebensqualität. Sie verringert die Belastung der Erwerbsarbeit und schafft Raum für notwendige Tätigkeiten außerhalb der Erwerbsarbeit,..." Und weiter: "Kürzere Arbeitszeiten sind erst recht nötig, wenn Erwerbsarbeit allen Frauen und Männern zugänglich wird."), *fordert die CDU lediglich einen größeren Entscheidungsspiel-*

raum des einzelnen, die Notwendigkeit flexibler Arbeitszeiten (Teilzeitarbeit) und längere Maschinenlaufzeiten.
Wörtlich heißt es: "Wir wollen mehr Flexibilität bei der Bestimmung der Tages-, Wochen-, Jahres- und Lebensarbeitszeit ermöglichen".
Die SPD macht Lebensqualität also unmittelbar an einer verkürzten Arbeitszeit fest. Demgegenüber ist für die CDU Lebensqualität, daß der einzelne freier und flexibler über seine Arbeitszeit entscheiden kann.

III. Ein *drittes Themengebiet*, das maßgeblich zur Selbstverwirklichung beiträgt und damit Lebensqualität erzeugt, ist die *Bildungspolitik*. Beide Parteien halten die Chancengleichheit im Bildungswesen für unverzichtbar. Das heißt, junge Menschen und Erwachsene müssen - unabhängig von ihren finanziellen Möglichkeiten, ihrer Herkunft und ihrer sozialen Stellung - alle die gleichen Chancen haben, bestimmte Bildungsziele zu erreichen, sofern es ihren Fähigkeiten entspricht.
Angestrebt wird hierbei eine Gleichheit der Chancen, nicht eine Gleichheit der Ergebnisse. *Dies ist in der Tat eine wichtige Voraussetzung für die individuelle Selbstverwirklichung und damit auch ein Stück Lebensqualität.* In vielen Staaten erfährt man eine gute Ausbildung nur auf teuren Privatschulen. Damit sind von vornherein die Kinder aus finanziell schwächer gestellten Familien vom Genuß dieses Gutes ausgeschlossen. Bei uns kann jedes Arbeiterkind Professor werden, da es ein öffentliches Schulwesen gibt und Schüler/Studenten vom Staat unterstützt werden. Beide Parteien - SPD und CDU - begrüßen ausdrücklich unser öffentliches Bildungswesen.
Während aber die SPD stärker das Bildungsziel "Fördern statt auslesen" verfolgt, stellt die CDU das Leistungsprinzip in den Mittelpunkt ihrer Bildungspolitik. Die SPD glaubt durch eine differenzierte Förderung der Schüler - etwa an Gesamtschulen - mehr Chancengleichheit verwirklichen zu können. Lebensqualität hat für die Sozialdemokraten in diesem Bereich

mehr quantitativen Charakter: die größtmögliche Zahl an Schülern und Auszubildenden sollen gemeinsam gefördert werden. Demgegenüber wollen die Christdemokraten in Anlehnung an das Leistungsprinzip am dreigliedrigen Schulsystem festhalten, um je nach Fähigkeiten und Veranlagung eine größere Auslese bewirken zu können. Lebensqualität bedeutet also hier: Alle haben die gleichen Chancen, aber die Ausbildung erfolgt nach dem Leistungsprinzip.

IV. Abschließend möchte ich - weil dies mit Lebensqualität zwingend verbunden ist- auf den Komplex *"Umweltpolitik und Wirtschaftswachstum"* eingehen. Den drohenden ökologischen Kollaps unseres Planeten vor Augen, treten beide Parteien für die Erhaltung der natürlichen Lebensgrundlagen ein. Die SPD spricht vom "ökologischen Umbau der Industriegesellschaft", die CDU von der "Bewahrung der Schöpfung". Als wirtschaftliches Ziel formulieren die *Christdemokraten* ausdrücklich "eine Synthese von Ökonomie, sozialer Gerechtigkeit und Ökologie".

Schon im alten Grundsatzprogramm der CDU von 1978 hieß es: *"Wo Wachstum zu einer unvertretbaren Beeinträchtigung des natürlichen Umfelds führt, muß notfalls auf solches Wachstum und damit verbundene Einkommensmehrung verzichtet werden".* Noch drastischer formuliert es die SPD: *"Schrumpfen oder verschwinden muß, was die natürlichen Lebensgrundlagen gefährdet, Lebensqualität mindert und Zukunftschancen verbaut".*

Übereinstimmend betrachten also beide Parteien eine vorausschauende Umweltpolitik als wichtige Voraussetzung für mehr Lebensqualität. *Auf Wirtschaftswachstum im "klassischen Sinn" soll dann verzichtet werden, wenn das natürliche Lebensumfeld - und damit Lebensqualität - zerstört wird.*

7. Schlußfolgerungen

Über die Merkmale von Lebensqualität sind sich die politischen Parteien heute weitgehend einig. Je nach Menschenbild, historischem Hintergrund und Politikverständnis gibt es bei den politischen Bewegungen und Parteien aber unterschiedliche Vorstellungen, wie Lebensqualität im einzelnen bewirkt und gewährleistet werden kann. Bei allen Unterschieden - die oft nur Nuancen sind - kristallisieren sich als Merkmale für Lebensqualität heraus:

- Gleichberechtigung von Mann und Frau in Familie und Beruf
- die Selbstverwirklichung des Einzelnen
- die Gewährleistung von Chancengleichheit (insbesondere im Bildungswesen)
- ein gesundes Wohnumfeld
- die Erhaltung der natürlichen Lebensgrundlagen
- tendenziell kürzere Arbeitszeiten zugunsten von mehr Freizeit.

Es gibt also weit mehr Konsens als Dissens in dieser Frage. Es ist jedoch zu beachten, daß sich Lebensqualität erst dann entfalten kann, wenn existentielle Fragen des Zusammenlebens durch den Staat geregelt sind. "Lebensqualität" ist ein "postmaterieller" Wert, der erst greift und wirksam wird, wenn die grundlegenden Bedürfnisse befriedigt sind. Mit der Stiftung des innergesellschaftlichen Friedens schafft der Staat die notwendigen Voraussetzungen. Durch konkrete Politik wird sie gewährleistet.

Lebensqualität ist auch eine Frage finanzieller Möglichkeiten und gesellschaftlicher Entwicklungen. Angesichts der sich verschlechternden Finanzlage der öffentlichen Haushalte stellt sich die Frage, ob der Staat noch seine Dienstleistungs- und Sozialstaatsfunktion in gewohnter Weise aufrechterhalten kann.

Ebenso stellt sich die Frage, ob es Handlungsbedarf gibt, wenn
- ganz im Sinne individueller Selbstverwirklichung - die Hälfte
eines Schuljahrganges heute Abitur macht. Die freien Stellen -
vor allem im Handwerk - können teilweise nicht besetzt werden, dafür gibt es immer mehr arbeitslose Akademiker.

Auch ist Lebensqualität dauerhaft nur zu gewährleisten,
wenn Staat und Gesellschaft für ihre Verwirklichung eintreten.
Es muß also eine Arbeitsteilung zwischen den politisch-staatli-
chen und den gesellschaftlichen Institutionen (Parteien, Ge-
werkschaften, Kirchen, Verbänden) geben. Lebensqualität ist
eine "Gemeinschaftsleistung", ein Produkt gesellschaftlicher
Solidarität. Eine stärkere Arbeitsteilung von Staat und Gesellschaft würde auch der Stabilität unseres politischen Systems
dienen. Die Akzeptanz unserer (Parteien-)Demokratie beruht
nicht zuletzt auf der Mitwirkung und Mitgestaltung gesellschaftlicher Gruppierungen im öffentlichen Leben. Kollektiven
Egoismus gibt es in unserer Gesellschaft mittlerweile genug.

Diskussion

Es ist nicht verwunderlich, wenn sich nach dem Referat eines
führenden Repräsentanten aus der Politik in den Diskussionen
mehr als in einem rein akademischen Rahmen Aspekte aus
theoretischer Reflexion, gesellschaftspolitischen Grundsatz-
überlegungen und mehr oder weniger singulären Einzelerfah-
rungen und -beobachtungen vermischen. Gleichwohl erwies
sich die Frage nach den gesellschaftlichen und politischen Folgen fortschreitender Individualisierung als übergreifender Pro-
blemhorizont. Auf in diese Richtung zielende Fragen äußerte
der Referent seine Zweifel, ob angesichts einer wohl kaum re-
vidierbaren Individualisierungstendenz, die durchaus auch als
Konsequenz einer sich emanzipierenden Gesellschaft gesehen
werden müsse, die alten Antworten ausreichen. Er gab zu
überlegen, ob nicht die Suche nach einer neuen zeitgemäßen
Beschreibung des gesellschaftlichen Grundkonsens eine vor-

dringliche politische Aufgabe sei. Insofern müsse sich Politik
als Gesellschaftspolitik verstärkt auch der Sinnfrage stellen.
Die Fragen nach der Parteien- und Politikverdrossenheit, die
z.T. mit konkreten Frustrationserfahrungen von Diskutanten
anschaulich untermauert wurden, nahm der Minister zum Anlaß für einige Hinweise auf strukturelle Bedingungen und De-
formationen der Parteiendemokratie. Infolge der im Gegensatz
zu anderen westlichen Staaten großen institutionellen Macht
der Parteien, hätten sich bei diesen Strukturen herausgebildet,
die überwiegend "Binnenstrukturen" seien. Anschaulich wurde
dieses auch für andere Großorganisationen wie Verbände, Ge-
werkschaften oder Kirchen charakteristische Organisations-
merkmal durch ein Beispiel aus der langjährigen Wahlkreis-
und Parteiarbeit des Referenten. So könne ein Politiker unschwer seinen Terminkalender im Rahmen einer 8o-Stunden-
Woche füllen, ohne einem einzigen Bürger zu begegnen, wenn
er sich, was für die eigene Karriereabsicherung wichtig sei,
ausschließlich mit Gremien beschäftige. Gleichwohl fördere
die lange "Ochsentour" im Verlaufe des Karriereaufstiegs auch
Lernprozesse, zwinge zu Verständnis und Kompromißbereit-
schaft, ermögliche die Ausprägung von Machtgespür und trai-
niere insgesamt politisches Durchhaltevermögen. Dennoch sei,
darauf wiesen gerade auch Diskutanten hin, die starke Binnen-
orientierung ein Problem, aus dem sich zwangsläufig Kommu-
nikationsdefizite ergeben.

Skeptisch wurden auch die Möglichkeiten beurteilt, einen
Wertekodex gleichsam zu kanonisieren. Insofern blieb die
Frage nach den Organisationsmöglichkeiten eines neuen gesellschaftlichen Grundkonsenses offen. Gleichwohl könne es
durchaus gelingen, eine Gesellschaft auf neue Ziele zu "fokus-
sieren". Dies habe Kennedys New Deal gezeigt. Die
Besinnung gerade auch auf nichtmaterielle Werte sei jedenfalls
angesichts einer historisch neuen Situation, die dadurch
gekennzeichnet ist, daß auf absehbare Zeit mit einer

Wohlstandssteigerung nicht mehr gerechnet werden kann, eine politische Führungsaufgabe in Gegenwart und Zukunft.

Neben diesen gesellschaftspolitisch und auch demokratietheoretisch grundsätzlichen Problemstellungen spielten im Verlaufe der Diskussion auch speziellere Fragen im Kontext der spezifischen Lebensbedingungen und Entfaltungsmöglichkeiten einzelner gesellschaftlicher Gruppen eine Rolle. Dabei wurde etwa am Beispiel der Frauenquote diskutiert, inwieweit gesellschaftlicher Wandel aufgrund der Trägheit von Großorganisationen oft nur mit neuen institutionellen Regelungen in Gang gesetzt werden kann.

Ulrich Sarcinelli

Sachregister

In vielen Fällen werden nicht alle Seiten angegeben, auf denen ein Stichwort erscheint. Seitenhinweise erfolgen nicht, wenn die mit einem Stichwort gemeinte Sache zwar angesprochen, das Wort selbst aber nicht verwendet wird.

Personenregister

Im Personenregister sind die Namen von Herausgebern dann nicht ausgewiesen, wenn aus den Werken nur ein bestimmter Beitrag im Text erwähnt wird.

Die Mitwirkenden

Barheier, Klaus, Soziologie, Akademischer Mitarbeiter Universität Koblenz

Bellebaum, Alfred, Prof. Dr., Soziologie, Universitäten Koblenz und Bonn

Büschges, Günter, Prof. Dr., Soziologie, Universität Nürnberg

Fürstenberg, Friedrich, Prof. Dr. Dr.h.c., Soziologie, Universität Bonn

Gareise, Boris, Stud.-päd., Universität Koblenz

Gerster, Florian, Staatsminister, Minister für Bundesangelegenheiten und Europa des Landes Rheinland-Pfalz, Mainz

Kersting, Friedrich, Privatdozent, Dr., Universität Mainz, Chefarzt Akademisches Lehrkrankenhaus Evangelisches Stift, Koblenz

Kohl, Ralf, Dr., Leiter des Mainzer Ministerbüros, Ministerium für Bundesangelegenheiten und Europa des Landes Rheinland-Pfalz, Mainz

Leitner, Ute, Prof. Dr., Soziologie, Berufsakademie Heidenheim

Mayring, Philipp, Prof. Dr., Psychologie, Pädagogische Hochschule Ludwigsburg

Meis, Achim, Stud.-päd., Universität Koblenz

Nunner-Winkler, Gertrud, Privatdozent, Dr., Soziologie, Max-Planck-Institut für Psychologische Forschung, München

Ochsmann, Randolph, Prof. Dr., Sozialpsychologie, Universität Mainz

Prisching, Manfred, Mag., Univ.-Dozent, Dr., Soziologie, Universität Graz

Sarcinelli, Ulrich, Prof. Dr., Politikwissenschaft, Universität Kiel

Schaaf, Herbert, Dr., Dipl. Kfm., Mitarbeiter des Arbeitsdirektors der Mannesmann Röhren-Werke AG, Mülheim an der Ruhr

Schmied, Gerhard, Prof. Dr., Soziologie, Universität Mainz

Schulze, Gerhard, Prof. Dr., Soziologie, Universität Bamberg

Schwarz, Reinhold, Privatdozent, Dr., Medizin, Leitung "Psychosoziale Nachsorgeeinrichtung und Fortbildungsseminar", Chrirurgische Universitätsklinik Heidelberg

Stosberg, Manfred, Privatdozent Dr., Soziologie, Geschäftsführung "Sozialwissenschaftliches Forschungszentrum", Universität Nürnberg

Weitere Literatur des Autors

Alfred Bellebaum

Langeweile, Überdruß und Lebenssinn

Eine geistesgeschichtliche und kultursoziologische Untersuchung

1990. 247 S. Kart.
ISBN 3-531-12206-1

Es gibt banale Langeweile z. B. in Freizeit, Beruf, Schule, Ehe, Altenheim, Militär... Es gibt aber auch tiefsitzende Langeweile, die anlagebedingt sein und durch widrige Umstände ausgelöst, verstärkt und am Leben erhalten werden kann. Darauf verweist Acedia-Trägheit, jahrhundertelang als eine der sieben Hauptsünden angeprangert, die später als Melancholie, Ennui, Hypochondrie, Spleen, existentielle Langeweile oder endogene Depression stetig aufgetreten ist und nach wie vor unbesiegt auftritt. Auch für diese andere Langeweile bietet die moderne Gesellschaft einen guten Nährboden. Der Autor beschreibt die vielfältigen Formen von Langeweile und deren Nutzen und Schaden in unserer Gesellschaft, Kultur und Geschichte.

Alfred Bellebaum

Schweigen und Verschweigen

Bedeutungen und Erscheinungsvielfalt einer Kommunikationsform

1992. 239 S. Kart.
ISBN 3-531-12357-2

Gesprochene und geschriebene Sprache sind zwar weit verbreitete Arten des Umgangs miteinander, Schweigen ist deswegen aber kein unbedeutendes Mittel der Kommunikation. Schweigende Kontakte mit Gott, Göttern, Geistern, Pflanzen, Tieren und Menschen gibt es seit jeher – und dabei gilt der Verzicht auf Sprechen als Vorausset-

zung für ein angemessenes Verstehen. Schweigen ist eine nuancenreiche Erscheinung: So gibt es das beredte Schweigen, mit dem vieles ausgedrückt werden kann, und das unverstanden bleibende Schweigen, dessen Botschaft unerkannt bleibt. In vielen Situationen will Schweigen gelernt sein, muß man also wissen, ob gesprochen oder geschwiegen werden darf.

Alfred Bellebaum (Hrsg.)

Glück und Zufriedenheit

Ein Symposium

1992. 230 S. Kart.
ISBN 3-531-12371-8

Über das Glück ist schon seit Jahrhunderten viel nachgedacht, gesprochen und geschrieben worden. Die ehrwürdigen (moral-)philosophischen und theologischen Glückstheorien sind gegenwärtig allerdings nicht mehr so stark ausgeprägt wie früher. Demgegenüber expandiert die sozialwissenschaftlich orientierte empirische Glücks- und Zufriedenheitsforschung, wenngleich dort oft weniger von Glück als von Lebensqualität u.ä.m. gesprochen wird. Daneben gibt es ein weites Feld psychologischer und sozialpsychologischer Glücksforschung, beispielsweise unter den Stichworten seelische Gesundheit und Wohlbefinden. Die politische Bedeutung dieses komplexen Themas ist offenkundig.

WESTDEUTSCHER VERLAG

OPLADEN · WIESBADEN

Aus dem Programm Sozialwissenschaften

LEXIKON
ZUR
SOZIOLOGIE

Herausgegeben von
Werner Fuchs-Heinritz · Rüdiger Lautmann
Otthein Rammstedt · Hanns Wienold

3., völlig neu bearbeitete und erweiterte Auflage

Westdeutscher Verlag

Raymond Boudon François Bourricaud

SOZIOLOGISCHE
STICHWORTE

Aggregation Arbeitsteilung Autor
Bedürfnisse Bürokratie Charisma Der
Dialektik Diffusion Durkheim Egalita
Einrichtungen Entfremdung Experim
Familie Funktionalismus Gemeinsch
Gewalt Gruppen Herrschaft Histori
ideologien Industriegesellschaft Intell
Kapitalismus Kriminalität Liberalisi
Machiavelli Minderheiten Moderni
Normen Objektivität Organisation Par
Professionen Rationalität Rousseau Sel
Sozialisation Staat Struktur Theorie T
Ungleichheit Voraussicht Wahlen Zyk

EIN HANDBUCH

Westdeutscher Verlag

Studien zur Sozialwissenschaft

Andrea Maurer

MODERNE
ARBEITSUTOPIEN

DAS VERHÄLTNIS VON
ARBEIT, ZEIT UND GESCHLECHT

Westdeutscher Verlag

Werner Fuchs-Heinritz / Rüdiger Lautmann / Otthein Rammstedt / Hanns Wienold (Hrsg.)

Lexikon zur Soziologie

3., völlig neubearb. und erw. Aufl. 1994. 763 S. Kart.
ISBN 3-531-11417-4

Das Lexikon zur Soziologie ist das umfassendste Nachschlagewerk für die sozialwissenschaftliche Fachsprache. Für die 3. Auflage wurde das Werk völlig neu bearbeitet und durch Aufnahme zahlreicher neuer Stichwortartikel erheblich erweitert. Das Lexikon zur Soziologie bietet aktuelle, zuverlässige Erklärungen von Begriffen aus der Soziologie sowie aus Sozialphilosophie, Politikwissenschaft und Politischer Ökonomie, Sozialpsychologie, Psychoanalyse und allgemeiner Psychologie, Anthropologie und Verhaltensforschung, Wissenschaftstheorie und Statistik.

Raymond Boudon /
François Bourricaud

Soziologische Stichworte

Ein Handbuch

1992. 680 S. Kart.
ISBN 3-531-11675-4

Die Autoren dieses sozialwissenschaftlichen Standardwerkes behandeln in mehr als siebzig Grundsatzartikeln zu Schlüsselbegriffen, Theorien und historisch wesentlichen Autoren die zentralen Probleme der Soziologie. Insgesamt bietet der Band eine ebenso umfassende wie kritische Einführung in Entwicklung und Stand der Soziologie und ihrer einzelnen Bereiche.

Andrea Maurer

Moderne Arbeitsutopien

Das Verhältnis von Arbeit, Zeit und Geschlecht

1994. 200 S. (Studien zur Sozialwissenschaft, Bd. 138) Kart.
ISBN 3-531-12544-3

Wie wird heute über Arbeit gedacht, welche Bedeutung wird ihr zugeschrieben und welche utopischen Denkverhältnisse werden durch sie begründet? Arbeitsutopien werden hier als Selbstauskünfte, als Antworten einer Gesellschaft auf diese Fragen interpretiert und ausgehend von den Klassikern des modernen Arbeitsbegriffs – Marx und Weber – in ihrer spezifisch modernen Ausprägung rekonstruiert. Dargestellt werden Arbeit-Zeit-Utopien und geschlechtsspezifische Arbeitsutopien, deren formulierte Gesellschaftskritiken und Zukunftsentwürfe sowohl die aktuelle Diskussion um die Arbeitsgesellschaft, als auch zentrale Probleme moderner Industriegesellschaften zum Ausdruck bringen.

WESTDEUTSCHER
VERLAG
OPLADEN · WIESBADEN

MIX

Papier aus verantwortungsvollen Quellen
Paper from responsible sources

FSC
www.fsc.org

FSC® C105338

If you have any concerns about our products,
you can contact us on
ProductSafety@springernature.com

In case Publisher is established outside the EU,
the EU authorized representative is:
Springer Nature Customer Service Center GmbH
Europaplatz 3, 69115 Heidelberg, Germany

Printed by Libri Plureos GmbH
in Hamburg, Germany